本书系国家社科基金项目"家庭农场土地承包经营权抵押融资的动力机制及其路径支持研究"（项目批准号：14BJY130）的研究成果

家庭农场土地承包经营权抵押融资的动力机制及其路径支持

The Research on the Motivation Mechanisms and Supporting Path for the Mortgage Finance of Land Contractual Management Right of Family Farm

唐德祥 著

经济管理出版社

图书在版编目（CIP）数据

家庭农场土地承包经营权抵押融资的动力机制及其路径支持/唐德祥著. —北京：经济管理出版社，2019.10
ISBN 978-7-5096-6904-4

Ⅰ.①家… Ⅱ.①唐… Ⅲ.①家村—土地—产权—抵押贷款—研究—中国 Ⅳ.①F832.43

中国版本图书馆 CIP 数据核字（2019）第 195664 号

组稿编辑：李红贤
责任编辑：李红贤
责任印制：黄章平
责任校对：王淑卿

出版发行：经济管理出版社
（北京市海淀区北蜂窝8号中雅大厦A座11层 100038）
网　　址：www.E-mp.com.cn
电　　话：(010) 51915602
印　　刷：三河市延风印装有限公司
经　　销：新华书店
开　　本：720mm×1000mm/16
印　　张：12.5
字　　数：238千字
版　　次：2019年10月第1版　2019年10月第1次印刷
书　　号：ISBN 978-7-5096-6904-4
定　　价：68.00元

·版权所有　翻印必究·

凡购本社图书，如有印装错误，由本社读者服务部负责调换。
联系地址：北京阜外月坛北小街2号
电话：(010) 68022974　邮编：100836

前　言

随着工业化、信息化、城镇化和农业现代化进程的不断推进，大量农村青壮年劳动力向城镇转移，农村出现了弃耕抛荒的现象。为了调动农业生产积极性，2008年党的十七届三中全会和2013年中央一号文件提出了"家庭农场"的概念。家庭农场是一种适度规模的新型农业经营主体，在其培育和发展过程中，融资困难是其发展的主要障碍之一。为此，国家出台了《关于开展农村承包土地的经营权和农民住房财产权抵押贷款试点的指导意见》等一系列政策，为家庭农场土地承包经营权抵押融资提供了政策支持。然而，由于我国农村金融发展滞后，土地承包经营权抵押融资政策的实施效果不甚理想。因此，深入研究家庭农场土地承包经营权抵押融资的机制设计及其市场化路径，对于缓解家庭农场的融资难题和助推农村"精准扶贫"战略具有重要的现实意义和实践价值。

本书按照提出问题—分析问题—解决问题的逻辑思路，以家庭农场土地承包经营权抵押融资的风险生成和风险防范为主线，重点突出家庭农场土地承包经营权抵押融资的机制设计及其市场化路径研究。首先，在经典理论和经验考察的基础上，对家庭农场融资存在的主要问题进行了问卷调查；其次，通过融资工具的对比分析，考察了家庭农场与土地承包经营权抵押融资之间的适宜性；再次，针对家庭农场土地承包经营权抵押的融资风险，运用实证分析和规范分析方法对家庭农场土地承包经营权抵押融资进行了机制设计，并构建了市场化路径支持；最后，得出研究结论和对策建议。

本书有价值的研究工作在于：第一，拓展了家庭农场融资的研究视野。家庭农场融资是一个崭新的研究领域，而现有成果主要局限于贴息贷款、保险补贴等传统工具上。作为土地流转和规模化经营的新生事物，以土地承包经营权为研究对象拓展了家庭农场融资的研究视野。第二，探索了家庭农场土地承包经营权抵押融资的机制设计和市场化路径。基于风险考虑，土地承包经营权抵押融资政策的试点效果并不理想。本书以风险生成为切入点,以风险防范为突破口,通过土地承包经营权抵押融资的途径选择机制、动力机制和激励机制的科学设计来开启银行金融机构与家庭农场之间的融资通道。同时,运用供应链金融思想,以农村资产经营管理公司为核心内容,通过建立闭环风险控制系统构建了家庭农场、金融机构、农村资产经营管理公司和政府"四位一体"的市场化路径支持,形成了家庭农场加快发展的创新尝试和有益探索。

目 录

1 绪论 ……………………………………………………………………… 1
　1.1 研究背景及意义 ………………………………………………… 1
　1.2 国内外研究现状 ………………………………………………… 2
　　1.2.1 国外研究现状 …………………………………………… 2
　　1.2.2 国内研究现状 …………………………………………… 4
　1.3 研究内容与研究思路 …………………………………………… 12
　　1.3.1 研究内容 ………………………………………………… 12
　　1.3.2 研究思路 ………………………………………………… 14
　1.4 研究方法 ………………………………………………………… 14
　1.5 有价值的研究工作 ……………………………………………… 14
　　1.5.1 拓展了家庭农场融资的研究视野 ……………………… 14
　　1.5.2 积极探索了家庭农场土地承包经营权抵押融资的
　　　　　机制设计和市场化路径支持 …………………………… 15
2 家庭农场土地承包经营权抵押融资的理论基础和经验考察 ………… 16
　2.1 相关概念的界定 ………………………………………………… 16
　　2.1.1 家庭农场的发展及其概念界定 ………………………… 16
　　2.1.2 土地承包经营权的演变及其概念界定 ………………… 18
　2.2 家庭农场土地承包经营权抵押融资的理论基础 ……………… 20
　　2.2.1 金融深化理论 …………………………………………… 20
　　2.2.2 农业信贷补贴理论 ……………………………………… 20
　　2.2.3 农村金融市场理论 ……………………………………… 21
　　2.2.4 不完全竞争市场理论 …………………………………… 21
　2.3 发达国家农地金融的经验考察 ………………………………… 21
　　2.3.1 德国经验 ………………………………………………… 22
　　2.3.2 美国经验 ………………………………………………… 23

        2.3.3 日本经验 …………………………………………………… 24
    2.4 家庭农场土地承包经营权抵押融资的理论支持和经验借鉴 ……… 25
        2.4.1 家庭农场土地承包经营权抵押融资的理论支持 ………… 25
        2.4.2 家庭农场土地承包经营权抵押融资的经验借鉴 ………… 25

3 家庭农场土地承包经营权抵押融资的现状调查及其存在的主要问题 ……… 28
    3.1 家庭农场土地承包经营权抵押融资需求的现状调查 ……………… 28
        3.1.1 家庭农场土地承包经营权抵押融资需求的调查设计 …… 28
        3.1.2 家庭农场及其土地承包经营权抵押融资的调查数据 …… 30
        3.1.3 家庭农场及其土地承包经营权抵押融资的现实特征 …… 49
    3.2 金融机构土地承包经营权抵押融资供给的现状调查 ……………… 52
        3.2.1 金融机构土地承包经营权抵押融资供给现状的
              调查设计 …………………………………………………… 52
        3.2.2 银行金融机构土地承包经营权抵押融资供给
              意愿的现实特征 …………………………………………… 53
    3.3 家庭农场土地承包经营权抵押融资存在的主要问题 ……………… 54
        3.3.1 资金需求方——家庭农场存在的主要问题 ……………… 54
        3.3.2 资金供给方——银行金融机构存在的主要问题 ………… 56
        3.3.3 融资政策存在的主要问题 ………………………………… 57

4 家庭农场与土地承包经营权抵押融资之间的适宜性分析 …………………… 60
    4.1 家庭农场与其他农业经营主体的比较分析 ………………………… 60
        4.1.1 家庭农场与普通农户的比较 ……………………………… 60
        4.1.2 家庭农场与专业大户的比较 ……………………………… 63
        4.1.3 家庭农场与农民专业合作社的比较 ……………………… 64
        4.1.4 家庭农场与农业产业化龙头企业的比较 ………………… 66
    4.2 家庭农场融资工具的比较分析 ……………………………………… 67
        4.2.1 内源融资工具 ……………………………………………… 67
        4.2.2 外源融资工具 ……………………………………………… 68
        4.2.3 主要融资工具的对比分析 ………………………………… 69
    4.3 家庭农场与土地承包经营权抵押融资之间的适宜性 ……………… 71
        4.3.1 土地承包经营权抵押融资的比较优势 …………………… 71
        4.3.2 发展家庭农场需要土地承包经营权抵押融资 …………… 73
        4.3.3 土地承包经营权抵押融资助推家庭农场发展 …………… 75
        4.3.4 政策破冰和制度配套是家庭农场土地承包经营权
              抵押融资的基本保障 ……………………………………… 78

5 家庭农场土地承包经营权抵押融资意愿的影响因素分析 … 82
5.1 数据来源 … 82
5.2 样本统计分析 … 82
5.3 模型设定与变量说明 … 86
5.4 实证分析 … 88
5.4.1 变量间多重共线性的诊断 … 88
5.4.2 Logit 模型的回归估计 … 91
5.4.3 实证结果分析 … 92
5.5 实证结果的现实启示 … 97

6 家庭农场土地承包经营权抵押融资的风险生成及其形成原因 … 99
6.1 土地承包经营权抵押融资资金需求方（家庭农场）的风险生成及其形成原因 … 99
6.1.1 家庭农场自然风险的生成及其形成原因 … 99
6.1.2 家庭农场市场风险的生成及其形成原因 … 100
6.1.3 家庭农场失地风险的生成及其形成原因 … 104
6.1.4 家庭农场土地流转风险的生成及其形成原因 … 104
6.2 土地承包经营权抵押融资的资金供给方（银行金融机构）的风险生成及其形成原因 … 105
6.2.1 银行金融机构经营风险的生成及其形成原因 … 105
6.2.2 银行金融机构流动性风险的生成及其形成原因 … 106
6.2.3 银行金融机构责任风险的生成及其形成原因 … 106
6.2.4 银行金融机构道德风险的生成及其形成原因 … 107
6.2.5 银行金融机构法律及政策风险的生成及其形成原因 … 108
6.3 土地承包经营权抵押融资的风险衡量 … 109

7 家庭农场土地承包经营权抵押融资的机制设计及制度安排 … 112
7.1 家庭农场参与土地承包经营权抵押融资途径的选择机制及设计 … 112
7.1.1 家庭农场参与土地承包经营权抵押融资途径的模型选择 … 112
7.1.2 家庭农场参与土地承包经营权抵押融资途径的模型假设 … 113
7.1.3 家庭农场参与土地承包经营权抵押融资途径选择的

进化博弈结果 …………………………………………… 113
    7.1.4 家庭农场参与土地承包经营权抵押融资途径选择的
机制设计 ……………………………………………………… 117
7.2 家庭农场参与土地承包经营权抵押融资的动力机制
及其设计 …………………………………………………………… 118
    7.2.1 家庭农场参与土地承包经营权抵押融资的动力机制 ……… 118
    7.2.2 家庭农场参与土地承包经营权抵押融资的动力
机制设计 ……………………………………………………… 128
7.3 银行金融机构开展土地承包经营权抵押融资的激励机制
及其设计 …………………………………………………………… 128
    7.3.1 银行金融机构开展土地承包经营权抵押融资的
激励机制 ……………………………………………………… 129
    7.3.2 银行金融机构与监管部门关于土地承包经营权抵押
融资的博弈分析 ……………………………………………… 132
    7.3.3 委托—代理理论对银行金融机构开展土地承包经营权抵押
融资业务的最优激励分析 …………………………………… 135
    7.3.4 银行金融机构开展土地承包经营权抵押融资业务的激励
机制设计 ……………………………………………………… 140
7.4 家庭农场土地承包经营权抵押融资的制度安排 ……………………… 141
    7.4.1 农村农业政策的改善是家庭农场土地承包经营权抵押
融资的保障性制度安排 ……………………………………… 142
    7.4.2 法律法规的障碍突破是家庭农场土地承包经营权抵押
融资的基础性制度安排 ……………………………………… 142
    7.4.3 经济利益的强力驱动是家庭农场土地承包经营权抵押
融资的激励性制度安排 ……………………………………… 143
    7.4.4 配套措施的合力扶持是促进家庭农场土地承包经营权抵押
融资的支撑性制度安排 ……………………………………… 144
    7.4.5 风险防范机制的健全是促进家庭农场土地承包经营权抵押
融资的补偿性制度安排 ……………………………………… 144
    7.4.6 市场合作机制的建立是促进家庭农场土地承包经营权抵押
融资的持久性制度安排 ……………………………………… 145

8 家庭农场土地承包经营权抵押融资的市场化路径支持 ……………… 146
8.1 家庭农场土地承包经营权抵押融资市场化路径的构建方向和
设计思路 …………………………………………………………… 146

8.1.1 家庭农场土地承包经营权抵押融资市场化路径的
    构建方向 …………………………………………………… 146
  8.1.2 家庭农场土地承包经营权抵押融资市场化路径的设计思路 …… 147
 8.2 家庭农场土地承包经营权抵押融资的市场化路径 ……………… 149
 8.3 家庭农场土地承包经营权抵押融资市场化路径的金融组织
   创新——组建政策性农村资产经营管理公司 ………………… 153
  8.3.1 政策性农村资产经营管理公司的概况 …………………… 153
  8.3.2 政策性农村资产经营管理公司的作用 …………………… 155
  8.3.3 政策性农村资产经营管理公司的主要业务 ……………… 156
  8.3.4 政策性农村资产经营管理公司的组织结构 ……………… 160
 8.4 家庭农场土地承包经营权抵押融资市场化路径的
   政策支持 ……………………………………………………… 160

9 主要研究结论与对策建议 ……………………………………………… 161
 9.1 主要研究结论 ………………………………………………… 161
  9.1.1 家庭农场土地承包经营权抵押融资的现状调查结果及其存
    在的主要问题 …………………………………………… 161
  9.1.2 家庭农场与土地承包经营权抵押融资之间的适宜性 …… 162
  9.1.3 家庭农场土地承包经营权抵押融资意愿的影响因素 …… 162
  9.1.4 家庭农场土地承包经营权抵押融资风险生成及其形成
    原因 ……………………………………………………… 162
  9.1.5 家庭农场土地承包经营权抵押融资的机制设计及其
    制度安排 ………………………………………………… 163
  9.1.6 家庭农场土地承包经营权抵押融资市场化路径支持 …… 163
 9.2 对策建议 ……………………………………………………… 163
  9.2.1 对完善法律法规的建议 ………………………………… 164
  9.2.2 对发展家庭农场的建议 ………………………………… 164
  9.2.3 对土地承包经营权流转和抵押的建议 ………………… 165
  9.2.4 对土地承包经营权抵押融资风险防范的建议 ………… 166
  9.2.5 对构建土地承包经营权抵押融资市场化路径的建议 …… 168
  9.2.6 对其他配套措施的建议 ………………………………… 170

参考文献 …………………………………………………………………… 172

附　录 …………………………………………………………………… 182

后　记 …………………………………………………………………… 188

1 绪论

1.1 研究背景及意义

随着我国工业化、城镇化进程的深入推进,农村劳动力不断向城镇转移,农村出现了弃耕抛荒的现象,大大降低了农村土地的利用效率。为了调动农业生产积极性,2008年党的十七届三中全会和2013年中央一号文件都提出了"家庭农场"概念。家庭农场是一种新型农业经营主体,是家庭联产承包责任制转型升级的重要载体,是农业现代化的发展方向。在培育和发展家庭农场的过程中,融资困难是主要障碍之一。为此,2014年中央一号文件明确提出了"允许承包土地的经营权向金融机构抵押融资",2015年国家出台了《关于开展农村承包土地的经营权和农民住房财产权抵押贷款试点的指导意见》,2016年出台了《关于完善农村土地所有权承包权经营权分置办法的意见》,为农村土地承包经营权抵押融资提供了政策保障。然而,我国农村金融发展滞后限制了土地承包经营权金融属性的充分发挥。因此,深入研究家庭农场土地承包经营权抵押融资的机制设计及其市场化路径支持,具有重要价值和现实意义。

理论价值和意义:丰富和完善了我国家庭农场的研究内容。我国家庭农场的研究起步较晚,还未形成系统性的研究成果。本书突破了传统的农村金融支持的限制,对土地承包经营权作为家庭农场的新型融资工具进行了深入研究,丰富了家庭农场的研究内容。通过建立家庭农场土地承包经营权抵押融资的风险分担及其补偿机制,完善了家庭农场融资的风险管理方法。

实践价值和意义:为制定科学的家庭农场融资政策和防范农村金融风险提供了参考依据。在2015年中央扶贫开发工作会议上,习近平总书记强调"坚决打赢脱贫攻坚战",因此,缓解家庭农场融资难题,对于发展家庭农场,实现土地规模经营、农业增效、农民增收和农村"精准扶贫"战略，具有重要的实践价值。在土地承包经营权抵押融资政策的试点过程中，资金供求双方缺乏应有的热情，因此，运用市场机制开启金融机构与家庭农场之间的融资通道，可以形成土地承包经营权抵押融资的内在动力。深入研究土地承包经营权抵押融资，可以更好地贯彻落实国家《关于开展农村承包土地的经营权和农民住房财产权抵押贷款试点的指导意见》等政策，进一步创新和丰富农村金融产品，对于有效防范农村金融风险和科学制定家庭农场的融资政策具有重要的应用价值。

1.2 国内外研究现状

1.2.1 国外研究现状

国外学者对家庭农场的研究相对较早，并形成了比较丰富的研究成果，主要表现在以下几方面：

1.2.1.1 国外学者关于家庭农场内涵的研究现状

国外学者考察家庭农场的侧重点不同，因此对家庭农场有不同的界定。Raup（1986）认为，家庭农场应该具有可识别性，将年雇佣不超过3个劳动力的农业经营主体认定为家庭农场，并特别强调了家庭对农场实际控制权的重要性。Gasson（1993）认为，家庭农场应该从所有权与管理控制权的权利主体之间的关系、发展资金的来源、劳动力的来源以及所有权和管理控制权的继承等方面来界定。Djurfeldt（1996）引入了"名义家庭农场"的概念，认为家庭农场应该是生产单位、消费单位和亲属关系单位这三个功能单元的重叠。其中，生产单位是农场本身，消费单位为农场主一家人，而亲属关系单位则为一个家庭。Roumasset（1995）将家庭成员提供的永久性劳动占农场总劳动量比例不低于三分之一的农场界定为家庭农场。Hillb（1993）把农场分为家庭农场、中间农场和非家庭农场三类，并将家庭成员提供的劳动量占农场全年劳动总量的比重作为划分依据，当家庭成员提供劳动量的占比大于95%时则可称为家庭农场。Reid（2004）则给出了家庭农场相对明确的要求，农场与家庭必须有较强烈的联系，同时家庭意志影响农场业务的发展方向。

1.2.1.2 国外学者关于家庭农场成因及其作用的研究现状

目前，在一些农业比较发达的国家，家庭农场仍然占有相当高的比例，因此，国外学者对家庭农场的形成及其长期存在的原因进行了研究。Schmitt

（1991）认为，家庭农场在发达国家长期存在的原因，是农场有限的规模经济与家庭劳动力资本相结合的结果；Lin（1990）调查了1970~1976年中国农业生产过程中的监控成本占生产总工时成本的比例，发现劳动监控成本大约占总工时数量的10%~20%，因此他认为家庭农场与企业农场相比并不处于劣势；Allen（1998）基于现代企业理论研究了农业生产中的道德风险和专业化收益之间的平衡关系，并对美国和加拿大等国的数据进行研究，发现农业生产过程中的监控成本越高，家庭农场产生的可能性就越大；Brem 等（2000）运用 Allen – Lueck 模型分析了阿根廷家庭农场快速发展的原因，发现阿根廷家庭农场快速发展得益于劳动力使用过程中的相对价格差异、农业生产专业化的限制以及公共政策引发的道德风险。

家庭农场在欧美发达国家的农业发展过程中一直扮演着重要角色，对促进各国农业发展起到了显著作用。对于家庭农场的作用，恰亚诺夫（1925）认为，家庭农场是农民经济活动的基本单位；舒尔茨（1964）指出，只有现代农业才能对经济增长做出重大贡献，必须改造传统农业；Chaffin（2004）认为，家庭农场可以削弱农业生产企业对市场的主导地位，其中的小型家庭农场更是保持作物多样性和粮食生产的关键，对国民经济发展起到了至关重要的作用；Snyder（2005）研究指出，小型家庭农场作为一种小型农业经营主体，可以支持农村社区发展，使农村社区保持开放的空间和环境。

1.2.1.3 国外学者关于家庭农场运作效率的研究成果

家庭农场的运作效率一直是国外学者最为关心的问题，Balezentis 等（2013）运用 DEA 方法考察了立陶宛9种不同模式家庭农场的生产效率，并估算出2003~2010年各类型家庭农场生产效率的动态变化趋势。对于家庭农场的运作效率，国外学者关注最多的是它与农场规模之间的关系，但学者对农场规模的衡量指标却存在着较大争议，不同学者对两者之间的关系也给出了不同的研究结论。Snyder（2005）认为，家庭农场规模的考察要用农场的总收入、总资产以及收入来源等指标来进行综合考量；Hall（1996）、Thirtel（2003）、Wilson 等（2001）对家庭农场的经营情况进行了实证分析，发现家庭农场的运作效率随着农场规模的递增而提高；Munroe（2001）、Herdt 等（1981）分别对波兰和菲律宾的家庭农场运营情况进行了调查，发现小农场的运营效率要比大农场的运营效率高；Seckler 等（1978）的研究却表明，家庭农场的运作效率与其规模之间并不存在着必然关系，更多受制于家庭农场的管理水平、资产质量以及整个国家的政策制度。

1.2.1.4 国外学者关于农地融资的研究现状

由于西方国家与我国的土地制度有着本质区别，西方学者对该类课题的研究都是基于农村土地的私有化,因此,西方国家并不存在土地承包经营权这一概念。Alchian等(1973)研究发现,农民拥有稳定的土地处置权是进行长期投资的关键,而这些权利受到的限制越多,农民对土地的长期投资激励就越弱,因此主张赋予农户充分的土地处置权;La Porta等(1998)通过研究多个国家的不同土地制度发现,强化财产权利能够使金融机构信贷质量得到有效改善;De Soto(2001)认为,大多数发展中国家的农民因为没有正式的产权证明,直接影响了融资能力,导致其土地财产作用难以充分发挥,拉丁美洲的一些国家基于该理论开始了关于土地抵押能力提升的产权改革;Townsend等(2001)认为,在缺乏风险管理的情况下,政府推动农业信贷会增大农村金融风险,而且效率低下;McCord等(2005)的研究表明,基于业务规模较小、经营成本较高等原因,农村专营小额保险机构常处于连续亏损状态;Conning等(2005)的研究表明,金融机构的农村信贷质量有待改善,由于土地赎回权比较特殊,实现难度较高,存在着较高的交易成本和法律障碍。

在实证方面,Siamwalla(1990)对泰国部分省份的土地制度进行了实证研究,发现农村土地抵押贷款的质量保证需要稳定和明确的土地产权制度;Angelsen(1999)实证发现,农村土地抵押融资的促进作用需要一定条件,与信贷市场的发展程度高度正相关;Carter等(2003)通过巴拉圭的运行数据发现,当农民财富突破一定阈值后才会对农村金融起到显著的促进作用;Torero(2006)对秘鲁的实证发现,土地抵押品的处置成本较高时对农村资本市场作用较小。

近年来,也有许多国外学者开始关注中国的农村土地制度改革,对我国农村土地承包经营权的相关问题也进行了一定研究,并形成了一些有价值的研究成果,其中主要观点包括:Roy等(2000)针对中国农村土地的使用权,主张赋予农民完全的抵押权、转让权、继承权以及向本集体外的经济组织转让的权利;James(2007)对我国农村土地制度进行了论证,认为我国城乡收入差距拉大的主要原因是现有的土地承包经营权制度存在一定的权能残缺;Robin等(2010)实证发现,我国土地承包经营权抵押的相关政策还处于探索阶段,要保持政策的连续性,则有必要取消土地承包经营权30年的有效期限制,他建议无限期地延长农民的土地承包经营权;Margo(2008)对我国改革开放以来几个有争议的、与改善农民生活有关的立法问题进行了深入研究,主张通过修改《土地管理法》等相关法律,并制定《土地承包合同法》来进一步保障农民的土地使用权。

1.2.2 国内研究现状

"家庭农场"的概念在我国提出的时间相对较晚,近年来国内学者才开始对家庭农场进行相关研究，也形成了一定的研究成果，主要表现在以下几方面：

1.2.2.1 国内学者关于家庭农场的研究现状

（1）家庭农场概念及其内涵的研究现状。2008年党的十七届三中全会发布的《中共中央关于推进农村改革发展若干重大问题的决定》首次出现了"家庭农场"的新概念，但并没有引起学术界过多关注。2013年的中央一号文件首次提出"家庭农场"的概念，2014年的中央一号文件又进一步诠释了"家庭农场"的概念。

我国学者对家庭农场的研究成果相对较少，家庭农场的概念至今也没有形成统一意见。郭亚萍等（2009）认为，家庭农场是以家庭为基本经营单位，从事大面积农业生产且面向市场以利润最大化为经营目标的农业经营组织；徐会苹（2013）认为，家庭农场是以家庭成员为主要劳动力，自主经营且以农业经营收入为其主要收入来源的农业经营主体，是一种区别于小农户的、有一定经营规模的、有一定技术含量的现代化经营组织；朱春江等（2014）对家庭农场进行了比较全面的概括，认为家庭农场是以土地公有制为基础，以家庭为生产单位，以国家的土地流转政策为保障，以经济效益、社会效益、生态效益为经营目标，以自由资产、家庭劳动力、科学技术为主要生产要素，自主经营、自负盈亏、科学管理和自我发展的企业法人。

此外，一些学者对家庭农场的经营规模进行了研究。朱启臻（2014）研究了家庭农场的适度规模，认为家庭农场的规模下限应是家庭农场的经营收入能够满足家庭消费所对应的规模，家庭农场的上限应为家庭劳动力在现有的技术水平下所能够经营的最大限度；黄新建等（2013）从家庭农场的经济属性出发，将家庭农场的规模下限设定为能够获得与打工收入相等的经营规模，规模上限设定为亩均边际收益为零的经营规模；罗艳、王青（2013）认为，家庭农场生产经营所获得的劳动力人均收入等于城镇就业人员获得的平均工资收入所对应的规模为最优规模，并测算了安徽金安区家庭农场的最优规模为8.4公顷；高帆等（2013）认为，家庭农场的最优经营规模应是家庭劳动力经营家庭农场获得的人均收益不低于从事其他非农产业获得平均收益的经营规模；汪上等（2013）则将家庭农场的最优经营规模设定为在现有技术水平和资本水平条件下家庭劳动力所能经营的最大土地面积，但至少应大于当地平均的土地经营规模；辛良杰等（2009）运用IR检验了吉林省家庭农场的经营规模，发现经营规模小于30亩时IR关系不明显，但经营规模超过30亩时IR显著负相关，因此建议经营规模在20亩以下的家庭农场要通过土地流转进行规模优化。

（2）家庭农场作用及其优势的研究现状。吴敬琏（2004）分析了小农户与大市场之间的矛盾，强调要整合小农经济；伍开群（2013）从交易成本的角度论证了家庭农场具有的比较优势；袁赛男（2013）运用比较分析法研究了我国传统小农户生产模式和家庭农场等新型农业生产模式的生产效率，发现家庭农场可以凭借较大的生产规模产生规模效应，有利于提高农业生产效率；蔡键（2014）运用数据包络方法研究了家庭农场的经营效率，结果表明，家庭农场的运行效率普遍高于小农家庭和雇农农场；汤文华等（2013）认为，家庭农场的生产模式更有利于食品安全监管及生产过程的监管；陈纪平（2008）、曹东勃（2013）对家庭农场与农业生产企业进行了对比分析，发现家庭农场更节省交易费用，还能避免企业经营风险波及农户和农业精细化程度不足等问题；林毅夫（2008）、赵佳等（2015）研究了家庭农场的运行机制，发现与其他农业经营方式相比，家庭农场能够有效提高人力以及土地等资源的配置效率，可以很大程度降低监督成本、减少"搭便车"行为；胡书东（1996）、牛宝德（2004）认为，家庭农场相当于把现代先进的农业经营理念融入到传统意义的农户家庭经营中，兼具两者的优点，又在很大程度上克服了两者的制度缺陷；李秉龙（2009）通过不同历史阶段家庭经营的对比发现，家庭农场在农业生产中具有广泛的适应性和旺盛的生命力，可以与不同的所有制、技术条件和生产力相结合，具有相当大的发展潜力；黄宗智等（2007）提出，与大规模的机械化农场相比，家庭农场兼具劳动密集和资本密集的双重特性，更适合我国人多地少的基本国情；董亚珍（2009）、陈纪平（2009）认为，培育和发展具有地方特色的家庭农场可以提高农业生产效率，实现农业生产的规模效益，家庭农场是我国发展现代农业的有效途径；苏昕、王可山（2014）则指出，家庭农场经营模式不但保证了家庭经营的基础地位，而且进一步提高了农业经营的市场效率和农业组织化水平，是我国未来农业经营制度创新的新方向。

（3）家庭农场发展障碍的研究现状。我国农业现代化进程的加快，为家庭农场发展提供了新的机遇。但目前我国家庭农场还处于探索阶段，在培育和发展过程中不可避免地存在着一些现实障碍，制约着其健康发展，亟须研究解决。邹昶（2013）认为，现阶段我国家庭农场的发展面临着人才与技术匮乏、土地流转市场不健全以及融资难等方面的问题。现有研究成果显示，我国家庭农场发展的主要障碍表现在以下几个方面：

一是家庭农场界定标准不统一。近几年，"家庭农场"虽然多次出现在中央或地方政府的文件中，但相关部门或法律法规并没有对家庭农场给出统一的界定标准。同时，各地对家庭农场是否应到工商部门注册也没有统一的执行要求，这就容易使家庭农场的正当权益难以得到有效保护。

二是土地集中与流转不畅。家庭农场要通过土地流转形成土地集聚来扩大生产经营规模，土地流转是发展家庭农场的先决条件。目前我国还没有形成成熟的农地流转市场，农地流转还处于自发状态，对家庭农场在全国范围推广形成了巨大障碍。陈永富等（2014）研究认为，土地经营分散化、土地资产化比率低、土地流转困难是我国发展家庭农场的主要障碍；王贻术等（2013）发现，由于土地产权关系相当复杂，在土地流转过程中的补偿制度不合理以及农民的合法权益得不到维护，导致农村土地流转不畅，严重制约了家庭农场的发展；郭正模（2013）指出，我国家庭农场的良性发展需要解决农村土地资产化、土地有偿流转以及土地集中开发这三大问题。

三是家庭农场的融资障碍。家庭农场在土地流转、基础设施建设、生产资料购买以及经营销售方面都需要大量的资金支持。目前，我国家庭农场在发展过程中所需要的大多数资金来自自有资金、亲朋好友借款以及政府的财政补贴，难以满足家庭农场对资金的大量需求，融资难成为家庭农场的又一主要障碍。胡瑞光等（2014）分析了家庭农场融资难的内部和外部原因，内部原因主要是家庭农场财务管理不规范所导致的财务信息严重失真；外部原因是银行金融机构仍参照传统的农户贷款流程为家庭农场办理贷款，难以满足家庭农场的实际资金需求。郭伊楠（2013）认为，农业在生产过程中面临的自然灾害、农产品价格波动、融资信用等风险以及信息不对称是家庭农场融资难的主要影响因素。江维国（2015）认为，家庭农场融资难的主要原因包括三个方面：①家庭农场融资的担保物不足以及农业融资的高风险性导致金融机构贷款的积极性不高；②相应的融资担保机构缺位；③相关法律的滞后以及担保机制的僵化。

四是经营者的素质障碍。《中国统计年鉴2016》数据显示：2015年我国文盲人口占15岁及以上人口的比重为5.42%，大多数集中在农村地区。农业经营者低学历、老龄化等职业素质问题已经成为我国家庭农场发展的主要障碍之一。赵维清（2010）对浙江瑞安、慈溪、建德等地的家庭农场经营者进行调查发现，三地家庭农场经营者年龄在40岁以下的仅占1/3。由于缺乏相应的管理知识，大多数家庭农场经营者将自身定位于农业生产者，很少将先进的管理技术运用到生产经营中，从而制约着我国家庭农场的健康发展。

五是其他障碍。制约家庭农场发展的影响因素还包括政策不到位、社会服务体系不健全等因素。例如，家庭农场涉及的多种农产品加工并没有纳入我国外贸免税范围内，在一定程度上加大了家庭农场的生产经营成本。楚国良（2013）提出，家庭农场缺乏配套的社会服务体系，特别是涉农基础设施建设薄弱、农业技术推广不足、农业保险政策不健全等严重制约了我国家庭农场的稳健发展。谢梅芳（2013）指出，流出土地的农民再就业问题应作为我国发展家庭农场过程中急需解决的问题之一。

（4）家庭农场融资的研究现状。家庭农场融资研究主要有以下四个方面：

1）家庭农场的融资需求。根据学者对家庭农场融资需求的调查发现，我国家庭农场普遍存在着较大的资金缺口，生产经营规模越大，其融资需求就越强烈。徐辉（2014）对湖北省荆州市家庭农场的融资情况进行调查后发现，超过81%的家庭农场有向银行融资的意愿；俞中（2015）对合肥市家庭农场的融资需求进行了分析，发现融资需求额度在10万元以内的占14.5%，10万~50万元的占35%，50万~100万元的占27.4%，100万元以上的占23.1%。

2）金融机构对家庭农场的信贷支持。刘婉（2014）对湖南衡阳500个家庭农场的调查显示，390个家庭农场有强烈的融资需求，但实现融资的仅有135户；胡拥军（2013）分析了2013年湖北咸宁市72个家庭农场在1~5月的资金来源，发现银行信贷资金只占33%；赵健（2014）对河南省驻马店市65个家庭农场的融资满足度进行了调查，发现获得银行信贷资金的家庭农场只有19个，占比不足30%；胡玉娇等（2015）调查发现，吉林省延吉市的家庭农场实际资金需求在2000万元左右，而银行金融机构对家庭农场的信贷总额仅有633万元，资金供求之间存在着较大差距，很多家庭农场的融资需求得不到有效解决。

3）家庭农场融资难的形成原因。汤文华等（2013）研究发现，家庭农场等适度规模经营主体拥有的最大资产是土地承包经营权以及农业机械等动产。由于融资机制还不健全，家庭农场利用相应资产的抵押融资很难实现。万芹（2013）研究发现，我国家庭农场融资困境形成的三个主要原因包括获取信贷资金的能力太弱、资金来源过于单一、获取资金的时间过长。杨蕾（2014）研究发现，农村金融市场发展滞后、有效抵押物缺乏、财务规范水平不高等因素加剧了家庭农场的融资困难。

4）解决家庭农场融资难的对策建议。针对我国家庭农场融资难的现实问题，国内学者主张从融资增信、创新金融产品、政府干预和提升运营水平四个途径来解决。

在家庭农场融资增信方面。唐凯旋（2015）主张推行小额信贷保证保险来分担金融机构的融资风险，通过保险和银行金融机构风险共担的机制来提高银行金融机构对家庭农场的融资意愿。张德元、潘纬（2015）研究发现，家庭农场融资难的主要原因是金融机构与家庭农场之间的信息不对称，因此，解决家庭农场融资难的关键在于融资抵押物的扩展和替代，从而为家庭农场融资增信。刘敏志（2015）则主张通过完善我国农村信用体系来解决家庭农场的融资难题。

在创新金融产品方面。汪来喜等（2015）强调，推行"家庭农场资金合作化经营+贷款保证保险"融资模式，可以降低家庭农场与金融机构之间的信息不对称程度，降低融资成本。潘淑娟等（2012）建议，家庭农场应该采取多渠道、多手段来解决融资难问题，农村金融机构要因地制宜开发金融产品，推广联合担保贷款、农村物流金融等新产品。杜文（2014）通过研究衡阳市家庭农场的融资模式，提出了四种解决家庭农场融资难题的思路：①变资源为资本的土地承包经营权抵押贷款；②变未来收益为资本的订单融资；③变无形资产为资本的商标权质押贷款；④引入信用共同体的联保贷款。李柳颖（2016）则认为，进一步完善农村普惠金融体系是解决我国家庭农场融资困难的当务之急。

在政府干预方面。范彦楠等（2014）从政府的社会责任角度出发，分析了家庭农场融资难的成因，并倡议政府加大农业保险保费的补贴力度、增加农业保险品种来加大农业金融支持力度，还建议在政府引导下要逐步完善农村贷款担保制度。严琪等（2014）对家庭农场融资业务提出建议，建议政府与金融机构合作成立家庭农场专项发展基金，并完善社会服务体系。

在提升家庭农场运营水平方面。家庭农场的内部管理不规范，特别是财务制度不健全使金融机构无法客观公正地审核家庭农场的经营情况，从而形成严重的信息不对称。朱明（2015）建议家庭农场要加强财务管理，提高信用等级来获得金融机构的认可；汪来喜（2016）认为，家庭农场应引入现代企业管理理念，建立完善的财务制度来降低与金融机构之间的信息不对称程度，从而获得资金支持。

（5）发展家庭农场对策建议的研究现状。培育新型的农业经营主体、构建完善的农业发展体系是我国农业现代化的必然趋势，因此，国内学者也提出了相应的对策建议，主要表现在以下方面：

1）建立健全土地流转机制。韩俊（2014）建议，要促进我国新型农业经营主体的规模化经营，必须完善土地的流转制度，遵循集体所有权、农户承包权以及土地经营权的"三权分置"原则。陈锡文（2013，2014）建议，进一步深化农村土地产权制度改革，为规范农村土地流转奠定基础；完善土地承包经营权出让的补偿机制，保证农户出让土地承包经营权后能够获得合理的补偿收入，鼓励非农就业的农民在获得基本生活收入的前提下转让土地承包经营权。韩俊（2013）则建议通过提高农村社会保障水平、降低农民对土地的依赖来促进土地流转。

2）健全农村金融体系。目前，我国家庭农场等新型农业经营主体融资难是由于农村金融体系不健全，使融资风险主要集中在银行金融机构造成的。因此，要加快推行农业保险等农村金融产品，完善融资风险分散机制。杨子强（2014）建议，要根据各地家庭农场等新型农业经营主体的发展情况，创新抵押担保方式，扩大抵押担保范围；韩俊（2013）建议，要提高正规金融机构在农村的覆盖率，引导各类资本进入新型农村金融机构；唐德祥等（2016）则建议，政府对家庭农场购买农业保险给予合理的保费补贴，并发展适合当地的农业保险产品。

3）培育新型农业人才。发展家庭农场等新型农业经营主体的人才支持不能仅仅依靠传统农民，要鼓励大学生、农业企业经营者等一批有知识、有技术、懂管理的专业人才成为家庭农场等新型农业经营主体的经营者。黄祖辉等（2010）建议，根据农业经营者不同的学历背景、经营水平给予有针对性的指导和支持，并建立合理、公平的进入和退出机制；韩俊（2012）则建议，要建立健全农业经营人才的培训体系，因地制宜地开展职业教育，强化农业技术知识的公共性。

4）建立完善的政策支持体系。家庭农场等新型农业经营主体的快速、健康发展离不开政府的政策支持，因此要制定扶持家庭农场等新型农业经营主体发展的配套政策。周意珍等（2013）建议，直接对符合条件的家庭农场等新型农业经营主体提供资金补贴；曾路遥（2012）则建议，根据家庭农场的经营规模、农场产出量等量化指标进行直接补贴。同时，还有学者建议各级政府要成立专门机构开展家庭农场等新型农业经营主体的补贴工作，精减中间环节，提高政策执行效率。

1.2.2.2 国内学者关于土地承包经营权抵押融资的研究现状

（1）土地承包经营权抵押融资重要性的研究现状。高伟（2007）认为，我国已经进入传统农业向现代农业转型的关键时期，投资在农业转型过程中发挥着至关重要作用。发展现代农业需要大量资金，需要改革现有的农村金融体系，创新农村金融产品，服务现代农业。李相范（2010）研究指出，我国新时期的农地制度应该是规范化和灵活性相结合，而农村土地承包经营权抵押融资的制度设计符合了现阶段农民需求，顺应了时代发展趋势，应在全国积极推广。白昌前（2015）认为，鉴于土地对农民的重要性，土地承包经营权抵押可以增加农民的财产性收益。只要理顺政策和法律的支持逻辑，系统分析土地承包经营权抵押融资的业务流程，土地承包经营权抵押融资就能够得到有效的法律支持，实现常态化、市场化的发展。

于丽红等（2012）通过对辽宁省昌图县进行研究发现，土地承包经营权抵押融资将农村"不动"的土地资产转化为"流动"的可经营性资产，使农业生产实现了规模化、资本化，值得在全国大范围推广。罗剑朝（2005）研究指出，开展农村土地经营权抵押融资业务可以为我国农业规模化经营提供充足的资金支持。中国人民银行成都分行课题组（2007）认为，由于正规金融机构的参与，可以进一步规范农业经营主体的生产行为，使农村土地资源配置更加合理，加速我国农业生产方式的战略性调整。李宏伟（2010）认为，土地承包经营权抵押融资进一步明确了农村土地承包经营权的物权属性。肖诗顺等（2010）则认为，土地承包经营权抵押贷款缓解了农村发展的资金短缺问题，开展农村土地承包经营权抵押融资业务具有时代的必然性。

黄慧春等（2015）通过群组配对法发现，由于农村土地经营权增加了有效抵押物，对信贷的供给和需求起到了良好的促进作用。曾庆芬（2011）通过在成都市土地承包经营权抵押融资实验区进行的实地调查发现,部分农户将土地承包经营权抵押融资放在扩大自身生产经营规模所需资金的备选融资方式的首位。宋丽萍(2010)也认为,我国农村经济迅速发展,农民的收入来源已经多元化,土地收入占农民总收入的比重越来越小,土地对农民的社会保障功能已经没有以前那么重要,因此,开展农村土地承包经营权抵押融资具有一定的社会基础。

(2) 土地承包经营权抵押融资风险的研究现状。韩俊(2009)认为,土地是农民的生活保障,他并不看好土地承包经营权抵押贷款的发展前景。兰庆高(2013)研究发现,由于我国农村征信体系的不完善,涉农金融机构对贷款对象的筛选以及监督比较困难,加之农业生产固有的高风险性和弱质性,金融机构对农村土地承包经营权抵押贷款的意愿并不强烈。陈锡文(2010)研究指出,目前我国农村配套的社会保障体系还未建立,农村土地承包经营权抵押贷款业务具有潜在风险,对农民存在着极大不公平,因此该业务不宜在全国范围内推广。黄向庆(2009)从银行等金融机构的角度出发,认为我国农村金融市场的融资风险分散机制缺失,银行等金融机构的权益难以保障。肖诗顺(2010)认为,我国现行的农村土地承包经营权抵押融资模式存在着极大的农户违约风险以及抵押物的变现风险。

(3) 土地承包经营权抵押融资风险防范与对策建议的研究现状。陈沙沙(2013)研究了重庆市土地承包经营权抵押融资的现状,提出了优化土地承包经营权抵押贷款的流程和完善外部环境来防范融资风险的对策建议。兰德平等(2014)从政府职能角度出发,提出了政府可以适当参与到农村土地承包经营权抵押融资业务中来,通过政府干预来控制融资风险。谢林钰(2014)分析了土地承包经营权抵押融资过程中产生的市场风险和民生风险,建议通过建立土地交易所、健全土地承包经营权价值评估体系等方式来构建相应的风险防御机制。吕春生等(2009)借鉴了国外农业再保险机制的作用,提出我国应采取措施充分调动国内外再保险公司的积极性,为我国涉农保险机构制订再保险计划,防范涉农保险风险。赵一哲等(2015)从家庭农场的信用风险、土地承包经营权抵押物风险、融资操作风险三方面入手,深入分析了农户与涉农金融机构之间的博弈关系,提出了要完善相关的法律法规,加快农村征信体系建设,加速推广农业保险制度,完善土地承包经营权价值管理机制等风险管理策略。杨奇才等(2015)通过分析四川省受理的农村土地承包经营权抵押融资的案例认为,在政府主导下促进融资方的合作可以有效降低土地承包经营权抵押融资风险。胡帅等(2015)从法律和经济的角度,分析了土地承包经营权抵押融资的潜在风险,提出了构建土地信息共享平台、建立统一的土地价值评估机构以及建立融资风险共担机制来规避土地承包经营权抵押融资风险的建议。唐德祥等(2015)认为,建立科学的风险分担和补偿机制是激励涉农金融机构参与农村"三权"资产抵押贷款业务的内在动力,并建议成立专门的农村资产经营管理机构对农村"三权"资产抵押贷款所产生的不良资产进行科学的处置、管理和运作,以有效防范农村金融风险。

现有成果对本书的研究具有重要的参考价值,但仍然存在着一定缺憾,主要表现在以下方面:其一,目前,家庭农场是一种适度规模的新型农业经营主体,家庭农场融资更是一个崭新的研究领域,而现有研究主要局限于政府主导的贴息贷款、农产品补贴等传统方式上。本书以土地承包经营权为研究对象,充分论证其作为新型金融工具来激励家庭农场融资的适宜性和可行性,从而拓展了家庭农场融资的研究视野和研究思路。其二,在现有优惠政策、贴息贷款和农业保险等实践效果欠佳的情况下,我国土地承包经营权抵押融资政策尚处于试点阶段,潜在风险导致了资金供求双方参与其中的动力不足。因此,必须开启家庭农场与银行金融机构之间土地承包经营权抵押融资的通道,才能打破家庭农场良性发展的资金瓶颈。然而,现有研究对土地承包经营权抵押融资所生成的风险关注甚少,特别是基于市场化运作模式而建立的风险分担和补偿机制来防范家庭农场土地承包经营权抵押融资风险的相关研究更少。为此,本书另辟蹊径,通过科学的家庭农场土地承包经营权抵押融资的机制设计,构建适应市场发展的农村资产经营管理公司,建立家庭农场土地承包经营权抵押融资的市场化路径支持,最终形成家庭农场、银行金融机构、农村资产经营管理公司和政府"四位一体"的制度安排,从而对家庭农场土地承包经营权抵押融资进行创新尝试和有益探索。其三,近年来,国家相继出台的《关于引导农村土地经营权有序流转发展农业适度规模经营的意见》《关于开展农村承包土地的经营权和农民住房财产权抵押贷款试点的指导意见》和《关于完善农村土地所有权承包权经营权分置办法的意见》等为土地承包经营权通过转包、出租、互换、转让等方式进行流转及其抵押融资提供了政策支持,为深入研究提供了新的背景,也为创新性研究提供了新的依据。因此,本书对家庭农场土地承包经营权抵押融资的深入研究,可以在一定程度上弥补该领域研究的现有不足。

1.3 研究内容与研究思路

1.3.1 研究内容

第1章,绪论。主要介绍研究背景及意义、国内外研究现状、研究内容与研究思路、研究方法、有价值的研究工作。

第2章，家庭农场土地承包经营权抵押融资的理论基础和经验考察。主要通过对家庭农场和土地承包经营权的概念界定，对农村金融的经典理论进行梳理，总结发达国家农地金融的经验，形成家庭农场土地承包经营权抵押融资的理论借鉴和经验支持。

第3章，家庭农场土地承包经营权抵押融资的现状调查及其存在的主要问题。主要通过家庭农场融资（特别是土地承包经营权抵押融资情况）的问卷调查，客观、准确地把握资金需求方（家庭农场）和供给方（银行金融机构）的资金供求状况及其存在的主要问题，从而为制定科学合理的政策措施提供事实依据。

第4章，家庭农场与土地承包经营权抵押融资之间的适宜性分析。家庭农场是土地流转和规模化经营的新型农业经营主体，必须对其特征进行剖析（特别是与普通农户等农业经营主体之间的特征差异）。在多种融资工具对比的基础上，深入考察家庭农场与土地承包经营权抵押融资之间的匹配性和适宜性。

第5章，家庭农场土地承包经营权抵押融资意愿的影响因素分析。主要通过家庭农场土地承包经营权抵押融资的问卷调查数据，对家庭农场土地承包经营权抵押融资意愿的影响因素进行实证分析，为家庭农场土地承包经营权抵押融资的机制设计和市场化路径提供数据基础和实证支持。

第6章，家庭农场土地承包经营权抵押融资的风险生成及其形成原因。由于土地承包经营权抵押融资尚处于试点探索阶段，不可避免地使金融机构和家庭农场产生借贷风险。因此，本部分重点关注家庭农场土地承包经营权抵押融资的风险生成及其形成原因，以揭示其深层问题和探寻其缓解良方。

第7章，家庭农场土地承包经营权抵押融资的机制设计及制度安排。针对土地承包经营权抵押融资的风险，本章以融资风险为切入点，以风险防范为突破口，运用进化博弈论、系统动力学等方法对其风险分担和补偿机制进行科学设计，从而打开土地承包经营权抵押融资的障碍通道，形成银行金融机构和家庭农场参与其中的内在动力。

第8章，家庭农场土地承包经营权抵押融资的市场化路径支持。主要以风险生成为切入点，以风险防范为突破口，通过科学的机制设计和制度安排来开启银行金融机构与家庭农场之间的融资通道。同时，以农村资产经营管理公司为核心内容，通过建立闭环风险控制系统，并运用供应链金融思想来构建家庭农场、金融机构、农村资产经营管理公司和政府"四位一体"的市场化路径支持，形成家庭农场土地承包经营权抵押融资的内在激励。

第9章，主要研究结论与对策建议。在主要研究结论的基础上，得出具有实际价值的对策建议。

1.3.2 研究思路

本书按照提出问题→分析问题→解决问题的思路来展开研究，以家庭农场土地承包经营权抵押融资的风险为切入点，重点研究家庭农场土地承包经营权抵押融资的机制设计及其市场化路径支持。首先，在经典理论和经验考察的基础上进行了问卷调查，并查找了家庭农场融资所存在的主要问题；其次，通过家庭农场与其他农业经营主体及其融资工具的对比，分析了家庭农场与土地承包经营权抵押融资之间的适宜性；再次，围绕家庭农场土地承包经营权抵押融资的风险生成及其形成原因，运用实证分析和规范分析方法进行了家庭农场土地承包经营权抵押融资的机制设计及其市场化路径支持；最后，得出研究结论，并提出相应的对策建议。

1.4 研究方法

本书的主要研究方法包括：①文献综述法。通过对现有成果及其相关研究进行系统梳理、归纳总结，确立本书研究的方向、方法和内容。②调查研究法。通过对家庭农场融资的问卷调查，掌握家庭农场融资的现实特征及其存在的主要问题。③比较研究法。通过土地承包经营权抵押融资与其他融资工具的对比分析，剖析家庭农场与土地承包经营权抵押融资之间的适宜性。④定性分析法和定量分析法相结合。其中，定量分析法主要运用经济博弈、经济计量等方法来综合考察家庭农场土地承包经营权抵押融资意愿的影响因素及其机制设计；定性分析法主要运用金融创新、风险管理等理论，深入分析家庭农场土地承包经营权抵押融资的风险生成及其防范的市场化路径支持和对策建议。

1.5 有价值的研究工作

1.5.1 拓展了家庭农场融资的研究视野

家庭农场概念在我国提出的时间较晚，家庭农场融资更是一个崭新的研究领域，而现有成果主要局限于政策性贷款、补贴等传统工具上。家庭农场是土地流转和规模化经营的产物，本书以土地承包经营权为研究对象，充分论证了家庭农场与土地承包经营权抵押融资之间的适宜性，从而拓展了家庭农场融资的研究视野。

1.5.2 积极探索了家庭农场土地承包经营权抵押融资的机制设计和市场化路径支持

尽管目前国家政策已经允许承包土地的经营权向银行金融机构抵押融资，并出台了农村承包土地经营权抵押贷款试点的指导意见，但是基于风险的考虑，土地承包经营权抵押融资政策的试点效果并不尽如人意。然而，现有成果对农村土地承包经营权抵押融资的风险关注甚少，特别是通过市场机制建立起风险分担和补偿机制的相关研究更是鲜有涉及。基于此，本书以风险生成为切入点，以风险防范为突破口，通过科学的机制设计和制度安排来开启银行金融机构与家庭农场之间的融资通道。同时，以农村资产经营管理公司为核心内容，通过建立风险生成→风险防范的闭环风险控制系统，运用供应链金融思想构建了家庭农场、金融机构、农村资产经营管理公司和政府"四位一体"的市场化路径支持，从而形成了家庭农场加快发展的创新尝试和有益探索。

2 家庭农场土地承包经营权抵押融资的理论基础和经验考察

2008年党的十七届三中全会通过的《中共中央关于推进农村改革发展若干重大问题的决定》，首次出现了"家庭农场"的概念。相比其他形式的农业经营主体，家庭农场具有明显的制度优势和实践优势，是实现农业现代化的重要保障。培育和发展家庭农场面临着诸多的现实障碍，其中土地流转和融资困难是两大主要障碍。为此，2013年中央一号文件指出，鼓励和支持承包土地向专业大户、家庭农场、农民合作社流转。2017年中央一号文件进一步提出，完善家庭农场认定办法，扶持规模适度的家庭农场，从而为家庭农场发展提供了政策支持。

然而，农村金融发展滞后却限制了土地承包经营权潜在功能的充分发挥，降低了银行金融机构对家庭农场信贷支持的内在动力，制约了家庭农场健康发展，已经成为决策者和理论研究者高度关注和迫切研究的课题。因此，研究家庭农场土地承包经营权融资的理论基础，并对其经验做法进行深入考察，对于制定科学合理的农村金融政策和农村金融服务创新具有重要的现实意义和实践价值。

2.1 相关概念的界定

2.1.1 家庭农场的发展及其概念界定

2.1.1.1 家庭农场的发展过程

自国家鼓励发展家庭农场的相关政策出台以来，学术界和各级政府纷纷探索"家庭农场"的概念及其界定，但未达成一致认识，主要分为两个阶段：

(1) 20世纪80年代初到20世纪末。1982年1月1日,中共中央批转的《全国农村工作会议纪要》确立了联产承包责任制,大大提高了农业生产的积极性。1983年,时任国务院总理赵紫阳提出国营农场要兴办职工家庭农场,组建"大农场套小农场"的双层经营体制。"小农场"即职工家庭农场,专指以职工家庭为单位,承包国营农牧场的耕地、草原、畜群或其他生产项目,自主组织生产经营活动的经济实体。董胜林(1987)研究指出,家庭农场是以家庭为单位,且自立经营、自负盈亏的农业经济实体,强调由一个家庭成员组成(不包括家庭范围外亲属)且自负盈亏,二者缺一不可。随着职工家庭农场实践的逐步推进,在经营过程中暴露出诸多问题,主要表现为规模狭小分散、农业严重波动、农工兼业化等现象。针对这些问题,李同山(1990)研究指出,家庭农场应采取适度规模经营方式,克服小规模兼业经营方式对农业生产发展的阻碍,如家庭农场挂账问题显著,欠款居高不下,其关键原因是在"大农场套小农场"的双层经营体制下,家庭农场并未真正实现"三自"(自筹资金、自负盈亏、自主生产),因此部分地区职工家庭农场采取加速推进农场自费经营。20世纪80年代末,全国农垦建立家庭农场达100多万个,1994年推广"两费自理",并要求两年内所有农场实现土地承包、独立核算、自负盈亏、自担风险。

20世纪90年代以后,学者以及各级政府在原有家庭农场发展形式的基础上不断探索,但未达成共识。顾建洲(1993)将家庭农场与国营农场承包经营的职工家庭农场与个体经商户、一人牵头多人合伙开发性种植区别开来,认为家庭农场是具有适度规模,以国内市场为导向,以大量商品生产为目标的经济实体。胡书东(1996)认为,在有利于当地农业和农村经济发展的前提下,农村经济发展较成熟地区应该推进家庭联产承包责任制向家庭农场制转变,即社区集体将土地承包经营权从分散的农户手里集聚起来,然后承包给种田大户,构建家庭农场,实施规模经营,进行专业化生产,追求收益最大化。贾大明(1999)前瞻性指出,必须加快政企分开,家庭农场与国有农场行政隶属关系要逐渐淡化,发展成平等的经营交易性伙伴关系。

(2) 21世纪初至今。打破20世纪末广泛发展起来的职工家庭农场要求单一家庭且隶属于国营农场的局限,21世纪初家庭农场发展为"以农户家庭为基本组织单位,适度规模经营、自主经营、自我发展、自负盈亏的企业化经济实体,包括雇工型、非雇工型、联户型等多种经营方式"。梁丽(2004)将家庭农场定义为在农村长期居住,并从事农业生产经营活动的住户,是农业中的经济人,以市场需求为导向,以适度规模的土地为载体,实行企业化管理。

2008年《中共中央关于推进农村改革发展若干重大问题的决定》明确提出"有条件的地方可以发展专业大户、家庭农场、农民专业合作社等规模经营主体",2013年中央一号文件提出了"家庭农场"概念,但均未对家庭农场的具体含义与标准作出明确界定。2014年农业部出台的《关于促进家庭农场发展的指导意见》指出,家庭农场是以家庭成员为主要劳动力,利用家庭承包土地或流转土地,以农业收入为家庭收入主要来源,从事规模化、集约化、商品化农业生产的一种新型农业经营主体。与此同时,学术界也纷纷提出家庭农场概念,虽不尽一致,但在主要方面已基本达成共识:一是家庭经营。家庭农场主要经营者和劳动者为家庭成员,将经营土地再转包或转租给第三方经营者不属于家庭农场范畴。二是适度规模。与零散式土地生产不同,家庭农场具有一定的生产规模。朱启臻等(2014)研究认为,"从农场中获得满足家庭成员基本需要"和"现有技术水平下家庭劳动力所能经营的最大规模"决定了家庭农场的生产经营规模,但各地区对适度规模中"度"的界定各不一致。三是集约生产。家庭农场通过土地流转,对劳动力、农业机械等要素进行适度规模、集约化的专业生产。四是面向市场。家庭农场生产产品并不是为了自给自足,而是作为一种商品面向市场,以营利为目的且以家庭农业生产收入作为家庭的主要收入来源。

2.1.1.2 家庭农场的概念界定

借鉴现有研究成果,结合家庭农场的实际发展情况,尽管观点不一,但对基本特征形成了比较一致的看法,因此本书把家庭农场的概念界定为以家庭成员为主要劳动力,以农业收入为家庭收入主要来源,以承包、转包、租赁、合作、互换等土地流转方式进行适度规模生产,面向市场、自负盈亏的一种新型农业经营主体。

以上概念界定,并没有对家庭农场的土地经营面积、从事生产人数、生产经营规模以及资金大小进行明确规定,主要是考虑在家庭联产承包责任制的现实背景下,全国各地农业生产的基础、条件和水平存在着较大差异,应当结合实际,因地制宜地制定符合当地特点和情况的认定标准。

2.1.2 土地承包经营权的演变及其概念界定

2.1.2.1 土地承包经营权"三权分置"的演变过程

土地是农民赖以生存和发展的最重要生产资料。土地承包经营权是指承包人因从事种植业、林业、畜牧业、渔业或其他生产经营项目而承包使用的,所有权属集体或国家所有的土地或森林、山岭、草原、荒地、滩涂、水面的权利,包含了承包权和经营权;土地经营权是指承包人将承包的土地流转出去,由其他组织或者个人经营并取得收益的权利,它是从农村土地承包经营权中分离出来的一项权能。

在党的十一届三中全会以后的农村改革实践中，为了调动农业生产的积极性和主动性，我国进行了农村土地产权制度改革，建立了家庭联产承包责任制。从农村集体土地所有权中分离出了土地承包经营权，实现了由单一的"土地集体所有权"向"土地集体所有权"和"农户承包经营权"并存的"两权分置"的转变。随着工业化、信息化、城镇化和农业现代化进程的不断推进，大量的农村青壮年劳动力向城镇转移。农村劳动力呈现出明显的年幼化、女性化和老龄化趋势，农村妇孺和老弱病残等留守人员难以承担繁重的农业生产活动，导致大量的农村土地被弃耕抛荒，"有田无人种"的现象十分突出，造成农村土地浪费十分严重，极大地影响了土地资源的配置效率。另外，以实现效益最大化为目标的家庭农场、农业专业合作社和农业龙头企业等适度规模的农业经营主体又面临着"有人无田种"的尴尬。形成"两难"困境的关键在于，农业规模化经营要求土地流转，而拥有"一亩三分地"的农民又担心土地流转后收不回来，成为"失地"农民，影响未来的生存和发展。要有效解决这一现实问题，必须进行农村土地改革的重大制度创新。为了顺应农民保留土地承包权、流转土地经营权的意愿，国家于2016年10月出台了《关于完善农村土地所有权承包权经营权分置办法的意见》，将土地承包经营权分为承包权和经营权，实行所有权、承包权、经营权分置并行，从而实现了由所有权和承包经营权的"二权分置"向所有权、承包权和经营权"三权分置"的转变。农村土地的"三权分置"极大地放活了土地经营权，在保护农民权益的基础上盘活了土地资源要素市场，提升了农业效率和竞争力。

2.1.2.2　土地承包经营权的概念界定

在本书开始进行相关研究时，无论是理论界还是实务界对"土地承包经营权"的概念及其界定还没有形成统一认识。最近几年，随着国家相继出台《关于引导农村土地经营权有序流转发展农业适度规模经营的意见》《关于开展农村承包土地的经营权和农民住房财产权抵押贷款试点的指导意见》和《关于完善农村土地所有权承包权经营权分置办法的意见》等政策，已经明确将农村土地的权利属性分为所有权、承包权和经营权的"三权分置"情形，其权利和义务也各有所属。在坚持集体所有权、稳定农户承包权的基础上，放活经营权才能使土地的流转、抵押、担保和处置成为可能，使本书的相关研究更有现实基础和应用价值。因此，在本书中，关于"土地承包经营权"的概念皆明确界定为"土地经营权"，"家庭农场土地承包经营权抵押融资"的对应研究也从"土地经营权"的内涵出发。

2.2 家庭农场土地承包经营权抵押融资的理论基础

家庭农场土地承包经营权抵押融资借鉴了金融深化、农业信贷补贴、农村金融市场和不完全竞争市场等经典理论的基础和思想。

2.2.1 金融深化理论

金融深化理论是由 Mckinnon 和 Shaw 提出的,该理论认为,发展中国家贫穷落后一方面是由于资本缺乏,另一方面是由于资本利用效率低下,而资本利用效率低下又是因为政府过多干预金融市场导致的。反过来,金融发展滞后又阻碍了经济发展,两者相互作用造成了金融抑制和经济落后的恶性循环。因此,发展中国家要进行金融制度改革,放松对利率和汇率的管制,充分反映市场对资金供给和需求的真实要求。通过利率和汇率的市场化,实现储蓄向投资转化和改变对国外资金过度依赖的状况,从而提高资金利用效率,刺激经济增长。该理论对发展中国家的经济转型产生了深远影响,成为金融改革实践的主要理论依据,促进了全球的金融发展和经济增长。然而,金融深化也加大了金融风险,金融的不稳定性愈发成为全球关注的焦点。尤其是 2008 年由美国次贷危机引发的国际金融危机,更是引起了各国政府和中央银行以及国际金融机构的特别关注。

2.2.2 农业信贷补贴理论

20 世纪 80 年代以前,在农村金融理论中侧重于信贷供给的农业信贷补贴理论占据了主导地位。其主要思想如下:由于农村居民缺乏储蓄能力,加之农业生产的弱质性和农业投资的风险性,追求利润最大化的商业银行更倾向于投资其他领域,从而导致农业所需资金的严重不足,因此,为了满足农村更多的资金需求,政府应该把大量低息的政策性资金注入农村,以促进农业生产和缓解农村贫困。然而,事实证明该理论存在着较大的实践缺陷,急需扶持的农村穷人并没有得到低息贷款补贴,政策性资金更多地被各方面具有优势的较富有农民所使用。与此同时,农村信贷机构对政府产生了过多依赖,降低了监督政策性资金使用者投资和偿债的主动性和积极性,从而弱化了政策性资金的利用效率和农村信贷机构的市场竞争力,缺乏可持续发展能力,收效甚微。基于此,农业信贷补贴理论逐渐被农村金融市场理论所代替。

2.2.3 农村金融市场理论

农村金融市场理论强调市场机制的作用,该理论认为,农业信贷补贴理论强调向农村注入政策性资金是没有必要的。一方面,农村资金缺乏是由于不合理的农村金融制度造成的,农民是有储蓄能力的,过度的政策资金支持会造成贷款回收率低的金融风险;另一方面,低息政策会抑制金融发展,降低资金配置效率。因此,农村金融应该以市场机制为基础,将正规金融和民间金融结合起来,提高资金利用效率。该理论具有一定的合理性,但过分否定政府在农村金融中发挥的作用,极力强调通过市场机制来配置农村金融资源,其功效也同样受到质疑。因为自由化利率所导致的高成本以及担保品缺乏,可能使该理论难如其愿,因此,基于小农户的利益考虑,利率自由化值得考究,政府的适当介入仍然是有一定道理的。

2.2.4 不完全竞争市场理论

针对农村金融市场理论存在的缺陷,不完全竞争市场理论应运而生。该理论的主要观点如下:由于发展中国家的金融市场发展滞后、金融体系不健全、金融机构缺乏等原因,造成金融市场是一个不完全竞争市场。与此同时,银行金融机构与借款人之间存在难以解决的信息不对称问题,完全依靠市场机制难以形成适合农村发展的金融市场,政府应该适当介入农村金融市场,但任何形式的介入必须具有完善的市场结构。因此,应该改革农村金融机构,提高农村金融市场运行效率。应该放开利率使农村金融机构能够补偿成本,并通过制度创新和机制设计来合理解决道德风险以及信息不对称问题。该理论既肯定了政府对农村金融市场的作用,也强调了市场机制对农村金融市场的作用。该理论同时主张,政策性金融应该适当支持特定部门的发展;利率自由化不能急功近利,需要农村金融市场满足一定的成熟度要求;非正规金融组织可以适当介入,以提高金融市场效率;需要利用担保、互助以及借款人组织化等方法来合理解决信息不对称和道德风险问题……这些观点更切合农村的实际发展情况,实践价值更高。

2.3 发达国家农地金融的经验考察

一些发达国家发展农地金融已有数百年的历史,并探索出适合本国国情的发展模式,对我国家庭农场土地承包经营权抵押融资具有很大参考价值和借鉴作用。目前,我国家庭农场除了自有资金和亲邻借款外,主要依靠政府的资金补贴、贷款贴息等传统方式来维系其正常运行，而相关的配套措施（如农业保险、抵押担保等）还处于探索阶段。因此，深入考察国外农地金融经验对于我国农村土地承包经营权抵押融资具有积极的参考作用。

2.3.1 德国经验

德国是全世界发展农地金融最早的国家，已经有200多年的历史。1770年，德国为了解决农村金融市场高利贷泛滥的问题，成立了第一个土地抵押信用合作社。当时的土地抵押信用社社员主要由大地主组成，政府对其授权以社员的土地为担保发行公债，同时在证券市场上为其提供发行便利，信用社从证券市场上获得长期的、低成本的资金后转贷给其社员。这种做法对抑制当时农村金融市场的高利贷行为，助力德国农业复苏起到了很大作用。然而，当时的德国土地金融制度主要是为贵族服务的，基层的农民阶层并没有得到太多的利益。因此，当时的土地金融制度对德国农民阶层的激励作用并不明显。

19世纪，德国政府为了扶持自耕农进行了土地制度改革，通过允许农民购买公社土地，使其逐渐成为土地抵押信用合作社的主体。后来，除了土地抵押信用合作社以及联合合作银行以外，又有许多公营的土地银行加入到农地金融体系中，为农民购买土地以及进行土地基础设施建设提供资金支持。经过200多年的发展，德国农地金融体系已经形成了一种以公营的土地银行、土地改革银行和农村土地信用合作组织相互配合的农村土地金融体系（见图2-1）。

德国的农地金融体系最显著的特征就是将参加土地信用合作组织的农户的土地证券化。合作社根据农户入会时的参股比例为农户颁发土地证券作为其入股凭证，而农户获得入股凭证后可根据自身经营情况将自己的土地作为抵押物从合作社获得贷款。这种农地证券化的经营模式对农民的农业基础设施投资以及购买土地所需大量资金方面起到了良好的促进作用。

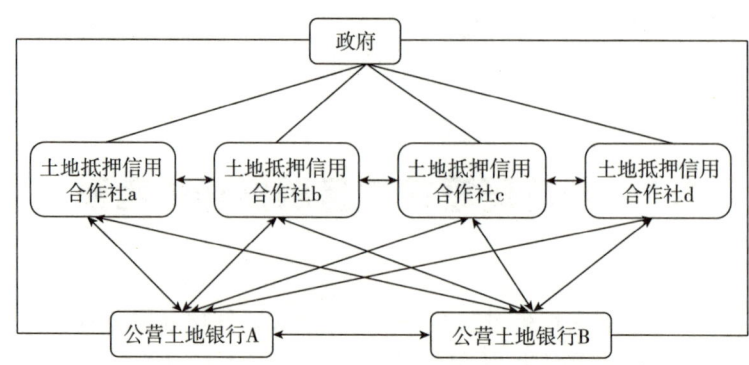

图2-1 德国的农地金融体系

2.3.2 美国经验

美国在20世纪初期就建立了农村土地金融体系,主要是为了解决以农产品过剩为特征的农业危机。当时长达二十多年的农业危机使美国上层意识到,仅仅依靠市场的调整并不能有效缓解农业危机,反而在一定程度上加剧了危机程度。因此,美国政府决定采用政府干预的手段来处理农业领域中的资源不合理配置问题。1916年美国国会通过《美国联邦农地抵押贷款法》,并设立联邦农业贷款局来处理农地抵押融资的各种问题。随后,美国政府在全国划分农业信用区并分区设立联邦土地银行,同时在农村成立农地抵押合作社,为农民进行土地抵押融资提供便利。1933年美国政府又设立了农业信用管理局,全国的12个联邦土地银行由其土地银行业务部统一管理,至此美国的农地金融体系基本建成。

美国的农地金融体系是由联邦政府和地方政府混合经营的分级结构,是一种发散管理的模式(见图2-2)。政府出资设立联邦土地银行,发行土地证券。地方政府组织农民成立联邦土地银行合作社,并入股成为联邦土地银行合作社的股东。农民加入联邦土地银行合作社后成为其成员,同时又成为中央政府设立的联邦土地银行的股东。这种农地金融结构保证了农民能够获得长期的信贷资金,为美国农村金融的快速发展铺平了道路。

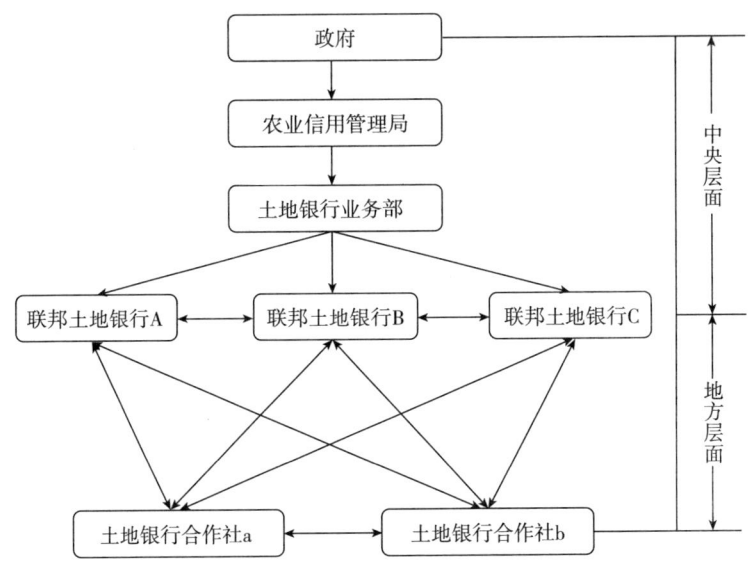

图2-2 美国的农地金融模式

美国的农地金融体系是仿照德国农地金融体系而建立的,但由于两国的国情不同,其建立方式也存在着较大差异。德国的农地金融体系是通过自下而上的方式建立的,即先在全国各地成立农村土地抵押合作社,然后向上发展形成联合银行;而美国的农地金融体系则是通过一种自上而下的方式建立,由政府提供资金充当联邦土地银行的股金,然后在全国分区成立联邦土地银行合作社。美国的农地金融体系建立方式的最大特点是能够快速在全国铺开并传达政府的意志,对解决当时的农业危机起到了很大的作用。

2.3.3 日本经验

日本农地金融体系的最大特点是由政府主导。19世纪末,在借鉴欧洲发达国家农地金融发展的成功经验后,日本结合本国的实际情况进行了业务创新,开始授权农工银行、北海道拓殖银行和日本劝业银行从事农村土地抵押贷款业务。其中,农工银行主要是满足农民对小型的基础设施建设、农业经营所需的生产资料等方面的资金需求;劝业银行主要负责农民购买土地以及大型的农村基础设施建设等方面的资金发放。20世纪40年代劝业银行和农工银行合并为新的劝业银行,主要负责日本农业发展的资金业务。第二次世界大战以后,新的劝业银行逐渐演变为一般性的商业银行,逐步淡化了农村土地抵押融资业务。后来成立的农林渔业金融公库开始向日本的农林渔业提供长期的资金支持,扮演着国家土地银行的角色。日本农地金融体系的发展历程如图2-3所示。日本借鉴西方国家成熟的农地金融发展经验,结合本国农村市场的实际情况,创造出符合本国发展的农地金融制度,为日本农业的快速发展奠定了良好基础。

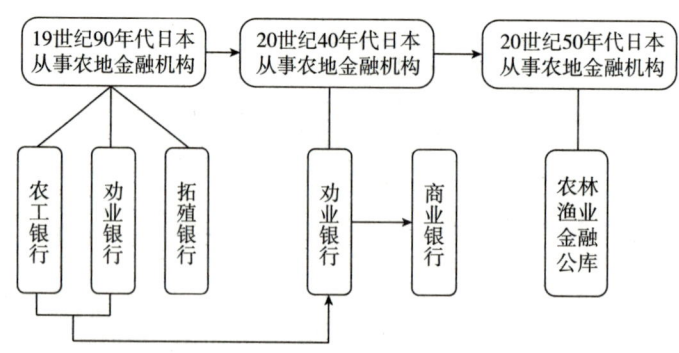

图2-3 日本农地金融体系的发展历程

2.4 家庭农场土地承包经营权抵押融资的理论支持和经验借鉴

2.4.1 家庭农场土地承包经营权抵押融资的理论支持

首先,由于农业生产的弱质性和农业投资的风险性,在利润驱动下的银行金融机构出现了"离农脱农"倾向,造成农业信贷供给严重不足,这为我国政府支持"三农"发展而注入大量的政策性资金提供了理论基础。其次,政策倾斜又会使农村信贷机构对政府产生过度依赖,忽视政策性资金的有效监管,从而弱化了政策性资金的利用效率和降低了农村信贷机构的可持续发展能力。因此,应该发挥市场机制作用,让民间金融介入其中以提高资金利用效率,这为我国通过市场机制配置农村金融资源提供了理论依据。最后,金融市场发展滞后、金融体系不健全和金融机构缺乏等,使我国农村金融市场处于不完全竞争状态,这为我国政府适当介入农村金融市场,通过市场机制和制度创新来解决道德风险以及信息不对称问题,不断创新农村金融组织,逐步放开利率来提高金融市场效率提供了理论支持。

2.4.2 家庭农场土地承包经营权抵押融资的经验借鉴

发达国家农地金融的成功模式为我国土地承包经营权抵押融资提供了良好的经验借鉴,主要包括政府的主导作用、资金来源的多样化以及组织结构的多元化等方面。

首先,政府的主导作用是家庭农场土地承包经营权抵押融资顺利推进的基础。从美国、德国及日本的农地金融发展经验看,政府在农地金融建立初期及其发展过程中都发挥了积极的主导作用,体现在相关法律的制定以及业务的实际运作中。在法律制定层面,各国政府在开展农地金融业务之前都制定了相关的、完备的法律法规,使农地金融业务都建立在合法的基础上。例如,美国根据《联邦农业信贷法》设立了联邦土地银行并授权联邦土地银行从事农地抵押等相关业务,日本依据《农林渔业金融公库法》设立了农林渔业金融公库。这种法律先行及其金融制度构建极大地降低了相关金融机构的运作风险,为参与农地金融业务提供了强大的内在动力。在业务的实际运作层面,各国政府都加大了对农地金融机构的资金扶持力度,主要表现在以下三点:一是直接投资入股相关的农业金融机构,为其提供充足的资本金。从事农地金融业务的金融机构都由政府出资成立,其资本金来源大多依赖于政府。例如,日本的农林渔业金融公库经营所需要的资本金主要由日本政府调拨,而劝业银行的多数股本金也由政府持有;美国的联邦土地银行在成立之初也是通过向当地政府出售股票的方式来获得资本金。二是政府利用各种政策便利为从事农地金融业务的金融机构筹集业务运营资金,通过为金融机构提供低息贷款和发行土地债券提供担保的方式助力农地金融机构筹集资金。如美国政府为农地抵押贷款提供二级担保,德国政府为土地抵押信用合作社发行的债券担保还本付息等。三是为从事农地金融业务的金融机构提供税收优惠。以上做法为充分发挥政府的主导作用、制定相应的法律法规、成立专门服务于土地承包经营权抵押融资的政策性农村金融组织机构提供了经验借鉴。

其次,从事家庭农场土地承包经营权抵押融资的金融机构资金来源多样化。从美国、德国及日本的农地金融发展经验看,政府资金投入、发行土地债券以及吸收土地公社社员的存款是金融机构开展农地金融业务所需资金的主要来源,其中美国和德国还通过金融创新使农地证券化。金融机构可以利用社员抵押或入股的土地发行债券,而日本的金融机构则主要依靠政府储蓄等方式来获得资金支持。以上做法为专门服务于土地承包经营权抵押融资的金融机构能够获得足够的资金来源提供了经验与借鉴。

最后,参与家庭农场土地承包经营权抵押融资的金融组织机构多元化。从美国、德国及日本的农地金融发展经验看,各国发展农地金融都根据本国实际情况选择了不同的组织机构,主要有单一结构、发散结构以及复合结构三种。单一结构是指国内只授权一个金融机构从事该项业务,这种组织结构的特点是简单、灵活,能够快速适应并迎合市场需求。但由于单个金融机构的网点普及度不高,较多从事土地抵押的批发业务,而很难从事土地抵押的零售业务,因而这类金融机构通常的做法是委托其他金融机构代理该项业务。发散结构是指政府委托多个金融机构或在农村地区有很多分支机构的金融机构从事农地抵押融资业务,如美国的联邦土地银行以及德国的土地抵押信用合作社都依靠自身的分支结构来开展业务。德国的土地抵押信用合作社属于民间自发合作性质的组织,合作社的成员共同拥有合作社,社员通过缴纳会费等费用后成为合作社的正式社员,在通过合作社获得农地抵押贷款后由全体合作社成员共同为其担保,并承担还本付息的连带责任。美国的联邦土地银行采用的是双层混合形式,即上层采用银行体制,而基层采用合作社体制。复合结构则是指一部分业务由自身的分支机构进行,同时委托其他金融机构代理该项业务,采用该组织形式主要考虑在全国农村地区全面开设太多的分支机构会导致成本太高、经济效益较差。日本的农林渔业金融公库就属于这类组织形式。以上做法为我国家庭农场土地承包经营权抵押融资的金融组织机构多元化及其协同合作提供了经验借鉴。我国家庭农场土地承包经营权抵押融资涉及面广、过程复杂,包含了土地经营权价值评估、抵押人风险评估、生产经营保险产品设计等内容,若全部由单个机构承担所有程序会导致运行成本过高。因此,各相关金融机构只有通力协作,努力开展自己擅长的金融业务,才能有效降低土地承包经营权抵押的融资风险,最大限度地激发各方从事土地承包经营权抵押融资业务的积极性。

3 家庭农场土地承包经营权抵押融资的现状调查及其存在的主要问题

改革开放以来，随着农村金融体制改革的稳步推进，我国农村金融环境不断优化、农村金融服务不断改善，成效明显，对促进农村、农业发展和增加农民收入发挥了重要作用。然而，我国农村金融仍然存在着需求满足度低、信贷政策不合理、服务体系不健全、发展相对滞后等问题，阻碍了我国农村经济社会的健康发展和新农村建设的全面推进。

为了缓解家庭农场的融资困境，促进家庭农场快速发展，国家于2015年出台了《关于开展农村承包土地的经营权和农民住房财产权抵押贷款试点的指导意见》。土地承包经营权抵押融资作为一种新型农村融资工具，可以促进农村金融服务创新和丰富农村金融领域的研究内容，有助于更好地贯彻落实国家《关于促进家庭农场发展的指导意见》等精神；有助于"三农"资金由"输血式"功能向"造血式"功能转换；有助于丰富农村金融产品，构建多层次、广覆盖、可持续的农村金融服务体系；有助于推进农村经营环境转型，有效防范农村金融风险；有助于促进农村资产抵押、流转市场的活跃与繁荣，实现农村资源的优化配置，因而具有重要的现实意义。本部分通过家庭农场土地承包经营权抵押融资的调查研究，以发现问题、总结经验、形成对策，促进家庭农场健康发展。

3.1 家庭农场土地承包经营权抵押融资需求的现状调查

3.1.1 家庭农场土地承包经营权抵押融资需求的调查设计

家庭农场的相关数据（尤其是融资数据）迄今为止尚未形成统一的全面数

3 家庭农场土地承包经营权抵押融资的现状调查及其存在的主要问题

据资料,部分学者以某个省份为研究对象进行了小范围调查,范围较小,数据口径也不一致,而土地承包经营权抵押融资的微观数据更是缺乏,难以对家庭农场土地承包经营权抵押融资进行更系统、更深入的研究。

为了客观、准确地掌握家庭农场土地承包经营权抵押融资的基本情况,国家社会科学基金项目"家庭农场土地承包经营权抵押融资的动力机制及其路径支持研究"课题组专门设计了"家庭农场参与土地承包经营权抵押融资情况"的调查问卷(见附录1),对家庭农场土地承包经营权抵押融资情况进行了专题调查。调查问卷分为三个部分:第一部分为家庭农场的基本情况,主要包括被调查家庭农场主的年龄、受教育程度、外出务工经历等基本情况(第1~5题)和家庭农场的经营类型、年收入、雇工人数以及制约因素等基本情况(第6~18题)两个方面;第二部分为土地流转情况,主要包括家庭农场经营土地的面积、来源、流转价格和流转障碍等基本情况(第19~23题);第三部分为家庭农场土地承包经营权的抵押融资情况调查,主要包括家庭农场经营的资金来源、融资需求满足度、土地承包经营权抵押融资的比较优势、风险顾虑以及政策完善等方面的问题(第24~40题)。调查问卷设计的重点在于对家庭农场土地承包经营权抵押融资的情况调查,以准确了解家庭农场进行土地承包经营权抵押融资的客观需求、真实原因、融资顾虑,并揭示家庭农场土地承包经营权抵押融资的风险来源及其形成原因,在此基础上努力探索家庭农场土地承包经营权抵押融资的动力机制及其市场化发展路径,为促进家庭农场发展和农村金融服务创新提供政策依据和决策参考。

课题组在项目立项之初的2015年1~5月对全国各省(自治区、直辖市)的400个家庭农场进行了问卷调查。调查时间选择在2015年春节前后,一是因为春节是休闲季节,家庭农场主有充足时间愿意耐心、仔细回答相关问题,以保证问卷调查质量;二是因为课题组成员及问卷调查参与者(包括本科生和研究生)也有足够时间进行相关数据的调查、整理和分析,以保证问卷调查效果。具体调查方案如下:首先根据各省(自治区、直辖市)家庭农场的发展状况、农业资源禀赋、地理区位特征以及调查参与者家庭所在地等综合情况,在全国31个省(自治区、直辖市)的相应农村进行调研,并在当地村镇干部或村民的帮助下对部分家庭农场进行入户调查和现场访谈。按照三分法划分我国三大经济区域,东部地区包括北京等11个省(自治区、直辖市);中部地区包括山西等8个省(自治区、直辖市);西部地区包括重庆等12个省(自治区、直辖市)。各地区发放的调查问卷数量分别为:东部地区85份,其中包括江苏省18份、浙江省15份、福建省12份、山东省16份、河北省8份和辽宁省16份;中部地区76份,其中包括河南省16份、湖南省14份、湖北省9份、安徽省10份、山西省13份、江西省6份和吉林省8份;西部地区239份,其中包括重庆市105份、甘肃省12份、四川省71份、广西壮族自治区 16 份、西藏自治区 6 份、宁夏回族自治区 11 份、青海省 3 份、新疆维吾尔自治区 6 份和云南省 9 份。全国共计发放调查问卷 400 份，其中收回 355 份，回收率为 88.75%。经过仔细比对和反复审核，剔除填写不完整和不合理的调查问卷，我们最终得到了 270 份有效问卷，有效样本率为 76.06%。由于家庭农场近几年才引起关注，目前各个地方的家庭农场的培育和发展仍处于探索阶段，对其界定标准也不一致。加之经费和时间等条件的限制，调查样本容量不是太大。但是，通过 270 份有效调查问卷也可以达到 "以管窥豹" 的效果，特别是从实际中获取的客观真实的第一手资料，可以作为相关宏观数据的辅助参考和有益补充。

3.1.2 家庭农场及其土地承包经营权抵押融资的调查数据

家庭农场主的年龄集中在 31~50 岁，且大多数具有外出务工经历。调查资料显示：在 270 份有效问卷中，年龄在 20 岁及以下的只有 3 人（仅占 1%），21~30 岁的有 22 人（占比 8%），31~40 岁的有 80 人（占比 30%），41~50 岁的有 123 人（占比高达 46%），51~60 岁的有 36 人（占比 13%）61 岁及以上的有 6 人（占比 2%）；从是否具有外出务工的经历来看，207 位家庭农场主具有外出务工的经历，占比高达 77%。家庭农场主的年龄和外出务工经历的结构如图 3-1、图 3-2 所示。

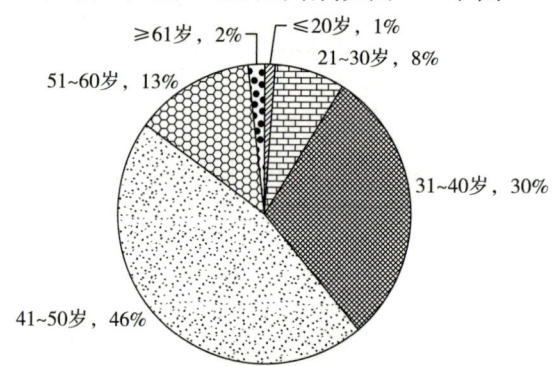

图 3-1　家庭农场主的年龄结构

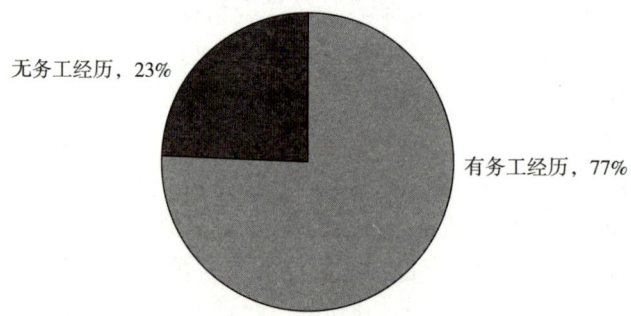

图 3-2　家庭农场主的外出务工经历结构

家庭农场主的受教育程度较低，以初中和高中为主，政治面貌为中共党员的比重不高。调查资料显示：在270份有效问卷中，有11人未上过学（占比4%），有53人的教育程度为小学（占比20%），有81人的教育程度为初中（占比30%），有91人的教育程度为高中（中专）（占比34%），有34人的教育程度为大专及以上（占比12%）；从政治面貌来看，政治面貌为共青团员的有33人（占比12%），政治面貌为中共党员的有67人（占比25%），政治面貌为其他的有170人（占比高达63%）。家庭农场主的受教育程度和政治面貌的结构如图3-3、图3-4所示。

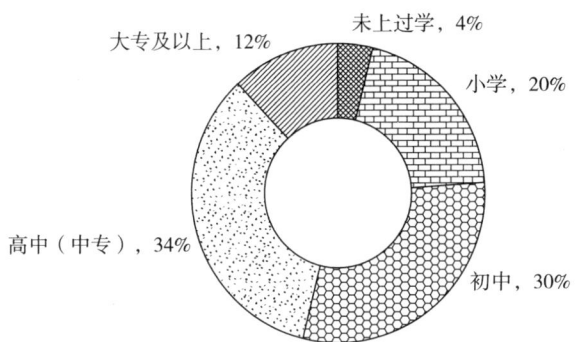

图3-3 家庭农场主的教育结构

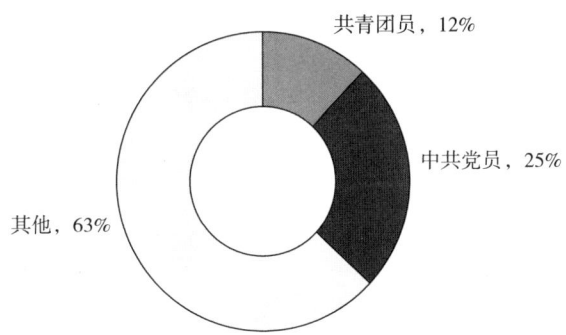

图3-4 家庭农场主的政治面貌结构

大多数的家庭农场未经工商部门登记注册，家庭农场主要采取个体工商户的经营形式。调查资料显示：在270份有效问卷中，只有35个家庭农场在工商部门登记注册（仅占12.96%），235个家庭农场未经工商部门登记注册（占比高达87.04%）。

家庭农场的经营产品以养殖类和蔬菜瓜果类为主，年收入多为20万元以下。调查资料显示：在270份有效问卷中，45个家庭农场的产品属于粮食类（占比

16%），111个家庭农场的产品属于养殖类（占比高达38%），79个家庭农场的产品属于蔬菜瓜果类（占比27%），34个家庭农场的产品属于经济作物类（占比12%），15个家庭农场的产品属于林业类（占比5%），只有6个家庭农场的产品属于其他（仅占2%）；从家庭农场的年收入来看，收入在10万元以下的家庭农场有90个（占比33%），收入在10万~20万元的家庭农场有113个（占比高达42%），收入在20万~50万元的家庭农场有52个（占比19%），收入在50万~100万元的家庭农场有11个（占比4%），收入在100万~200万元和200万元以上的家庭农场分别有3个和1个，占比分别为1%和0.4%。家庭农场的生产类型和年收入的结构如图3-5、图3-6所示。

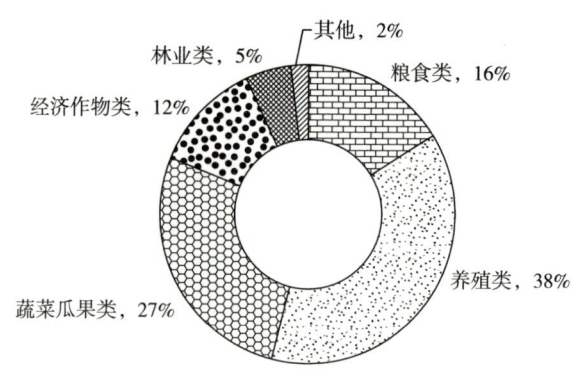

图3-5 家庭农场的生产类型结构

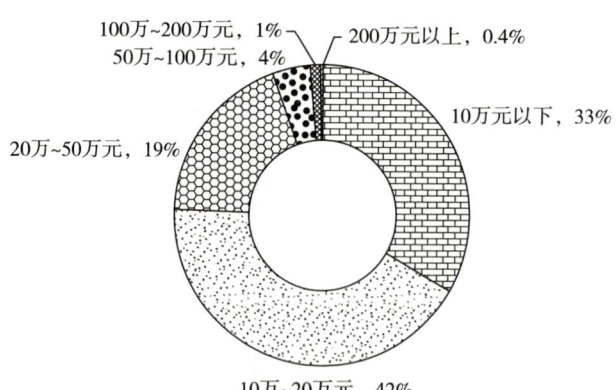

图3-6 家庭农场的年收入结构

家庭农场的雇工人数以5人以下为主，经营土地面积多在50亩以下。调查资料显示：在270份有效问卷中，没有雇工的家庭农场有17个（占比6%），雇工人数为3人以下的有58个（占比22%），雇工人数为3~5人的有112个（占比高达42%），雇工人数为6~10人的有53个（占比20%），雇工人数为11~20人的有

12个(占比4%),雇工人数为21~30人的有11个(占比4%),雇工人数为31~50人的有6个(占比2%),雇工人数为51人及以上的只有1个(仅占0.37%);从经营土地面积来看,30亩以下的有110个(占比高达41%),30~50亩的有86个(占比32%),50~100亩的有51个(占比19%),100~200亩的有10个(占比3%),200~500亩的有11个(占比4%),500亩以上的只有2个(仅占1%)。家庭农场的雇工人数和经营土地面积的结构如图3-7、图3-8所示。

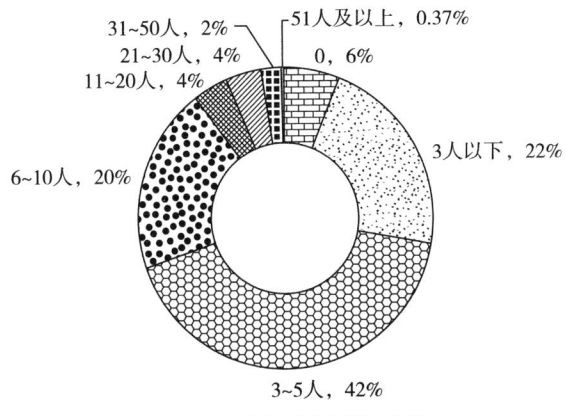

图3-7 家庭农场雇工人数

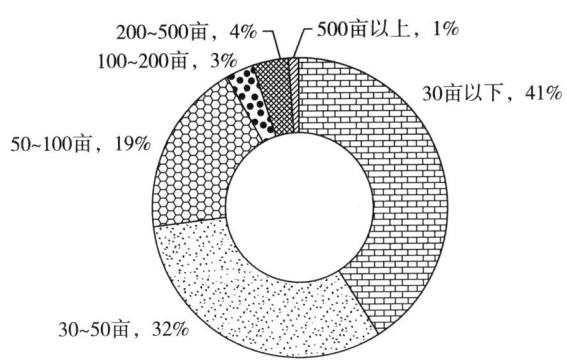

图3-8 家庭农场经营土地面积

家庭农场的产品销售状况以一般为主,一半的家庭农场购买了农业保险。调查资料显示:在270份有效问卷中,家庭农场产品销售状况为严重滞销的只有3个(仅占1%),产品销售状况为比较困难的有60个(占比22%),产品销售状况为一般的有163个(占比高达61%),产品销售状况为畅销的有44个(占比16%);从是否购买农业保险来看,购买了农业保险的家庭农场个数为136个(占比50%),没有购买农业保险的家庭农场个数为134个(占比50%)。家庭农场的产品销售状况和购买农业保险的结构如图3-9、图3-10所示。

· 33 ·

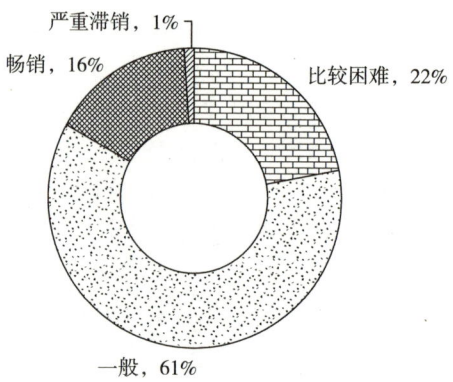

图 3-9　家庭农场产品销售情况

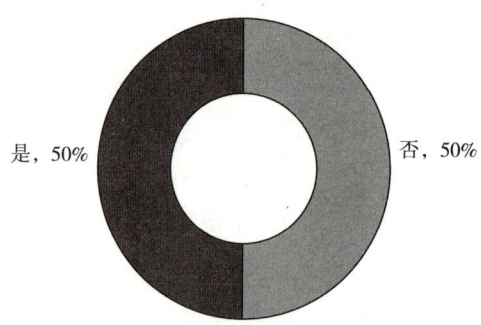

图 3-10　家庭农场是否投保农业保险

家庭农场的政府补贴以家庭农场补贴和良种补贴为主，家庭农场经营土地的取得方式以租赁为主。在本次调查中，"政府补贴和经营土地取得方式"的选项设为多选，家庭农场可选择一项或者多项。调查资料显示：在 270 份有效问卷中，对家庭农场享受的政策补贴，选择"家庭农场补贴"的有 110 个（占比 41%），选择"良种补贴"的有 147 个（占比 54%），选择"农业机械补贴"的有 86 个（占比 32%），比例之和大于 100% 是因多选所致；从经营土地的取得方式来看，选择"租赁"方式取得的有 212 个（占比高达 78.52%），选择"转让"方式取得的有 76 个（占比 28.15%），选择"合作"方式取得的有 85 个（占比 31.48%），选择"互换"方式取得的有 41 个（占比 15.19%），选择"转包"方式取得的有 118 个（占比 43.7%），选择"入股"方式取得的有 17 个（占比 6.3%），选择"拍卖"方式取得的只有 3 个（仅占 1%），比例之和大于 100% 是因多选所致。家庭农场的政府补贴和经营土地取得方式的结构如图 3-11、图 3-12 所示。

3 家庭农场土地承包经营权抵押融资的现状调查及其存在的主要问题

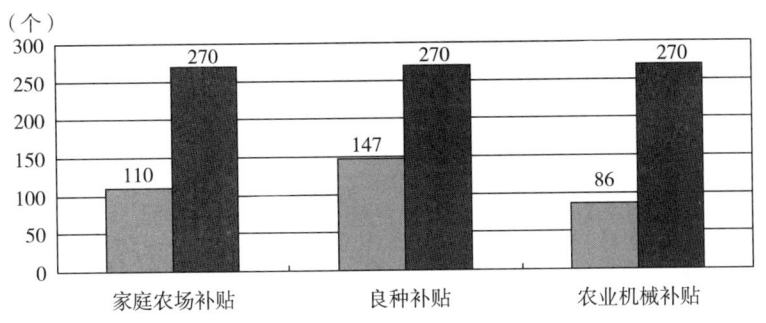

图3-11 家庭农场政府补贴结构

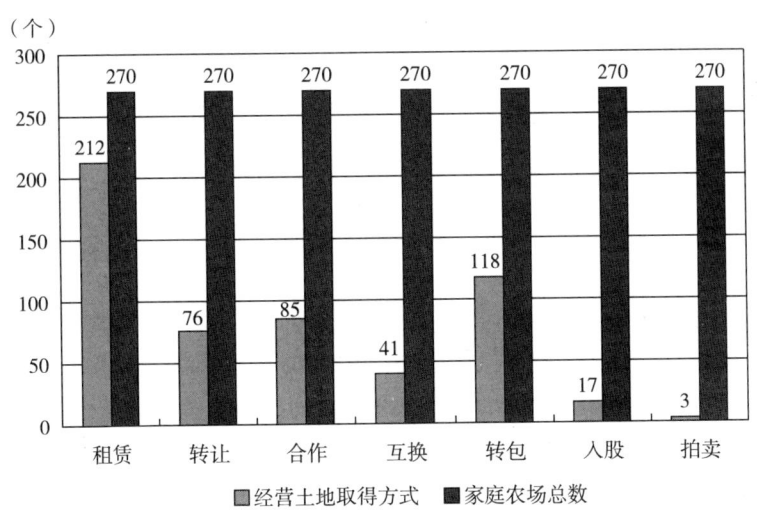

图3-12 家庭农场经营土地取得方式结构

家庭农场普遍存在资金困难，融资需求难以得到满足。调查资料显示：在270份有效问卷中，对家庭农场在经营过程中是否存在资金困难，选择"是"的家庭农场有2340个（占比高达87%），没有资金困难的家庭农场只有36个（仅占13%）；从融资需求的满足度来看，选择"远未满足"的家庭农场有85个（占比31%），选择"较难满足"的家庭农场有136个（占比高达50%），选择"基本满足"的家庭农场有45个（占比17%），选择"很好满足"的家庭农场只有4个（仅占2%）。家庭农场的资金是否存在困难和融资需求满足度的结构如图3-13、图3-14所示。

· 35 ·

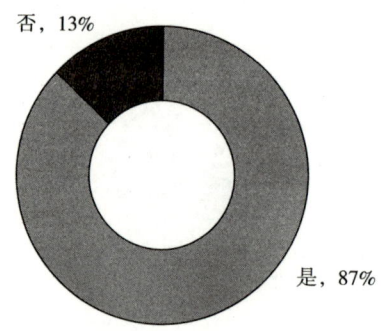

图 3-13　家庭农场融资是否存在困难

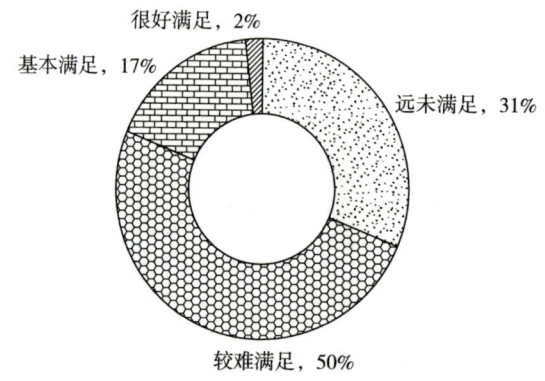

图 3-14　融资需求满意度结构

家庭农场对土地承包经营权可以向金融机构进行抵押融资的情况知晓较少，融资难以满足的最主要原因是融资渠道缺乏。调查资料显示：在270份有效问卷中，对是否知道土地承包经营权可以向金融机构进行抵押融资，选择"完全不知道"的有41个（占比15%），选择"听说过但不了解"的有97个（占比36%），选择"了解一些但不完全清楚"的有110个（占比41%），选择"完全清楚"的只有22个（仅占8%）。在本次调查中，融资需求难以满足的主要原因的选项为多选，家庭农场可选择一项或者多项。从融资需求难以满足的原因来看，选择"融资渠道缺乏"的有174个（占比高达64%），选择"没有抵押物"的有124个（占比46%），选择"融资手续复杂"的有140个（占比52%），选择"没有人情关系"的有100个（占比37%），比例之和大于100%是因多选所致。家庭农场对土地承包经营权是否可以向金融机构进行抵押融资的知晓程度和融资需求难以满足原因的结构如图3-15、图3-16所示。

3 家庭农场土地承包经营权抵押融资的现状调查及其存在的主要问题

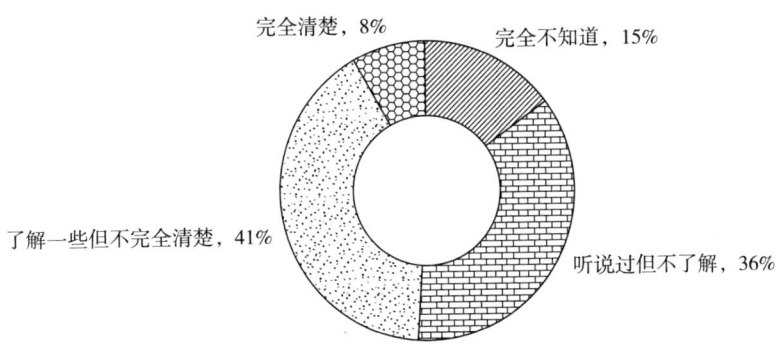

图3-15 家庭农场是否知道土地承包经营权可以向金融机构进行抵押融资

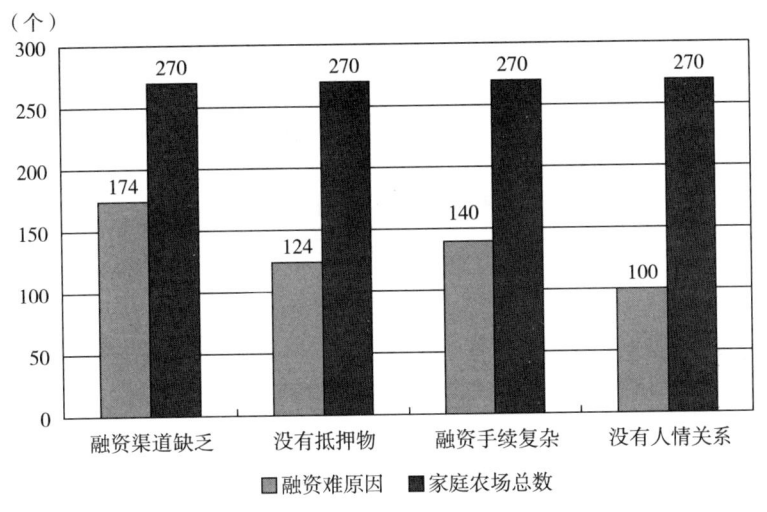

图3-16 家庭农场融资难原因结构

大多数家庭农场认为雇工成本偏高,很少聘用现代化农业生产技术人员。调查资料显示:在270份有效问卷中,有33个家庭农场认为雇工成本很高(占比12%),有138个家庭农场认为雇工成本高(占比高达51%),有91个家庭农场认为雇工成本一般(占比34%),只有6个家庭农场认为雇工成本低(仅占2%),只有2个家庭农场认为雇工成本很低(仅占1%);从是否聘用现代化农业生产技术人员来看,只有61个家庭农场聘用了现代化农业生产技术人员(仅占23%),有209个家庭农场没有聘用现代化农业生产技术人员(占比高达77%)。家庭农场的雇工成本和现代化农业生产技术人员的聘用结构如图3-17、图3-18所示。

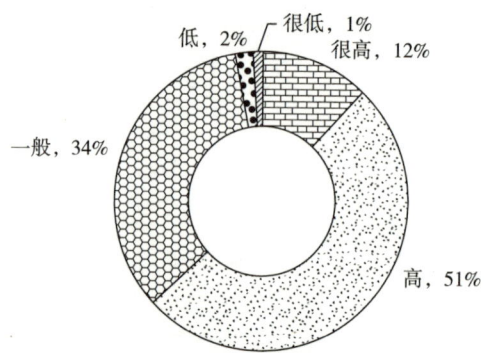

图 3-17 家庭农场雇工成本结构

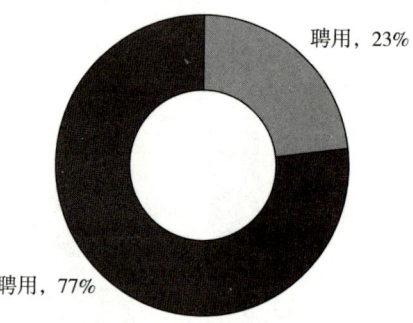

图 3-18 家庭农场聘用现代化农业生产技术人员的结构

家庭农场产品销售的主要渠道是集贸市场，制约家庭农场发展的最主要因素是缺少资金。在本次调查中，产品销售渠道和制约因素的选项均为多选，家庭农场可选择一项或者多项。在 270 份有效问卷中，对家庭农场的产品销售渠道，只有 46 个选择"网上电子（或电话销售）平台"（仅占 8%），有 133 个选择"卖给销售公司或销售大户"（占比 23%），有 157 个选择"集贸市场"（占比高达 27%），有 128 个选择"直接销售（卖给消费者）"（占比 22%），有 70 个选择"企业收购"（占比 12%），有 48 个选择"合作组织收购"（占比 8%），比例之和大于 100% 是因多选所致。从家庭农场发展的制约因素来看，有 195 个家庭农场选择"缺少资金"（占比高达 22%），有 105 个家庭农场选择"土地太少"（占比 12%），有 130 个家庭农场选择"不懂技术"（占比 15%），有 126 个家庭农场选择"销售渠道缺少"（占比 15%），有 75 个家庭农场选择"生产资料价格偏高"（占比 9%），有 45 个家庭农场选择"社会服务组织缺乏"（占比 5%），有 67 个家庭农场选择"农产品价格偏低"（占比 8%），有 47 个家庭农场选择"农业金融发展滞后"（占比 5%），有 55 个家庭农场选择"交通不便、信息闭塞"（占比 6%），只有 23 个家庭农场选择"产品品质低、质量差"（仅占 3%），比例之和大于 100% 是因多选所致。家庭农场的产品销售渠道和发展制约因素的结构如图 3-19、图 3-20 所示。

3 家庭农场土地承包经营权抵押融资的现状调查及其存在的主要问题

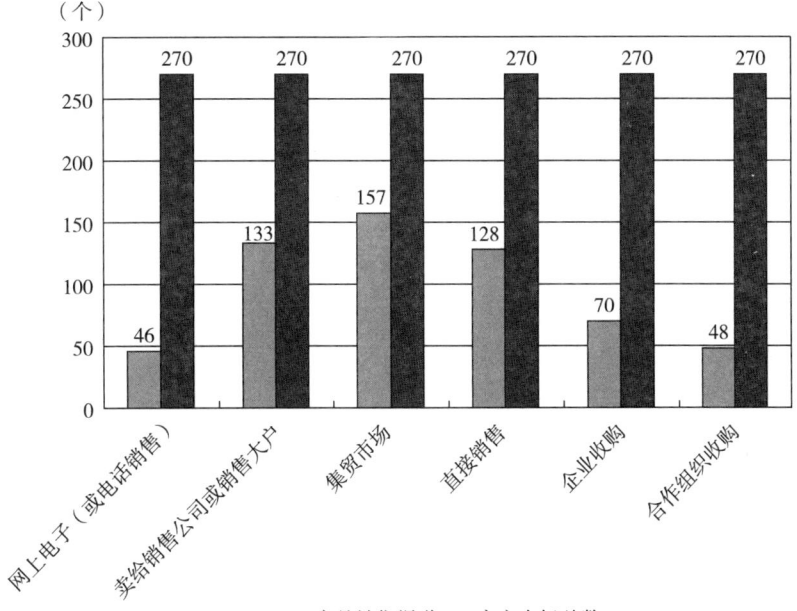

图 3-19 家庭农场的产品销售渠道结构

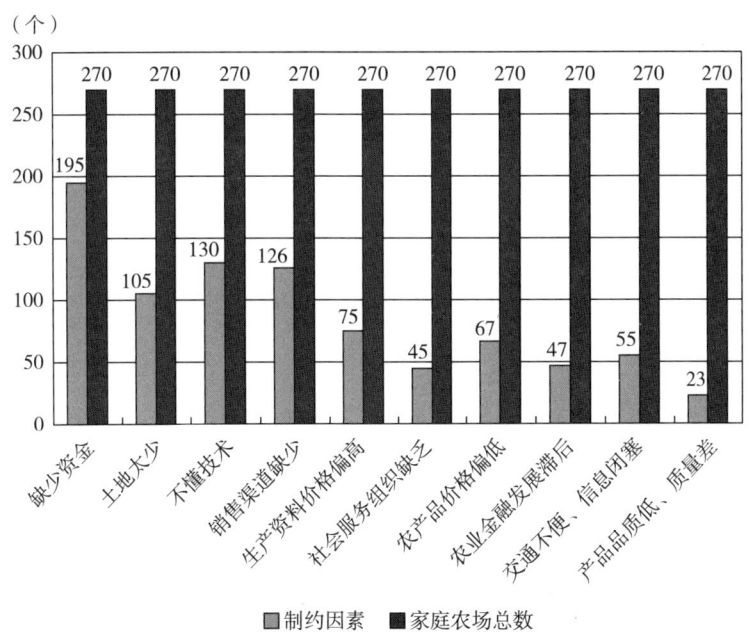

图 3-20 家庭农场发展制约因素结构

家庭农场经营土地的主要来源是自有土地，经营土地的流转价格偏高。在本次调查中，家庭农场经营土地来源的选项设为多选，家庭农场可选择一项或者多项。在270份有效问卷中，对家庭农场经营土地的来源，有208个选择"自有土地"（占比高达77%），有96个选择"土地流转市场"（占比36%），有133个选择"村合作组织"（占比49%），比例之和大于100%是因多选所致。从家庭农场经营土地的流转价格来看，有39个家庭农场选择"太高"（占比14%），有138个家庭农场选择"高"（占比高达51%），有83个家庭农场选择"合适"（占比31%），有8个家庭农场选择"低"（占比3%），只有2个家庭农场选择"太低"（仅占1%）。家庭农场经营土地的来源和流转价格的结构如图3-21、图3-22所示。

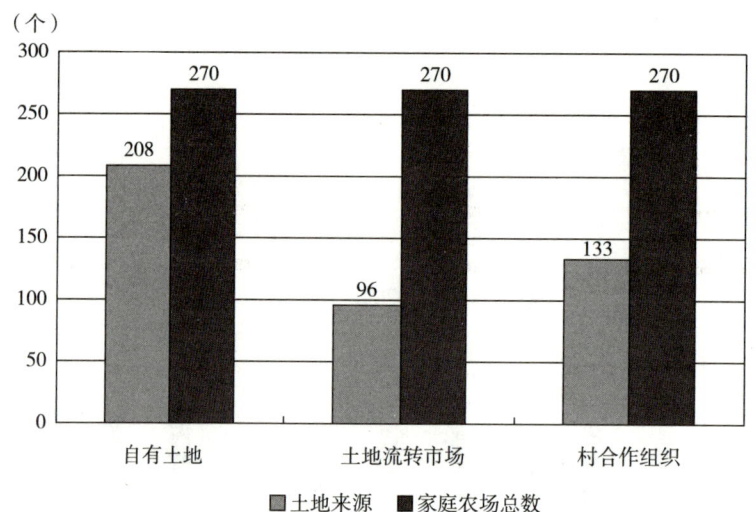

图3-21 家庭农场经营土地来源结构

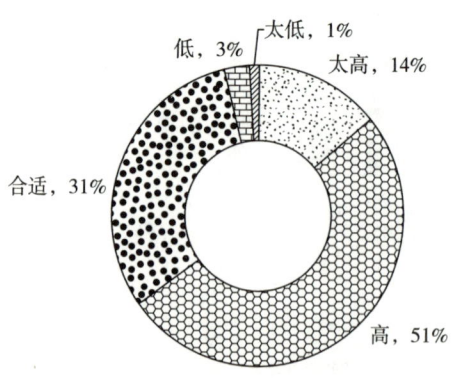

图3-22 家庭农场经营土地流转价格结构

3 家庭农场土地承包经营权抵押融资的现状调查及其存在的主要问题

家庭农场在经营土地流转过程中遇到的最大障碍是流转土地分散或太少,发展家庭农场最需要的政策支持是增加补贴。在本次调查中,经营土地流转过程中遇到的最大障碍和发展家庭农场最需要的政策支持的选项设为多选,家庭农场可选择一项或者多项。在270份有效问卷中,对于经营土地流转过程中遇到的最大障碍,有112个选择"土地承包权没有确权"(占比41%),有121个选择"流转土地分散或太少"(占比高达45%),有117个选择"后顾之忧难以解决"(占比43%),有82个选择"流转土地的稳定性和持续性难以保证"(占比30%),有61个选择"土地流转成本高"(占比23%)有23个选择"土地流转服务机构缺乏"(占比9%),有33个选择"土地流转双方的权益难以维护"(占比12%),比例之和大于100%是因多选所致。从发展家庭农场最需要的政策支持来看,有172个家庭农场选择"增加补贴"(占比高达64%),有126个家庭农场选择"基础设施建设"(占比47%),有143个家庭农场选择"加大资金支持"(占比53%),有79个家庭农场选择"土地合理流转"(占比29%),有131个家庭农场选择"拓展销售渠道"(占比49%),有142个家庭农场选择"加强农业生产技术等相关培训"(占比53%),比例之和大于100%是因多选所致。家庭农场在经营土地流转过程中遇到的最大障碍和最需要的政策支持的结构如图3-23、图3-24所示。

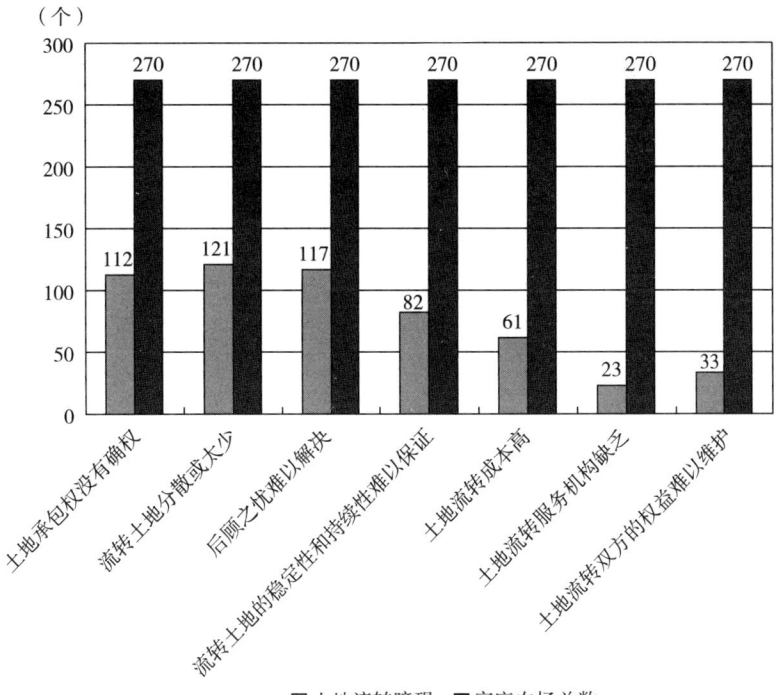

图3-23　家庭农场土地流转障碍结构

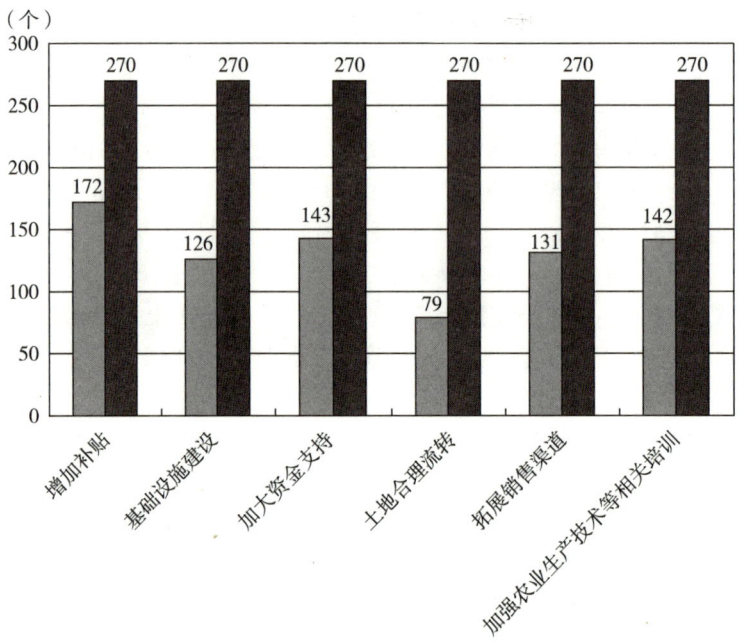

图 3-24　家庭农场政策支持结构

家庭农场经营资金的主要来源是自有资金，大部分愿意通过土地承包经营权抵押融资来发展家庭农场。在本次调查中，家庭农场经营资金来源的选项设为多选，家庭农场可选择一项或者多项。在 270 份有效问卷中，从家庭农场经营资金的来源来看，有 226 个选择"自有资金"（占比 84%），有 144 个选择"银行贷款"（占比 53%），有 159 个选择"亲戚朋友借款"（占比 59%），有 45 个选择"民间借贷"（占比 17%），有 36 个选择"政府资助"（占比 13%），有 16 个选择"外部投入资金"（占比 6%），只有 4 个选择"土地承包经营权抵押"（仅占 1%），比例之和大于 100% 是因多选所致。从是否愿意通过土地承包经营权抵押融资来发展家庭农场来看，有 210 个家庭农场选择"愿意"（占比高达 78%），有 60 个家庭农场选择"不愿意"（占比 22%）。家庭农场经营资金的来源和是否愿意通过土地承包经营权抵押融资来发展家庭农场的结构如图 3-25、图 3-26 所示。

3 家庭农场土地承包经营权抵押融资的现状调查及其存在的主要问题

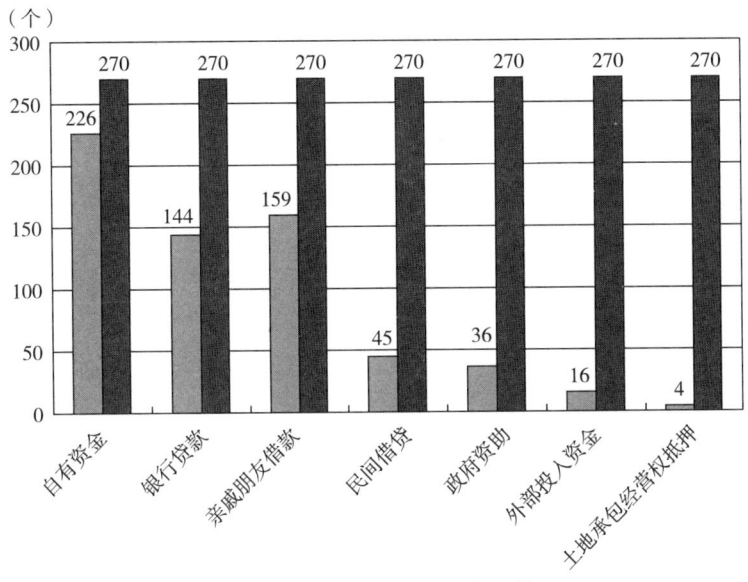

图3-25 家庭农场经营资金来源结构

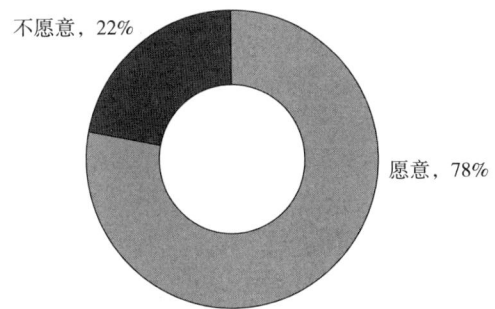

图3-26 家庭农场土地承包经营权抵押融资意愿结构

土地承包经营权抵押融资对发展家庭农场的最大好处在于"增加了融资抵押物",土地承包经营权抵押融资的主要风险是"经营风险难以控制"。在本次调查中,土地承包经营权抵押融资对发展家庭农场最大好处的选项设为多选,家庭农场可选择一项或者多项。在270份有效问卷中,对土地承包经营权抵押融资对发展家庭农场的最大好处,有144个选择"增加了融资抵押物"(占比高达53%),有130个选择"可得到大额融资"(占比48%),有128个选择"可满足中长期融资需求"(占比47%),有96个选择"可降低融资成本"(占比36%),比例之和大于100%是因多选所致。从土地承包经营权抵押融资的风险来源来看,有92个家庭农场选择"失地后生活难以保障"(占比34%),有140个家庭农场选择"经营风险难以控制"(占比52%),有28个家庭农场选择"法律关系复杂"(占比10%),只有

·43·

10个家庭农场选择"抵押物难以变现"（仅占4%）。土地承包经营权抵押融资对发展家庭农场的最大好处和风险来源的结构如图3-27、图3-28所示。

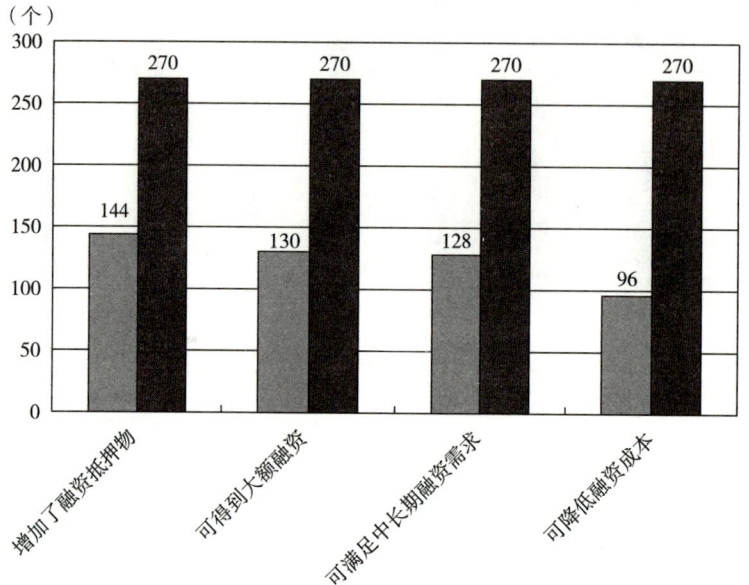

图3-27 家庭农场土地承包经营权抵押融资好处结构

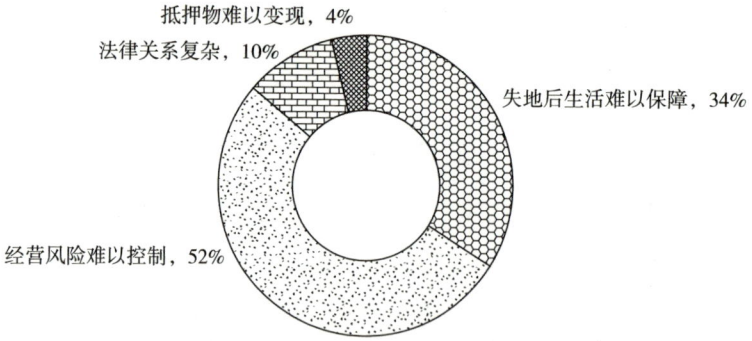

图3-28 土地承包经营权抵押融资风险来源结构

家庭农场土地承包经营权抵押融资的最大顾虑是"投资失败"，大部分家庭农场没有申请过土地承包经营权抵押贷款。在270份有效问卷中，对家庭农场土地承包经营权抵押融资的顾虑，有153个选择"投资失败"（占比高达57%），有40个选择"利率太高"（占比15%），只有21个选择"手续烦琐"（仅占8%），有56个选择"担心土地经营权评估价值不公平"（占比21%）；从是否申请过土地承包经营权抵押贷款的情况来看，只有42个家庭农场选择"是"（仅占16%），有228个家庭农场选择"否"（占比高达84%）。家庭农场土地承包经营权抵押的融资顾虑和申请情况的结构如图3-29、图3-30所示。

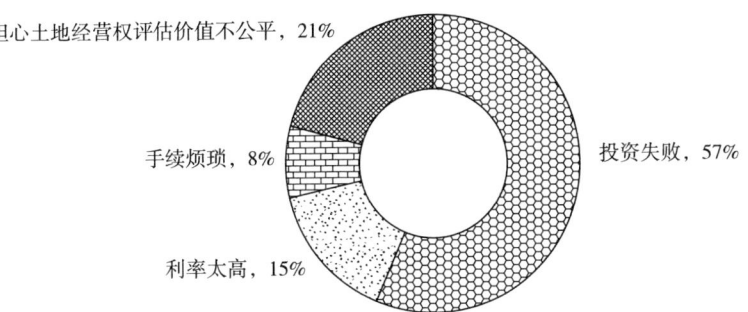

图3-29 土地承包经营权抵押融资的顾虑结构

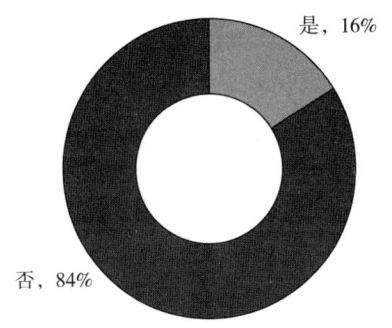

图3-30 土地承包经营权抵押贷款申请情况结构

不愿意申请土地承包经营权抵押贷款的主要原因是"融资抵押物价值难以合理评估"和"融资流程复杂"，愿意申请土地承包经营权抵押贷款的最重要原因是"具有创业愿望"。在本次调查中，不愿意和愿意申请土地承包经营权抵押贷款原因的选项设为多选，家庭农场可选择一项或者多项。在270份有效问卷中，对不愿意申请土地承包经营权抵押贷款的原因，有112个选择"融资条件苛刻"（占比41%），有90个选择"融资用途限定严格"（占比33%），有125个选择"融资抵押物价值难以合理评估"（占比高达46%），有124个选择"融资流程复杂"（占比高达46%），比例之和大于100%是因多选所致。从愿意申请土地承包经营权抵押贷款的原因来看，有155个家庭农场选择"创业愿望"（占比高达57%），有65个家庭农场选择"资金实力"（占比24%），有80个家庭农场选择"一技之长"（占比30%），有71个家庭农场选择"管理经验"（占比26%），有44个家庭农场选择"开阔视野"（占比16%），有56个家庭农场选择"社会关系"（占比21%），比例之和大于100%是因多选所致。不愿意和愿意申请土地承包经营权抵押贷款的原因结构如图3-31、图3-32所示。

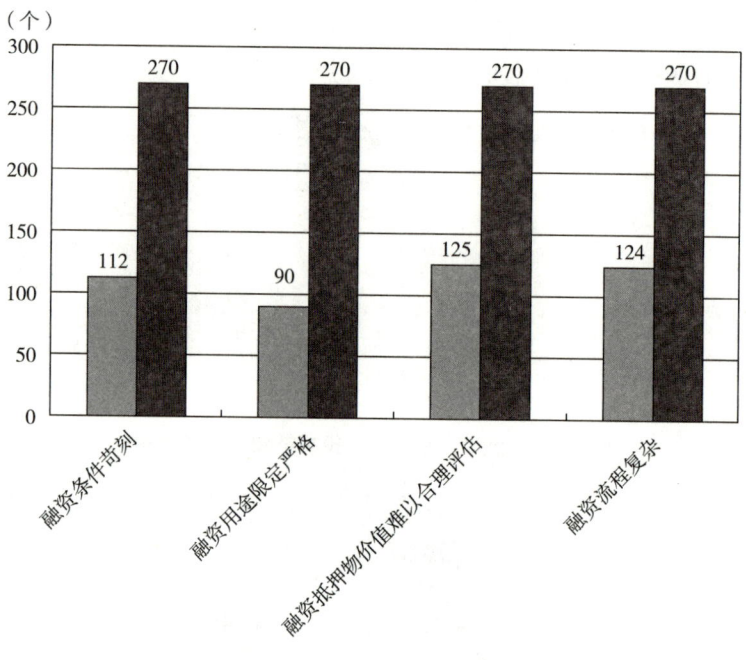

图3-31 不愿意申请土地承包经营权抵押贷款的原因结构

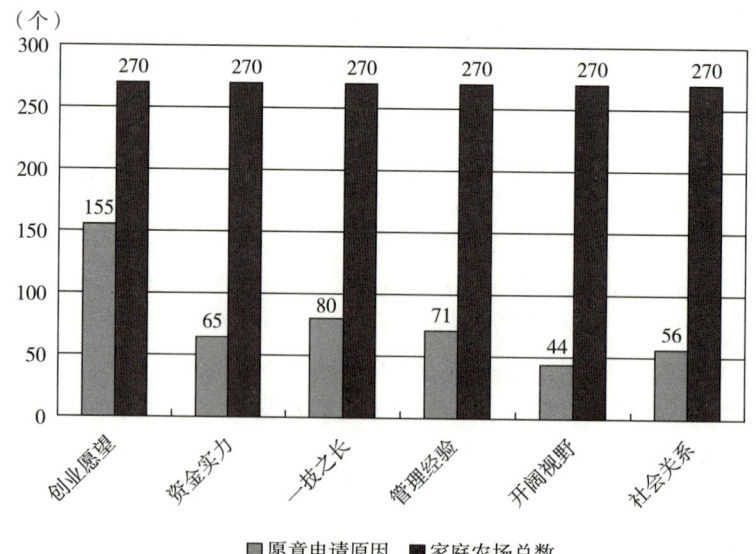

图3-32 愿意申请土地承包经营权抵押贷款的原因结构

3 家庭农场土地承包经营权抵押融资的现状调查及其存在的主要问题

土地承包经营权抵押贷款的资金主要用于扩大家庭农场规模，土地承包经营权抵押贷款的主要优势是增加了贷款抵押物。在本次调查中，土地承包经营权抵押贷款的资金用途和比较优势的选项设为多选，家庭农场可选择一项或者多项。在270份有效问卷中，对土地承包经营权抵押贷款的资金用途，有181个选择"扩大家庭农场规模"（占比高达67%），有116个选择"拓展家庭农场经营范围"（占比43%），有125个选择"购买生产资料"（占比46%），有131个选择"引进生产技术"（占比49%），比例之和大于100%是因多选所致。从土地承包经营权抵押贷款的优势来看，有162个家庭农场选择"增加了贷款抵押物"（占比高达60%），有92个家庭农场选择"贷款利率较低"（占比34%），有119个家庭农场选择"贷款期限较长"（占比44%），有128个家庭农场选择"贷款额度较大"（占比47%），比例之和大于100%是因多选所致。土地承包经营权抵押贷款的资金用途和比较优势的结构如图3-33、图3-34所示。

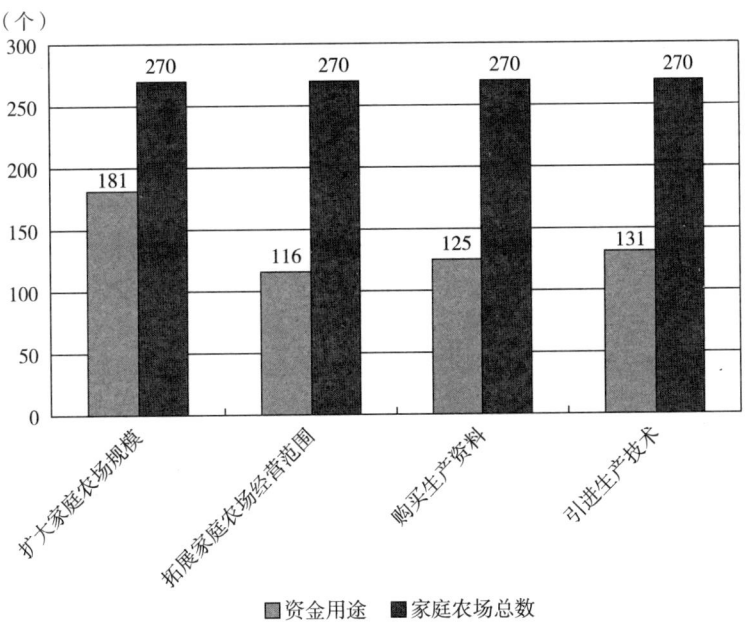

图3-33 土地承包经营权抵押贷款的资金用途结构

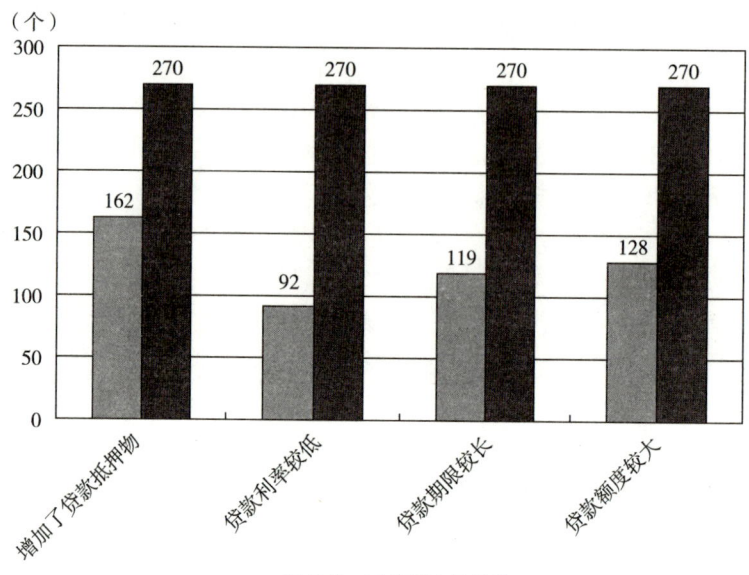

图 3-34 土地承包经营权抵押贷款的优势结构

有过土地承包经营权抵押贷款经历的家庭农场取得的效果明显，土地承包经营权抵押融资最需要完善的工作是"加大政策宣传力度"。在 270 份有效问卷中，对有过土地承包经营权抵押贷款经历的家庭农场所取得的收获，有 62 个选择"很大"（占比 23%），有 91 个选择"较大"（占比高达 34%），有 87 个选择"一般"（占比 32%），有 26 个选择"较小"（占比 10%），只有 4 个选择"比申请前更差"（仅占 1%）。在本次调查中，土地承包经营权抵押融资工作完善的选项设为多选，家庭农场可选择一项或者多项。在 270 份有效问卷中，从土地承包经营权抵押融资的工作完善来看，有 185 个家庭农场选择"加大政策宣传力度"（占比高达 69%），有 129 个家庭农场选择"增加抵押融资补贴"（占比 48%），有 134 个家庭农场选择"建立风险分担机制"（占比 50%），有 137 个家庭农场选择"健全社会保障制度"（占比 51%），有 130 个家庭农场选择"完善土地流转市场"（占比 48%），只有 74 个家庭农场选择"相关部门协调配合"（仅占 27%），比例之和大于 100% 是因多选所致。土地承包经营权抵押贷款的收获情况和需要完善工作的结构如图 3-35、图 3-36 所示。

3 家庭农场土地承包经营权抵押融资的现状调查及其存在的主要问题

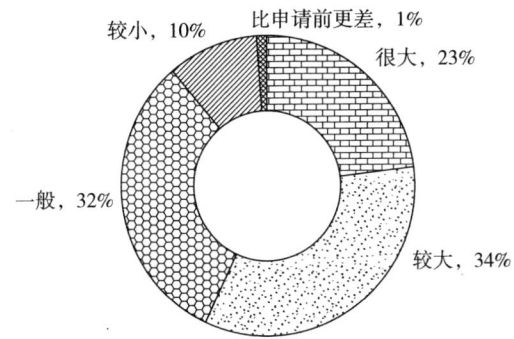

图3-35 土地承包经营权抵押贷款经历的收获结构

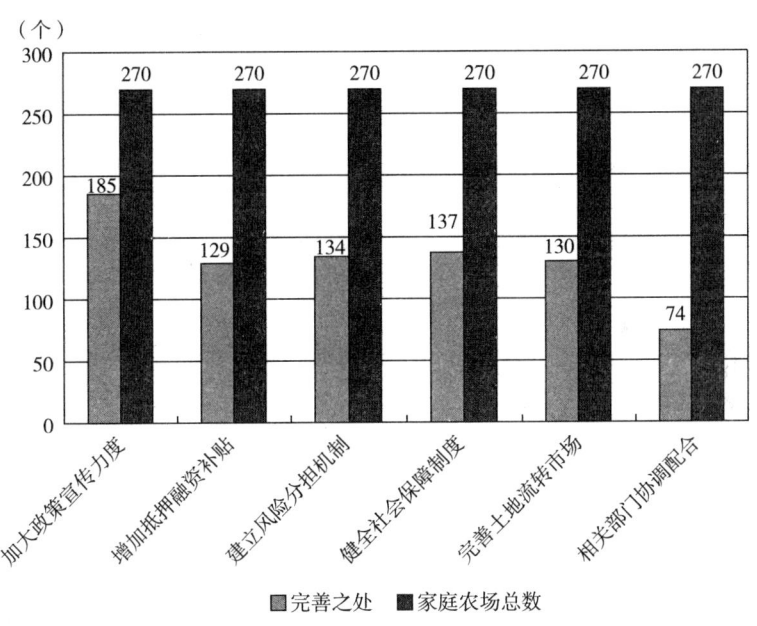

图3-36 土地承包经营权抵押融资政策完善结构

3.1.3 家庭农场及其土地承包经营权抵押融资的现实特征

3.1.3.1 家庭农场的现实特征

第一，家庭农场主的年龄集中在31~50岁（比例达到76%），说明年富力强的中青年是家庭农场主的中间力量，是实现农村发展、农业增效和农民增收的主导力量。家庭农场主的受教育程度以中学（含初中、高中或中专）为主（比

· 49 ·

家庭农场土地承包经营权抵押融资的动力机制及其路径支持

例达到64%），说明家庭农场主的教育层次普遍不高，文化水平亟须提高。家庭农场主是党员的比重偏低（仅占25%），说明党员在家庭农场建设中应该发挥更大作用。家庭农场主大多数具有外出务工经历（比例达到77%），说明通过外出务工形成的开阔视野、生产技能、管理经验和资金积累对于发展家庭农场具有重要作用。

第二，大多数家庭农场未经工商部门登记注册（比例达到65%），说明家庭农场主不重视工商登记注册，难以被认定为家庭农场，并享受相应的合法权益和优惠政策。家庭农场多数采取个体工商户（非法人）的经营形式（比例达到64%），说明家庭农场的经营方式相对单一。家庭农场的经营产品集中在养殖类和蔬菜瓜果类（比例达到65%），说明家庭农场主要生产传统产品，不够丰富，尤其是附加值高和科技含量高的深度产品十分缺乏。

第三，家庭农场的年收入较低，在20万元以下的比例高达75%。家庭农场的雇工人数较少，在10人以下的比例高达90%，并且家庭农场主普遍认为雇工成本偏高。同时，家庭农场经营的土地面积偏小，在50亩以下的比例高达73%，并且只有23%的家庭农场聘用了现代化农业生产技术人员。另外，77%的家庭农场经营土地主要来源于自有土地。以上情况说明，目前我国家庭农场的规模普遍偏小，难以实现规模经济水平，达到适度规模效果有待提高。

第四，制约家庭农场发展的最主要因素是缺少资金，比例达到22%；家庭农场得到政府的专项补贴比例只有41%，64%的家庭农场认为最需要的政策支持是增加补贴，说明在发展家庭农场过程中，国家对新型农业经营主体的扶持力度需要进一步加强。同时，有一半的家庭农场购买了农业保险，说明家庭农场的风险防范意识在逐渐增强。

第五，家庭农场的产品销售状况需要进一步改善，严重滞销和销售比较困难的比例达到23%，销售状况对家庭农场的可持续发展形成了严峻考验。同时，家庭农场的产品销售渠道主要是传统的集贸市场、销售公司（销售大户）或直接卖给消费者（比例高达72%），而受众范围广、覆盖面大和影响力强的网上销售较少（仅占8%）。这说明家庭农场应该进一步拓展销售渠道，充分运用先进的"互联网＋"技术和手段来促进生产和销售，实现良性发展。

第六，大多数家庭农场认为经营土地的流转价格偏高（比例高达65%），同时在土地流转过程中遇到的主要障碍依次为：流转土地分散或太少、后顾之忧难以解决、土地承包权没有确权、流转土地的稳定性和持续性难以保证等方面，说明对于适度规模经营的家庭农场在土地流转的相关制度和环境上存在着较大的发展瓶颈和现实障碍。

3.1.3.2 家庭农场土地承包经营权抵押融资的现实特征

第一，在家庭农场经营资金的来源中，排在前面的两项是自有资金和亲戚朋友借款；在生产经营过程中，家庭农场普遍存在着资金困难（比例高达87%）。家庭农场的资金需求难以得到满足，融资需求未能满足的比例高达81%；有78%的家庭农场愿意通过土地承包经营权抵押融资来发展家庭农场。这些数据说明，家庭农场的融资渠道单一、融资成本高、融资难，土地承包经营权抵押是一种现实的融资工具，是一种有现实需求的农村金融服务创新。

第二，对土地承包经营权是否可以向金融机构进行抵押融资的知晓情况，只有8%的家庭农场表示"完全清楚"，绝大多数的家庭农场只是"了解一些"甚至"完全不知道"。正因如此，69%的家庭农场在土地承包经营权抵押融资的政策完善方面希望能加大政策宣传力度。这说明土地承包经营权抵押融资是一项新生事物，尚处于探索之中，要想广为人知就必须加大宣传力度，客观清楚地宣传土地承包经营权抵押融资的重要性、必要性和风险性，让广大家庭农场主做到"心中有数"，从而对土地承包经营权抵押融资政策能够深入了解、广泛认同和积极参与。

第三，多数家庭农场主认为土地承包经营权抵押融资存在着很大风险，主要包括对经营风险难以控制和失地后生活难以保障的深度担忧。同时，57%的家庭农场对土地承包经营权抵押融资的最大顾虑是投资失败，并且有21%的家庭农场担心土地经营权评估价值不公平。另外，不愿意申请土地承包经营权抵押贷款的主要原因依次包括：融资抵押物价值难以合理评估、融资流程复杂、融资条件苛刻和融资用途限定严格。因此，为了顺利推进土地承包经营权抵押融资的各项工作，需要建立健全风险分担和补偿机制，完善社会保障制度，消除家庭农场主的后顾之忧，形成土地经营权评估、流转和处置的法律法规和市场体系，切实保障家庭农场主的合法权益，实现家庭农场健康发展。

第四，78%的农场主愿意申请土地承包经营权抵押贷款来发展家庭农场，以更好实现"创业愿望"。同时，家庭农场主认为土地承包经营权抵押融资对家庭农场发展的好处依次表现在增加了融资抵押物、可得到大额融资、可满足中长期融资需求和贷款利率较低等方面，说明土地承包经营权抵押融资对于家庭农场缓解资金困难并进行适度规模经营具有较强的比较优势，对于盘活农村资产、提高农村资产利用效率具有积极作用，是发展家庭农场的现实选择。

第五，由于对土地承包经营权抵押融资政策知之甚少，仅有16%的家庭农场申请过土地承包经营权抵押贷款，并且将得到的资金依次用于扩大家庭农场规模、引进生产技术、购买生产资料和拓展家庭农场经营范围等方面。关于有过土地承包经营权抵押贷款经历的家庭农场所取得的效果，57%的家庭农场表示收获很大或较大，32%的家庭农场表示收获一般，10%的家庭农场表示收获较小，仅有1%的家庭农场表示比申请前更差。这进一步说明，土地承包经营权抵押融在家庭农场发展上确实具有实实在在的促进作用。

3.2 金融机构土地承包经营权抵押融资供给的现状调查

3.2.1 金融机构土地承包经营权抵押融资供给现状的调查设计

家庭农场的培育和发展离不开金融支持,2014 年中央一号文件明确提出"允许承包土地的经营权向金融机构抵押融资",为家庭农场增加了有效抵押物,赋予了农民更多的财产权利,有利于解决家庭农场融资难的问题。

前面 3.1 节进行了资金需求方(家庭农场)对土地承包经营权抵押融资需求的现状调查,分析了家庭农场及其土地承包经营权抵押融资的现实特征。然而,土地承包经营权抵押融资涉及资金供求双方的互动合作。因此,除了对资金需求方进行调查外,还要进行资金供给方(金融机构)对土地承包经营权抵押融资供给意愿的调查,这样才能准确把握土地承包经营权抵押融资的真实情况。因此,本书在对资金需求方(家庭农场)土地承包经营权抵押融资需求情况进行调查的同时,也对资金供给方(银行金融机构)的土地承包经营权抵押融资供给意愿进行了深入调查。

由于银行金融机构对土地承包经营权抵押融资供给所涉及的项目相对较少、意愿相对集中,意见也相对统一,所以对银行金融机构设计了简要的专门调查问卷。为了掌握银行金融机构对土地承包经营权抵押融资的供给意愿,根据事先仔细讨论和反复研究所设计的主要调查问题,采取开放性问题自由作答,通过现场访谈、电话询问等方式进行调查(调查问卷见附录 2)。同时,此次调查对象是××市的银行金融机构,主要包括:农村信用合作社(农村商业银行)、农业银行、邮政储蓄银行和村镇银行等 16 家银行金融机构(含分行、支行和分理处等)。另外,被调查访问人员包括银行金融单位的贷款分管负责人、信贷部门负责人和从事土地承包经营权抵押融资业务的具体工作人员等 50 人。

为了获取银行金融机构对土地承包经营权抵押融资供给的真实意愿,本书调查了 16 家银行金融机构,走访了 50 个相关工作人员,通过现场访谈、电话询问等方式,以及对调查资料的收集、整理、处理和分析,得到了银行金融机构开展土地承包经营权抵押融资意愿的现实特征,在一定程度上反映了银行金融机构土地承包经营权抵押融资供给的真实意愿及其改善方向。

3.2.2 银行金融机构土地承包经营权抵押融资供给意愿的现实特征

第一，土地承包经营权抵押融资是一种新型农村融资工具，离不开银行金融机构的大力支持。调查结果表明，94%的银行金融机构人员认为，家庭农场是农业经营组织创新，对解决"三农"问题意义重大。不仅如此，土地承包经营权作为家庭农场的融资抵押物，对于盘活农村现有资产存量、提高家庭农场信用水平、扩大银行金融机构授信额度和业务量等方面具有重要作用。因此，银行金融机构应该对土地承包经营权抵押融资给予大力支持和全力配合。

第二，家庭农场的预期收益不稳定，土地承包经营权抵押融资存在着较大风险。自然条件的约束和"靠天吃饭"的特征使家庭农场具有较高的自然风险，同时激烈的市场竞争也使家庭农场具有较高的市场风险，双重风险会让金融机构承担更大风险。调查结果表明，86%的银行金融机构人员认为，由于家庭农场生产经营受到更多因素影响，生产销售的波动性大，预期收益难以判断，信贷风险明显高于其他非农信贷风险，因此应该补偿高风险所付出的代价。

第三，法律法规亟须完善，要切实保护银行金融机构的合法权益。调查结果表明，80%的银行金融机构人员认为，2014年中央一号文件虽然明确提出了"允许承包土地的经营权向金融机构抵押融资"的政策规定，但现行的法律法规并没有进行相应条款的修订和完善，如《物权法》和《担保法》明确规定，耕地、宅基地、自留地不能抵押。由于不符合现行法律的规定，可能导致银行金融机构开展土地承包经营权抵押融资业务存在着不确定风险，从而带来法律风险和利益损失。

第四，土地承包经营权抵押融资的投入产出低，银行金融机构需付出更高的操作成本。调查结果表明，100%的银行金融机构人员认为，由于家庭农场地处偏远、分布广泛、交通不便，同时贷款额度相对较小，因此投入产出不成比例，效率低下。同样的100万元放贷额度，如果对家庭农场开展业务需要比其他非农贷款业务付出高得多的操作成本，"费力不讨好"的融资现实，使银行金融机构对土地承包经营权抵押融资缺乏积极性。

第五，信息不对称和道德风险导致银行金融机构缺少土地承包经营权抵押融资的内在动力。调查结果表明，69%的银行金融机构人员认为，土地承包经营权抵押融资存在信息不对称和道德风险。客观地讲，家庭农场主更了解土地承包经营权抵押贷款的用途、进度及其风险，银行金融机构掌握得相对少一些，而对贷款项目的实时跟踪难度更高。所以，信息的不对称导致银行金融机构更趋于保证资金安全的"惜贷"。与此同时，极少数家庭农场主由于素质低下，即使有钱偿还到期的土地承包经营权抵押贷款，但基于其他目的可能选择"恶意拖欠"甚

家庭农场土地承包经营权抵押融资的动力机制及其路径支持

至"拒还"行为,从而形成主观故意的道德风险。

第六,土地承包经营权作为抵押物违约后难以变现,降低了银行金融机构参与其中的应有热情。调查结果表明,91%的金融机构人员认为,作为抵押物的土地承包经营权变现困难。在土地承包经营权抵押贷款的过程中,难免会有家庭农场因为经营不善而出现违约现象,从而形成银行金融机构的不良资产。由于土地承包经营权的分散性、差异性和特殊性,加之土地流转制度不完善、市场体系不健全和中介服务组织不发达,银行金融机构接手的不良资产难以进行处置、管理和运作,变现较为困难,从而大大降低了参与热情。

第七,推进土地承包经营权抵押贷款工作,需要建立合理的风险分担和补偿机制。调查结果表明,83%的银行金融机构人员认为,土地承包经营权抵押贷款工作的顺利推进,对于促进"三农"经济和建设社会主义新农村具有重要意义,因此政府应该给予大力支持。因为银行金融机构是自主经营、自负盈亏的市场主体,追求利润最大化,对开展风险大、收益低的土地承包经营权抵押贷款业务比较谨慎,从而影响了该工作的顺利推进。因此,政府应该站在统筹城乡发展和全面建设小康社会的战略高度,科学规划、统筹兼顾,建立有效的土地承包经营权抵押贷款的风险分担和补偿机制,激发银行金融机构参与其中的内在动力。

3.3 家庭农场土地承包经营权抵押融资存在的主要问题

我国农村资产融资是一个较新的研究领域,现有成果主要局限于政府主导的政策优惠、贷款贴息等方面,但实践效果欠佳。目前,我国土地承包经营权抵押融资政策处于试点阶段,尚未建立起有效的激励机制和风险防范制度,资金供求双方对土地承包经营权抵押融资存在的主要问题十分关注。

3.3.1 资金需求方——家庭农场存在的主要问题

第一,缺乏足够的懂技术、会经营、善管理的家庭农场主。家庭农场是面向市场、适度规模经营的生产主体,要求家庭农场主懂技术、会经营、善管理,提高农业生产经营效益。然而,在我国家庭农场的培育和发展过程中,农场主的知识水平、经营理念、生产技术和管理经验都有较大差距。调查结果表明,仅有12%的家庭农场主具有大专及以上学历。农业部的统计数据同时显示,我国农村劳动力文化水平低下,小学及以下文化人口的比重高达36.7%,仅有不到5%的

3 家庭农场土地承包经营权抵押融资的现状调查及其存在的主要问题

人口接受过系统的农业职业技术教育。与此同时,随着城镇化、工业化进程的不断推进,绝大多数的农村青壮年劳动力进入城市务工,农村劳动力呈现出明显的年幼化、女性化和老龄化趋势,农村妇孺和老弱病残等留守人员难以成为家庭农场的主导力量。由此带来的后果是懂技术、会经营、善管理的家庭农场主十分缺乏,大多数家庭农场主的能力和素质亟须提高。

第二,家庭农场生产规模偏小,难以达到适度规模经营效果。由于农业生产风险大、投资周期长和回报率低,并且家庭农场缺少有效的抵押物和担保物,制约了其生产规模扩张。在现行的农村土地产权制度下,尽管各省(区、市)对农村资产抵押融资进行了一些有益探索,但大多停留在小范围试点上,未能从法律法规上根本破解,家庭农场拥有的土地承包经营权难以真正成为融资抵押物。与此同时,银行出于风险考虑,对土地流转权、经营承包权、设施用房、种养物、农业机械、生产设施等作为抵押物都非常审慎,家庭农场经常被拒之于融资担保大门之外。由此可见,有效抵押物的缺乏制约了家庭农场的快速扩张和适度规模经营。

第三,家庭农场生产和销售的稳定性较差,影响土地承包经营权的融资意愿。家庭农场面临着较高的自然风险,如种养业会受自然环境、自然灾害和病虫害等不确定因素影响。当家庭农场遭受严重的自然风险时,会导致农业生产减产甚至绝收,"靠天吃饭"的生产特征非常明显。与此同时,家庭农场还承受着较大的市场风险。由于农业生产周期较长,农产品需求弹性较小,生产成本变动大,农产品市场价格波动大,家庭农场面临着供给过剩、"增产不增收"的市场风险,从而压抑了家庭农场对土地承包经营权抵押的融资意愿。

第四,家庭农场具有很大的资金需求,融资满足度低。相对于普通农户,家庭农场在土地流转、设备购置、品种改良、人工费用、基础设施改造等方面需要投入大量资金,资金需求远远高于普通农户,仅仅依靠自身资金积累和亲戚朋友筹集是远远不够的。然而,由于我国农村金融发展明显滞后,家庭农场获得信贷资金的主要渠道是农村信用社(农村商业银行)、农业银行、邮政储蓄银行、村镇银行和小额贷款公司的小额信贷,在期限和额度上都难以满足家庭农场的大量资金需求。调查结果表明,家庭农场的经营资金主要来源于自有资金和亲戚朋友借款,在生产经营过程中普遍存在着资金困难(比例高达87%),融资需求未能满足的比例高达81%。由此可见,融资难已经成为家庭农场的发展瓶颈,阻碍了家庭农场的良性发展。

第五,土地流转不畅,制约着家庭农场的成长壮大。有序的土地流转是培育和发展家庭农场的基础条件。由于各种限制,土地流转存在着诸多障碍,导致我国家庭农场经营土地面积偏少。土地流转不畅的最主要原因包括两方面:一方面,大多数农民认为土地流转就是承包权流转,土地流转会使自己成为失地农民,因此只愿意进行短期的转包或租赁,以便随时收回自己的土地,守住自己赖以生存的土地,从而挫伤了家庭农场适度扩大生产经营规模的积极性;另一方面,流转土地的有效供给偏少,这是因为农村社会保障制度不健全,加之进城务工的不稳定性使农民对土地的依赖性很强,"离乡不离土"的现象十分普遍,农民缺乏流转土地承包经营权的主观意愿,即使愿意,也多采取转包或者租赁的短期流转方式,使家庭农场难以获得稳定的、足够多的成片土地来扩大生产经营规模。

第六,土地承包经营权抵押融资的风险大,家庭农场主顾虑多。土地是农民生存和发展之本,家庭农场主对土地承包经营权抵押融资尤为慎重。调查结果表明,经营风险难以控制和失地后生活难以保障是家庭农场主最担心的两大风险。同时,57%的家庭农场对土地承包经营权抵押融资的最大顾虑是投资失败,21%的家庭农场担心土地经营权评估价值不公平。由此可见,作为新型农村融资工具,土地承包经营权抵押融资关系到家庭农场的生存和发展,因而顾虑重重。

3.3.2 资金供给方——银行金融机构存在的主要问题

第一,诸多因素诱使银行金融机构"离农脱农",致使家庭农场融资难。农业生产具有的较大自然风险和市场风险直接影响了家庭农场贷款的偿还能力,从而导致银行金融机构对家庭农场贷款非常谨慎;由于农业产业化程度相对较低,家庭农场贷款额度偏小,但担保、登记、过户等成本却相对不变;同时,家庭农场缺乏认可的抵押物、信用档案不全面、记录系统不完善,导致很多担保机构也不愿意参与土地承包经营权抵押融资的担保业务;加之在经济利益驱动下,银行金融机构把从农村市场吸收的资金向收益较高的非农部门流动。因此,银行金融机构会提高信贷门槛,拉长办理时间,把手续设计得极其烦琐,使家庭农场贷款难上加难。由此可见,在诸多因素的复合影响下,银行金融机构选择"离农脱农",加大了家庭农场的资金供求缺口,迫使家庭农场不得不另想他法来筹措所需要的资金,甚至不惜付出高利贷的沉重代价。

第二,"逆向选择"与"道德风险"行为导致银行金融机构缺乏土地承包经营权抵押融资的内在动力。在实际融资过程中,尽管银行金融机构会做一些专门调查,然后决定是否放贷。但是,对于家庭农场的贷款动机、用款计划和风险状况等内容,银行金融机构是难以准确掌握的,信息的不对称就会导致"逆向选择"。一方面,基于自身利益和资金安全的考虑,银行金融机构一般会提高利率来补偿违约风险,从而排除对银行金融机构不利的贷款项目,急需资金的家庭农

3 家庭农场土地承包经营权抵押融资的现状调查及其存在的主要问题

场容易被排除在外。另一方面，少数家庭农场主偏好风险，愿意接受高利率从事高风险投资，从而使银行金融机构承担更大风险甚至处于亏损状态。对于银行金融机构而言，"逆向选择"可能让贷款出现收不回的尴尬状况，使资金安全受到威胁，收益减少可能成为一种常态；对于家庭农场而言，从银行金融机构拿到自己所需要的贷款以后，对投资项目不进行充分论证，往往盲目投资，从而形成风险。由于信息不对称和资金供求双方缺乏深入了解，家庭农场和银行金融机构之间的行为选择会背道而驰，从而导致"银行金融机构有钱不愿贷、家庭农场缺钱贷不到"的融资困境。

第三，土地承包经营权作为贷款抵押物违约后的变现能力差，银行金融机构缺乏参与的主动性和积极性。土地承包经营权抵押的只是使用权，地处位置偏远的农村地区，如果家庭农场投资失败，到期无力偿还金融机构贷款，从理论上讲银行金融机构可以通过拍卖等方式对其变现，从而防范信贷风险。然而，由于土地承包经营权的特殊性和局限性，加上土地流转市场不规范、不完善和不健全，土地承包经营权的"再流转"变现非常困难，银行金融机构难以追回贷款，遭受损失的概率增大，从而降低了银行金融机构的放贷热情。

第四，家庭农场融资的时效性较强，容易形成系统金融风险。由于农业生产的周期性，家庭农场的融资需求也具有较强的集中性。与需求相比较而言，家庭农场可以获得的信贷产品具有额度小、期限短、利率高的传统小额贷款特征，难以满足其额度大、期限长、利率低的融资需求。同时，为了防止贻误时机而遭受严重损失，家庭农场迫切希望银行金融机构能够简化融资程序和缩短审批时间。因此，家庭农场融资的集中性和时效性导致贷款时间非常集中，而突发的、偶发的不确定性因素（如自然灾害）却难以控制，容易形成系统金融风险。

3.3.3 融资政策存在的主要问题

第一，土地承包经营权抵押贷款的政策宣传力度不够，家庭农场难以全面、客观、正确地认识土地承包经营权抵押贷款，抑制了家庭农场贷款的积极性。由于土地承包经营权抵押贷款是农村金融服务创新，尚处于试点阶段，难免造成家庭农场对其认识不足。调查结果表明，仅有8%的家庭农场对其完全清楚，69%的家庭农场希望对土地承包经营权抵押融资政策加大宣传力度。由此可见，作为新型农村融资工具的土地承包经营权抵押贷款，大多数家庭农场主知之甚少，从而降低了政策实施的预期效果。

第二，农村金融服务体系不健全、服务能力弱，家庭农场融资需求难以满足。对家庭农场而言，最传统的融资方式是银行贷款。然而，在金融机构进行市场化改革过程中，金融资源越来越集中在收益相对较高的城市地区，大大弱化了农村金融服务。目前虽然有中国农业银行、农村信用合作社（农村商业银行）、邮政储蓄银行、村镇银行和小额贷款公司等金融机构还在坚守，但几乎仅有农村信用社（农村商业银行）还扎根于广大农村地区。家庭农场所需的资金量很大，而正规金融组织却难以充分保证，资金缺口巨大。近年来，金融机构对"三农"领域的资金供给逐年增加，但仍难满足其需求，尤其是适度规模经营的农业经营主体顾虑颇多，从而导致家庭农场的融资需求难以满足，阻碍了其健康发展。

第三，国家亟须加大扶持力度，扩大优惠政策的惠及面。家庭农场是新型农业经营主体，政府相关部门（包括农业主管部门、财税部门、金融管理部门、工商管理部门、水利电力部门、交通部门等）应该对家庭农场的税收、补贴、金融支持、工商服务以及基础设施建设等方面给予政策倾斜和资金支持；需要进一步扩大对家庭农场政府补贴的覆盖面（包括不是农村户口但经营家庭农场的），成立家庭农场专项发展基金，激励社会资本来投资家庭农场；进一步加强交通、通讯、水力、电力等基础设施建设，为培育和发展家庭农场创造良好环境。

第四，完善社会化服务体系，提高家庭农场经营者的积极性、主动性和创造性。家庭农场作为适度规模的经营主体，受到资金规模、农机设备、劳动力和生产技术等方面的限制，家庭农场的发展壮大需要完善的社会化服务体系作为支撑。在农业生产经营过程中，家庭农场需要病虫害防治、农资采购、产品销售等综合服务，在资金供求、市场信息、销售渠道和科技推广方面都需要广泛的专业化服务。然而，我国农业社会化服务体系的建设滞后，农业社会化服务体系不完善、农业服务组织层次不高、专业化服务能力低下，服务质量难以满足家庭农场需要，影响了家庭农场经营者的积极性、主动性和创造性。

第五，土地承包经营权抵押贷款的配套制度不完善，中介市场发展缓慢，形成了土地承包经营权抵押贷款开展的现实障碍。由于土地承包经营权抵押贷款尚处于探索性的试点阶段，没有固定模式和现成经验，难免存在着制度不完善和执行不规范的实际困难。特别是配套制度的缺乏、中介市场不成熟阻碍了土地承包经营权抵押贷款的顺利推进。调查结果表明，仅有16%的家庭农场申请过土地承包经营权抵押贷款；有46%的家庭农场认为土地承包经营权抵押贷款"融资抵押物价值难以合理评估"，有46%的家庭农场认为土地承包经营权抵押贷款"融资流程复杂"，有41%的家庭农场认为土地承包经营权抵押贷款"条件苛刻"，有33%的家庭农场认为土地承包经营权抵押贷款"融资用途限定严格"；57%的有过土地承包经营权抵押贷款经历的家庭农场表示收获很大或较大。由此可见，土地承包经营权抵押贷款能够给家庭农场带来实实在在的好处。但是，农村资产的信息平台尚未建立、中介机构和专业人才十分缺乏、农村资产市场发展滞后、相应配套制度不完善，导致贷款抵押物的价值难以公平、合理评估，从而对土地承包经营权抵押贷款造成困难,影响土地承包经营权抵押贷款业务的深入开展。

第六,土地承包经营权抵押贷款缺乏科学的风险分担和补偿机制,造成金融机构支持土地承包经营权抵押贷款业务的动力不足。由于金融机构是以追求利益最大化为目的的市场主体,对风险大、操作成本高的家庭农场提供金融支持的热情不高,从而影响了土地承包经营权抵押贷款业务的有效开展。现行法律规定,耕地、宅基地、自留地不能抵押,使土地承包经营权抵押贷款存在法律上的不确定风险。与此同时,金融机构因开展土地承包经营权抵押贷款而产生的不良资产如何处置、管理和运作,以及土地承包经营权在农村资产市场的顺畅流转,都会影响金融机构的参与动力;土地承包经营权抵押贷款缺乏科学的风险分担和补偿机制致使信贷风险难以控制,金融机构难以防范由此形成的金融风险,降低了金融机构参与其中的内在动力。

4 家庭农场与土地承包经营权抵押融资之间的适宜性分析

近年来,国家提出了"家庭农场"概念,家庭农场成为农业改革创新的重要形式之一,引发了社会的广泛关注。为了打破资金瓶颈,2015年国家出台了《关于开展农村承包土地的经营权和农民住房财产权抵押贷款试点的指导意见》。然而,家庭农场与土地承包经营权抵押融资之间是否匹配?土地承包经营权抵押融资是否适合家庭农场?本部分将对此展开深入研究。

4.1 家庭农场与其他农业经营主体的比较分析

家庭农场是适度规模的新型农业经营主体,是一种新生事物。通过对家庭农场与传统农户、专业大户、农业专业合作社等农业经营主体的关系进行比较分析,能够更好地认识家庭农场的特征及其优势,为培育和发展家庭农场理清思路。

4.1.1 家庭农场与普通农户的比较

家庭农场和普通农户都属于农业生产经营的微观主体,在经营主体上均为家庭成员,并以家庭为基本单位从事农业生产经营活动。与普通农户相比,家庭农场主要在基本特征、生产经营、资源配置等三个方面存在不同(见表4-1)。

表4-1 家庭农场与普通农户的主要区别

主要区别		普通农户	家庭农场
基本特征	年龄	老弱妇孺	年富力强者
	教育	较低	一定的文化水平

4 家庭农场与土地承包经营权抵押融资之间的适宜性分析

续表

主要区别		普通农户	家庭农场
生产经营	经营态度	中立甚至消极	积极
	经营方式	农业兼业经营，自给自足	多样化经营，面向市场
	经营绩效	低投入，低产出	高投入，高产出
资源配置	土地	自有细碎土地，规模小	主要为流转土地，规模较大
	雇工	无雇工、亲邻换（帮）工	家庭成员为主，雇工为辅
	机械	传统生产机具	现代化生产机械
	资本	自有资本	自有资本加多种外部资金

4.1.1.1 基本特征的比较

近年来，随着农村青壮年劳动力向城市的大规模转移，农村"空心化"问题日益突出，农民家庭结构性特征较为明显，形成了以代际分工为基础的半工半耕的家计模式：家庭中的年轻子女进城务工，年老父母在家务农（贺雪峰，2013）。留守农村的老人和妇孺文化水平相对较低，这部分留守人口构成了目前我国农村普通农户进行农业生产的主要成员，且劳动人员多为女性；而家庭农场主接受教育程度相对较高，通常具有一定的文化水平或专业技能，他们比较关心国家相关政策和经济社会发展状况，在年龄结构的分布上多为年富力强者。

4.1.1.2 生产经营的比较

在经营态度上，普通农户视农业生产为"鸡肋"，持中立态度甚至消极态度。农业经营兼业化和农村"空心化"的存在，致使从事农业生产的多为老弱妇孺，该群体对农业生产的态度仅为满足日常生活所需，家庭收入主要来源是子女或家庭主要劳动力在外务工的收入。同时，许多家庭妇女既要照顾小孩，又要忙于农耕，十分劳累，对农业生产新技术、新品种和新设备的学习和使用动力不足。家庭农场则对当前农业政策、未来发展前景以及经营效益抱有期待。在生产经营过程中，家庭农场主对家庭农场的生产和经营抱有积极态度，对市场信息比较敏感，积极关注相关农业政策与农产品价格波动，根据自身特点不断参与社会分工与协作，努力通过多种方式来提升农业生产效益，农业收入是家庭农场收入的主要来源。

在生产经营方式上，普通农户农业生产兼业化特征明显，兼业的主要方式是打工或从事小本生意，以此获得家庭生活的主要收入来源。农业生产仅是为了解决温饱问题，当农产品存在少量盈余时可能在市场进行交易出售，属于传统农业自然经济、小农经济生产要求的农业个体生产者范畴，其农业生产的主要目的是达到自给自足的状态,农业生产以生活需要而非经济效益为首要原则。农业生产方式粗放,经营决策依赖于经验积累和主观判断,生产门槛较低,技术水平不高且相差无几。家庭农场则采取集约化、商品化的经营方式,即在生产过程中集中生产资源,面向市场,既充当生产者也充当经营者角色,通过农业产品的出售来获得家庭收入的主要来源,农业生产的主要目的是利益最大化。在生产过程中注重精细化耕作,具有较强的现代化管理意识,积极利用现代化技术提升生产质量和生产水平。此外,家庭农场更关心市场需求,积极采取多元化的销售渠道来推销农产品。

在经营绩效上,普通农户的生产为粗放型生产,经济收益水平低。通常对农业生产的投入、产出和风险没有明显的经营意识,一般通过简单的记账或"盘算"来对农业生产的经济效益进行估算,有的甚至连"盘算"都没有,仅考虑农业生产满足基本生活需要,多余的农产品留存给明年。产出不足以满足生活需要时通过往年的存货弥补。家庭农场作为经营主体,在土地、机械等方面的投入较高,一般配有相应的核算制度,注重成本控制的最小化和产出效益的最大化。在农业产品的选择上,注重经济效益,同时对风险防控意识较强。综合来看,家庭农场的经营绩效远高于普通农户,呈现高投入、高产出、高效益的"三高"特征。

4.1.1.3 资源配置的比较

在雇工方面,由于生产规模小和雇工成本高,普通农户通常无雇工,主要依靠自己家庭的劳动力进行农业生产,且多为老人和妇女,农忙时通过亲邻换(帮)工的方式增加劳动力资源。家庭农场同样也以家庭成员为主要劳动力进行生产。但是,家庭农场生产规模相对较大,雇工行为比较普遍。大多数家庭农场存在雇工行为,包括短期雇工和长期雇工,并且家庭农场主和雇工之间一般采取比较规范的合同等契约关系。

在机械方面,普通农户多以传统农业生产器械为主,主要农活通过人力完成,如人工翻土、人工种植、人工收割、人工施药等,较少采用现代化农用机械,或仅采用小型农用机具,家庭劳动力自主完成农活,成本相对低廉,而租赁或购买现代化农用机械成本较高。同时,普通家庭农户生产规模较小,一般不需要现代化农业机械,也不利于其推广使用。家庭农场生产规模较大,前期资金投入较高,其农业机械化程度显著高于普通农户。在农业生产中,家庭农场多采用高效率的现代化农业生产方式,使用机械化耕作方式进行农业生产。

在土地方面,普通农户一般基于自己的"一亩三分地"进行农业生产,或者选择在部分撂荒、土壤肥沃、离家近的土地上进行耕作,在力所能及的范围内养10~20只鸡鸭、1~2头猪羊,基本上低于理论上获得社会平均收益所要求的最适规模。家庭农场主要特征之一便是适度规模，土地规模既不能太小，要能保证家庭农场农业生产收入与外出务工收入大致相当；也不能太大，不能超过现有的技术水平和劳动力水平下家庭农场所能经营的最大规模。基于此，家庭农场对土地转入的依赖性较强，需要通过土地流转方式获得适度规模经营所需的土地，并且对土地的整体性有一定要求，碎片化土地也不利于现代化农业生产机械的利用效率。

在资本方面，普通农户的农业经营资本通常为自有资金，主要用于购买农药、化肥、种苗等必备的农用物资。因为农业生产规模较小，普通农户几乎承担了全部的劳动工作，成本较低，因此一般不存在农业生产资金周转困难。家庭农场的农业经营资本在家庭自身积累资金的基础上，还通过向亲友借钱、银行贷款等方式筹集资金，资金主要用于新技术的引进、扩大生产规模以及现代化农业生产机械的租赁和购买等方面。由于农业生产具有较长的生产周期，家庭农场在生产经营过程中的资金量需求相对较大，但融资渠道相对匮乏，融资成本相对较高，因而家庭农场资金周转困难的可能性较大。

4.1.2 家庭农场与专业大户的比较

家庭农场和专业大户都是以家庭为经营主体，从事农业生产活动，并以之为主要收入来源。家庭农场和专业大户相对于普通农户而言，在资金投入、融资能力、技术水平等方面均处于较高水平；家庭农场和专业大户经营态度积极，对发展前景都抱有期望；家庭农场和专业大户在产出水平、经济效益、集约化和专业化程度等方面均有较高水平，具备现代化农业生产的特征。家庭农场与专业大户的主要差别体现在组织特征、市场主体地位、生产经营方式三个方面。

4.1.2.1 组织特征的比较

专业大户通常有少量雇工，主要为亲戚或邻居，多以口头形式拟定雇工相关条款，并且大多没有建立经营管理制度。专业大户管理较为松散，主要通过户主本人来管理生产技术，凭借个人经验进行生产经营管理。家庭农场生产规模与专业大户生产规模不具有完全的可比性。换言之，二者在生产规模上不一定存在着显著差距，但家庭农场要求适度规模，确保其经济收入至少不小于外出务工收入。因此，在适度规模的多样化经营背景下，家庭农场雇工人数通常较专业大户多，并且主要通过合同等书面形式达成雇佣关系。在日常经营管理上，家庭农场更加重视经营管理制度建设，积极采用现代化管理方式来规范其农业生产活动。

4.1.2.2 市场主体地位的比较

目前，大多数专业大户并未进行工商登记注册。作为新型农业经营主体的家庭农场，虽然目前也未对其工商登记注册做出硬性要求，但随着相关法律的出台和制度的完善,家庭农场会通过工商登记注册参与市场活动,并以独立经营实体方式享受国家对家庭农场的相关政策倾斜,这是其参与现代化农业改革、增强市场竞争力的基本要求。

4.1.2.3 生产经营方式的比较

专业大户通常是对某一种农产品进行专业化生产和经营,如种粮大户、果树种植大户、生猪养殖大户、养蜂大户等。在农业生产过程中,专业大户注重突出产品特点,并在专项种(养)技术上不断钻研和逐步改进。家庭农场属于专业大户的升级版,在生产经营上更趋向于多样化经营方式,通常不只生产单一品种,而是在综合考虑经济效益最大化的前提下同时生产多类别、多品种的农产品,将规模生产的资源优势尽可能最大化利用,同时科技应用程度和机械化水平也相对较高。部分家庭农场甚至采取生态循环农业生产模式,如"猪—沼—鱼—农作物"生态循环模式,在产业链分工中主要处于生产环节。

由此可见,家庭农场与专业大户的主要差别表现在组织特征、市场主体以及生产经营等方面,归纳起来见表4-2。

表4-2 家庭农场与专业大户的主要区别

主要区别	专业大户	家庭农场
组织特征	雇工较少,无合同; 大多数没有建立经营管理制度	雇工多数具有合同关系; 重视经营管理制度建设
市场主体	大多数无注册	逐渐完善注册登记制度
生产经营	专业经营,突出产品特色	多样化经营,面向市场

4.1.3 家庭农场与农民专业合作社的比较

2007年出台的《中华人民共和国农民专业合作社法》界定了农民专业合作社的概念。农民专业合作社与家庭农场处于产业链的不同环节,既互相联系,又有区别,其区别主要体现在组织特征、管理体制、生产经营三个方面(见表4-3)。

表4-3 家庭农场与农民专业合作社的主要区别

主要区别	农民专业合作社	家庭农场
组织特征	5户以上农户发起,法人	家庭经营,多种市场主体形式
管理体制	自愿、自治、民主; 规范的财务管理制度	家长式管理为主; 逐渐完善的财务管理制度
生产经营	专业化,流通环节	多样化,生产环节

4.1.3.1 组织特征的比较

农民专业合作社至少要求 5 名以上，具有民事行为能力的公民，以及从事与农民专业合作社业务直接有关的生产经营活动的企业、事业单位或者社会团体发起成立，其中农民至少占 80% 以上，成员没有设上限，可以跨地区发展，对土地规模无明确要求，但要求营业场所和一定的注册资金，遵循农户入社自愿、退社自由的原则，依照《中华人民共和国农民专业合作社法》登记，取得法人资格，在法律上依据成员账户记载的出资额和公积金份额为限承担有限责任，一旦发生经营亏损，农民专业合作社家庭成员不承担连带赔偿责任。家庭农场由家庭经营，并以家庭成员为主要劳动力，土地适度规模经营，但迄今为止尚未形成统一的土地规模要求，农业收入为其主要收入来源。目前，家庭农场相关法律制度尚未完善，因而也未要求必须经过工商注册登记，各地区对家庭农场的法律主体要求也不尽一致。一般说来，家庭农场可以是有限责任公司等法人形式，也可以是个体工商户、个人独资企业等特殊形式的自然人。当家庭农场属于自然人形式时，一旦发生亏损，需要承担无限责任，家庭成员对相应亏损要承担连带责任。

4.1.3.2 管理体制的比较

农民专业合作社与家庭农场在管理体制上的区别主要体现在经营管理和财务管理两个方面。在经营管理上，农民专业合作社在经营上根据入社自愿、退社自由的原则，进行民主选择和民主决策。家庭农场在经营上以家庭为基本组织单位，重视经营管理制度建设，但大多数家庭农场实行家长式管理，主要决策依据家庭主要劳动力的经验积累，重大决策由家庭商议决定；在财务管理上以合作社为核算单位，具有比较规范的财务管理制度。根据相关章程规定，通常由理事长或者理事会编制农民专业合作社年度业务报告、盈余分配方案、亏损处理方案以及财务会计报告。部分家庭农场具备相应的财务管理制度，但由于家庭农场的相关法律欠缺，各级政府尚未出台家庭农场相关的财务会计制度，难以对家庭农场财务形成有效的监管和规范，因而家庭农场在财务管理上相对比较松散。

4.1.3.3 生产经营的比较

农民专业合作社在产业链分工中涵盖了销售、运输、储藏、加工等环节，主要体现在流通领域。虽然经营范围较为广泛，但专业化程度较高，通常以专项产品或某一类农产品为主。农民专业合作社成员往往由从事同类农产品生产经营的农民组成，其名称中往往出现从事的产品或产业的名称，如粮食生产合作社、禽畜养殖合作社等，属于专业的经济组织。家庭农场在生产经营中实行多种经营，种类较为丰富，且主要以生产和销售（原产品批发或零售）为主。在产业链分工上，家庭农场与农民专业合作社处于不同环节，家庭农场在农产品的生产环节上发挥着重要作用，而加工、销售、运输等环节则主要由农民专业合作社以及其他农业组织完成。

4.1.4 家庭农场与农业产业化龙头企业的比较

农业产业化龙头企业是指通过各种利益联结机制带领农户进入市场，促进农产品生产、加工、销售的有机结合和相互促进，以农产品加工或流通为主，在规模和经营指标上达到国家相关规定标准，并经政府有关部门认定的企业。2012年国务院出台的《关于支持农业产业化龙头企业发展的意见》明确指出要支持龙头企业发展。2015年中央一号文件指出，要积极推进龙头企业转型升级，进一步为农业产业化龙头企业的发展指明了方向。农业产业化龙头企业、农民专业合作社和家庭农场是目前农业生产中的三种重要规模经营主体，其中家庭农场主要处于生产环节，而龙头企业和农民专业合作社均处于产中服务和产后流通环节，且存在竞争关系。家庭农场与农业产业化龙头企业在组织特征、资源配置、生产经营三个方面存在显著差异（见表4-4）。

表4-4 家庭农场与农业产业化龙头企业的主要区别

主要区别	农业产业化龙头企业	家庭农场
组织特征	企业等多种法人形式	家庭经营，多种市场主体形式
资源配置	多元化融资渠道；多层次管理，技术和人力优势；无土地规模要求	融资渠道匮乏；家长式管理，生产监督成本低；适度规模土地要求
生产经营	产前技术导入，产后加工和流通环节	生产环节

4.1.4.1 组织特征的比较

龙头企业是根据《公司法》设立且在工商行政管理部门登记注册的，以农产品加工和流通为主营业务的企业，包括国有企业、集体企业、中外合资合营或合作经营、外商独资等多种形式。龙头企业又分为国家级、省级、市级和规模龙头企业4个级别，不同级别的龙头企业在经营产品、企业规模、交易规模等方面具有不同要求，同时具备规范的生产经营管理制度和财务管理制度。家庭农场则是以家庭生产经营为主，适度规模经营，集约化、商品化农业生产经营且以农场收入为家庭主要收入来源的新型经营主体。目前，对于家庭农场的规模界定、登记注册要求、财务及管理等方面尚未有明确的法律法规和制度要求。

4.1.4.2 资源配置的比较

龙头企业与家庭农场在资金、劳务、土地等方面存在着明显不同。首先，龙头企业需要一定数量的注册资金，在生产经营过程中龙头企业的资金来源较为广泛，农户可以通过劳动和土地流转等方式入股龙头企业，同时政府对龙头企业的

4 家庭农场与土地承包经营权抵押融资之间的适宜性分析

融资政策支持力度较大，龙头企业融资难度相对较小，部分龙头企业可以获得高额无抵押贷款。家庭农场目前尚无明确的注册资金要求，经营资金主要来源于家庭积累、亲朋借款，通过金融机构融资难度较大。其次，龙头企业具备规范的管理制度，管理层级较多，生产监督成本相对较高，但人才和技术优势也比较明显。而家庭农场主要采取家长式管理，主要劳动人员和管理人员为家庭成员，劳动监督成本趋近于零，但在人才和技术上有所局限。同时，部分家庭农场拥有雇工，但主要集中在劳动密集型工种性质。最后，龙头企业生产经营着重于加工和流通环节，因而对土地规模没有明确要求。而家庭农场着重于生产环节，且要求规模适度，因而对土地规模具有一定要求。

4.1.4.3 生产经营的比较

生产经营差异是龙头企业与家庭农场的主要区别之一。家庭农场是我国现代化农业的基本经营主体，是从事农产品商业化生产的重要力量，对于保障粮食产品的供给和解决十四亿人口的吃饭问题具有举足轻重的作用，因而家庭农场在生产经营上主要体现为生产环节，是我国大宗农产品的主要生产主体之一。龙头企业是农业产中环节中现代要素的引进者和释放者，是农业产后加工和流通环节的骨干力量。在产中环节，龙头企业通过与家庭农场、专业大户、农民专业合作社的合作，将先进的生产技术引入现代农业生产；在产后加工和流通环节，龙头企业充分发挥自身资源优势，大力发展深加工并投入市场销售，增强农产品的竞争力，也有利于帮助家庭农场、专业大户、农民专业合作社解决农产品销售问题。

4.2 家庭农场融资工具的比较分析

家庭农场是现代农业的新型经营主体之一，其最基本的生产条件和经营特征就是规模经营。规模经营有别于传统农户"小而全"的生产方式，通常需要一定的土地规模、现代化农业机械等，融资需求也由传统农户的零散、小额向周期性、规模化转变。基于农业生产的周期长、抗风险能力弱以及有效抵押物不足等原因，进一步制约了家庭农场的融资能力。从家庭农场的融资渠道来看，可分为内源融资和外源融资，下面对两种融资渠道进行比较分析，在此基础上努力探寻家庭农场融资难的缓解之道。

4.2.1 内源融资工具

家庭农场是以家庭成员为主要劳动力的新型农业经营主体，内源融资是其主要融资渠道之一。内源融资是指通过家庭积累的资金来发展家庭农场，具有低成本（仅有机会成本）和使用便捷两大优势。当家庭农场生产经营过程中出现资金缺口时，家庭农场主通常会向亲朋好友以及邻居借入资金来快速获得资金，与向金融机构融资具有明显差别。向亲邻借款时通常无利率或利率低，无抵押物，期限较为灵活，无须签订相应的借贷法律文书，通常以口头方式协商确定。鉴于亲邻借款的特点，本书将亲邻借款归结于内源融资的一种，它是家庭农场的重要融资渠道。

4.2.2 外源融资工具

适度规模经营的家庭农场在土地流转、生产机械等方面的资金投入远高于普通农户。基于家庭农场的企业化经营方式，其在法人地位和产业纵深程度等方面的特征决定了家庭农场的融资需求呈现出多样化特征，如财务管理咨询、票据融资、债务融资等。因此，仅靠内源融资显然远远不能满足家庭农场发展的需要，外源融资是必不可少的重要补充。近年来，我国农村金融虽然取得了长足发展，但目前仍然较为薄弱，主要体现在：以银行为代表的存款性金融机构、新型农村金融机构，以及包含政策性融资担保公司在内的多样化农村金融服务主体三个方面。因此，家庭农场的外源融资方式可以归纳为以下三个方面：

4.2.2.1 存款性金融机构

家庭农场进行银行贷款的主要银行有中国农业银行、农村信用合作社、邮政储蓄银行等涉农金融机构。其中，中国农业银行部分支行专门设立了家庭农场贷款科目，采取"公司+家庭农场""家庭农场+农户"和农业订单、农场经营权质押等多种方式为家庭农场提供贷款支持；农村信用合作社（含农村商业银行、农村合作银行）在农村地区具有网点多、信贷业务多样化等优势，近年来，农村信用合作社对家庭农场的信贷支持不断扩大，并与当地家庭农场形成了长期合作关系；邮政储蓄银行在广大农村地区具有网点普及的重要优势，在城市也有网点优势。邮政储蓄银行具有城乡统筹发展的金融优势，为其走出"普及城乡，惠之于民"的普惠金融道路提供了基础支持。2015年3月31日，邮政储蓄银行在2014年度"普惠金融"发布会上指出，未来五年，邮政储蓄银行计划在"三农"和小微企业领域贷款投放3万亿元，并将在推广"三权"抵押贷款试点的基础上进一步创新抵押担保方式。截至2016年底，邮政储蓄银行涉农贷款余额达到9174亿元，其中家庭农场等新型农业经营主体贷款累计放款近545亿元。

4.2.2.2 新型农村金融机构

自2006年银监会发布《关于调整放宽农村地区银行业金融机构准入政策，更好支持社会主义新农村建设的若干意见》以来，各类新型农村金融机构如雨后春笋般在各地区快速发展起来,如村镇银行、贷款公司和资金互助社等。截至2014年,我国各地区已组建了约4万家不同类型的合作金融组织。村镇银行是新型农村金融机构的主力军,服务当地"三农"经济发展的金融机构;农村资金互助社是银监会批准成立,由乡镇行政村农民和农村小企业、农民专业合作社社员自愿入股组建,为社员办理存款、贷款、结算等业务,但不吸收公众存款的社区互助性银行业金融机构;贷款公司是由银监会批准,由境内商业银行或农村信用合作社在农村地区设立的专门为"三农"经济发展提供贷款服务的非银行金融机构。这三类新型农村金融机构相对于传统金融机构而言,在贷款手续和贷款流程上有所简化,放贷审核条件和贷款利率决定机制十分灵活,按贷款定价原则自主确定贷款利率,在服务"三农"的金融支持上具有更好的匹配性。然而,目前新型农村金融机构种类繁多,缺乏统一规则和管理,隐藏着较大的风险。

4.2.2.3 其他农村金融服务主体

自2014年《关于金融服务"三农"发展的若干意见》出台以来,各地区政府纷纷按要求组建涉农金融服务主体。从目前发展来看,涉农担保公司以国有资产为主(如重庆兴农融资担保集团有限公司),部分民营担保公司也开始涉足三农担保市场,此外部分银行(如农业银行、国家农业开发银行、重庆银行等)和新型农村金融机构(如恒丰村镇银行等)也开展了"三权"抵押融资业务,涵盖农村居民的土地承包经营权抵押贷款、房屋抵押贷款、林权(包括国有林权、集体林权、个人林权)抵押贷款、农户小额贷款以及其他创新型贷款①。同时,以农业机械设备、运输工具、水域滩涂养殖权、承包土地收益权等为标的的新型抵押担保方式也陆续推出,拓宽了家庭农场抵押融资的多样化渠道。除此之外,部分小额贷款公司、互联网金融企业、民营银行也开展了涉农贷款业务,为家庭农场提供了新的融资渠道。

4.2.3 主要融资工具的对比分析

以上分析从内源融资和外源融资的角度讨论了各类融资工具,显然仅以家庭自有资金难以满足家庭农场适度规模经营的资金要求,那么亲邻借款、银行借贷等传统融资方式能否满足家庭农场的融资需求呢?以土地承包经营权抵押融资为代表的新型融资工具又具备怎样的优势?为此,我们通过各类融资工具的横向对比来深入分析,结果如表4-5所示。

---

① 其他创新型贷款包括农村集体建设用地抵押贷款、塘库堰抵押贷款、农村建设用地复垦项目收益权贷款以及其他。

表4-5 各类融资工具的对比分析

融资工具	亲邻借款	银行	新型农村金融机构	其他农村金融服务主体①
放款形式	—	抵押+授信	抵押/授信	抵押+担保
手续	—	较烦琐	较简便	较烦琐
时间	快	慢	较快	较快
成本	无或低	高	中	较低
额度	很小	阶梯型	较小	较大
期限	灵活	较短	较短	较长
难易	适中	较难	较难	容易

注：其他金融服务主体种类繁多，业务差异性较大，此处仅以担保公司中的土地承包经营权抵押融资业务为代表。

表4-5显示，家庭农场无论通过何种方式融资首先要考虑的是融资条件，其中亲邻借款是多年亲情和交情的"信用"贷款，易受亲邻主观意愿和经济条件约束。由于农户生产经营能力和征信意识相对较差，若采用信用方式贷款则风险较高，因此，家庭农场向银行借款通常需要有效的抵押物（如有价证券、房产等）。同理，新型农村金融机构中的村镇银行和贷款公司也需要抵押物，农村资金互助社的受众仅为社员，多为信用放款。然而，家庭农场是以家庭成员为主的农业经营主体，除房屋以外几乎没有其他抵押物，但目前我国对农民住房财产权抵押采取"慎重稳妥"的态度，因而抵押物匮乏问题突出，直接导致了家庭农场的融资困境。2013年中央一号文件等多个政策性文件明确表示支持土地有序流转，政策性融资担保公司也应运而生。家庭农场可通过政策性担保公司对土地承包经营权进行担保，并以土地承包经营权向各类金融机构申请抵押贷款，由此打通了家庭农场向金融机构融资的通道。

在贷款手续方面，家庭农场向亲邻借款通常无须签订相关法律文书，只以借条或口头约定的形式拟定相关借款事宜，手续极为简便，钱款到账速度快，通常当日或几日内即可拿到借款。由于借贷双方均为亲朋好友，存在法律纠纷的概率很小。银行金融机构的涉农贷款业务手续烦琐，通常需开立贷款行银行账户，家庭农场向贷款行提交申请后，银行需要经过贷前调查，然后层层审批，贷款才能拨付到家庭农场银行账户，通常需要较长时间，少则几日不等，多则一个月以上。服务"三农"的新型农村金融机构业务相对单一，涉农贷款审批手续较银行金融机构简便，借款关系是建立在法律文书的基础上。服务"三权"抵押贷款业务的政策性担保公司，在业务上更加专业，手续较为简便和高效，审批时间较快。从成本比较来看，亲邻借款通常无利率或低利率，成本较低，但值得一提

4 家庭农场与土地承包经营权抵押融资之间的适宜性分析

的是人情成本,换言之,亲邻借款具有互助性质,这类帮助不是单向的。与其他融资方式相比,银行贷款利率相对较高,通常为市场利率并逐步向优惠利率发展。新型农村金融机构则明确执行涉农贷款优惠利率,融资成本较低。政策性融资担保公司涉农担保业务通常依据不同行业和项目风险程度来确定担保费的收取标准①。

在额度、期限和难易程度三个方面,亲邻借款额度通常较小,多为几千到几万不等,贷款难度适中,主要因为农村家庭资金积累本身并不是很多,并且具有一定的存款意识和留存风险准备金的意识,贷款期限灵活,如果出现逾期可与贷款人进行口头协商,也可提前还款;银行根据抵押物价值大小和授信状况给予相应额度的贷款,额度为几万到几百万不等,贷款期限较短,通常为几天到一年左右,并且一旦未按期偿还将产生一定的违约费用。由于家庭农场抵押物匮乏而且经营风险较大,所以银行贷款申请难度较大;除农村资金互助社仅对社员办理存、贷款和结算等业务外,村镇银行等新型农村金融机构贷款申请较为容易,但额度通常较小,期限也较短;担保融资公司本身不进行贷款业务,但能够通过抵押担保业务让客户实现融资需求。由于家庭农场的适度规模经营要求,需要拥有一定规模的土地,通过土地承包经营权抵押融资的贷款额度较大,贷款期限为承包经营权承包期以内,因而具有资金额度大、期限长、难度较低的独特优势。

4.3 家庭农场与土地承包经营权抵押融资之间的适宜性

4.3.1 土地承包经营权抵押融资的比较优势

土地承包经营权抵押融资盘活了农村"沉睡"的资产,为缓解家庭农场的融资困境提供了新思路,为提高农村资产利用效率提供了新方法,也为发展家庭农场注入了新动力。安海燕和洪名勇(2016)对一般农户和新型农业经营主体关于土地抵押贷款政策的态度进行了研究,发现91%的新型农业经营主体有贷款意愿,仅有22%的普通农户有贷款意愿,即家庭农场等新型农业经营主体对土地承包经营权抵押融资的意愿更加强烈。同时,本书的问卷调查结果也显示:有78%的家庭农场主愿意通过土地承包经营权抵押融资来发展家庭农场,进一步说

---

① 以重庆兴农融资担保公司为例,农业种养殖项目原则上按2%收取担保费。

家庭农场土地承包经营权抵押融资的动力机制及其路径支持

明了土地承包经营权抵押融资政策对家庭农场等新型农业经营主体的激励作用非常明显。这是因为土地承包经营权抵押融资对家庭农场具有十分突出的优势,主要表现在以下四个方面:

4.3.1.1 增加了融资抵押物,融资更加便利

适度规模经营的家庭农场由于经营模式的特殊性,在发展过程中存在着很大的资金需求。通过问卷调查发现,家庭农场的资金需求缺口很大,只有少数的家庭农场能够通过正规金融机构获得资金支持,而大部分家庭农场只能选择非正规金融机构的高成本融资来满足资金需求。根据后面"家庭农场新增流转土地的融资模型及进化博弈均衡结果分析"部分的研究结论可以看出,该融资模式下的家庭农场难以实现最优的稳定状态,从而阻碍了家庭农场的健康发展。同时,本书对家庭农场融资进行的问卷调查也发现,家庭农场融资难的根本原因在于家庭农场缺乏符合金融机构要求的有效抵押物。此外,家庭农场从事的农业生产经营项目具有的高风险也使金融机构对其"惜贷",进一步加剧了家庭农场的资金供求矛盾。

基于我国特有的农村土地制度,家庭农场等新型农业经营主体对土地只享有使用权,而没有所有权,这就使得家庭农场拥有的最大资产并不能发挥其应有价值,为家庭农场带来相应的财产收益。为了解决这一现实问题,目前我国出台的相关政策让农村土地的所有权、承包权和经营权实行"三权分离",并允许农村土地承包经营权作为向银行等金融机构进行融资的抵押物,从而盘活了家庭农场拥有的最大存量资产,增加了家庭农场融资的抵押物,突破了家庭农场的融资瓶颈。

4.3.1.2 家庭农场融资的额度更大、期限更长

农业部的调研数据显示,我国家庭农场的经营范围主要集中在种植业和养殖业,问卷调查数据也印证了这一事实。而种养业具有前期资金投入较大、生产周期较长的特点,如果银行对家庭农场的贷款期限过短,将会加大贷款到期时家庭农场的还款压力,不利于家庭农场的可持续发展。在国家土地承包经营权抵押贷款的试点政策出台之前,由于家庭农场缺乏有效的抵押物和担保人,金融机构一般会采取信用贷款的形式提供金融支持。然而,这种融资方式的额度较小、期限较短,难以满足家庭农场适度规模经营以及生产周期较长的客观要求。在土地承包经营权抵押贷款的试点地区,家庭农场只要拥有一定数量的土地承包经营权并依据相关政策向金融机构申请抵押贷款,就可以获得额度较高、期限较长的抵押贷款,从而大大缓解了家庭农场对资金的特殊需求。

4.3.1.3 家庭农场融资利率更低

利率高低是影响家庭农场融资决策的重要因素之一,为了贯彻落实党的十八届三中全会关于构建新型农业经营主体的精神,2014年2月中国人民银行出台的

4 家庭农场与土地承包经营权抵押融资之间的适宜性分析

《关于做好家庭农场等新型农业经营主体金融服务的指导意见》第三条明确要求，各金融机构要合理确定贷款利率水平，有效降低家庭农场等新型农业经营主体的融资成本。此外，还规定了各银行金融机构在收取贷款利率之外不得进行附加收费，贷款利率原则上应低于本机构同类同档次贷款利率的平均水平。

与此同时，我国各地政府为促进当地家庭农场发展、解决其融资难题，以及鼓励开展农村土地承包经营权抵押贷款业务，出台了相关的优惠政策，如重庆市人民政府办公厅《关于开展土地承包经营权居民房屋和林权抵押贷款及小额信用贷款工作的实施意见》规定，土地承包经营权等农村"三权"抵押贷款的利率在市场同等水平基础上优惠5~10个百分点。近几年，湖南省醴陵市一共发放相关的低息贷款416万余元，降低了家庭农场的融资成本，缓解了家庭农场的资金压力，提高了家庭农场的生产经营积极性。

4.3.1.4 融资操作程序简单

传统的信贷模式普遍要求较高、手续烦琐、审核周期较长，使得资金难以及时到达融资人手中。然而，农业生产的季节性对资金获得的时效性要求较强，而烦琐的融资程序在一定程度上会降低融资人的融资积极性。国务院出台的《关于开展农村承包土地的经营权和农民住房财产权抵押贷款试点的指导意见》明确提出，农村土地经营权抵押贷款要简化贷款管理流程，同时现有的农村土地承包经营权抵押贷款的指导意见和试行办法也要求简化贷款抵押程序，为融资人开通绿色通道，缩短融资时间，提高融资效率。

4.3.2 发展家庭农场需要土地承包经营权抵押融资

家庭农场是现代农业的重要组织形式，也是现代化农业发展的重要推动力量。适度规模经营的家庭农场融资需求远远大于普通农户。在土地可以流转的前提下，家庭农场具有适度规模的土地承包经营权，这种资源优势形成了家庭农场通过土地承包经营权进行抵押融资的前提条件。同时，以家庭成员为主要劳动力且以农业收入为主要收入来源的内生特征决定了家庭农场提升利润水平的理性需求。鉴于此，本部分从以下三个方面来深入分析土地承包经营权抵押融资对家庭农场的重要作用：

首先，家庭农场适度规模经营，为土地承包经营权抵押融资提供了内在动力。不同于传统农户，家庭农场在生产规模上具有一定要求，适度规模经营是家庭农场的重要特征之一。适度规模既体现在土地适度规模上，也体现在生产经营适度规模上，进一步体现在生产技术的提高、现代化农业机械的应用、管理体制的完善和劳动用工的增加等多个方面。相应地，适度规模经营对生产成本、周转资金要求显著提高，尤其是现代化农业机械租赁或采购，往往涉及大额资金，家庭农场仅凭自有资金难以满足资金要求。无抵押物或缺少抵押物，致使家庭农场通过银行金融机构的融资难度增大，且融资额度不高，从而形成了家庭农场适度规模经营的融资困境：一方面是家庭农场适度规模经营条件下规模经济效益的吸引，另一方面是融资缺口对家庭农场规模经营的制约。在双重背景下，土地承包经营权抵押融资无疑是缓解家庭农场融资难的重要渠道，家庭农场的适度规模经营为土地承包经营权抵押融资提供了内在动力。

其次，土地有序流转规模不断扩大，为土地承包经营权抵押融资创造了外部条件。土地是农民赖以生存的基本保障，农民对土地具有强烈的传统依恋之情。长期以来，农民不愿意也不能够对土地承包经营权进行流转。在家庭联产承包责任制的背景下，耕地较为分散，集中度较低，不利于规模经营，其生产主要是满足日常生活需要，无利润或利润微薄。随着我国农村社会保障制度逐步完善和城乡经济发展中工农产品价格剪刀差不断扩大，农村零散土地产生的利润被严重挤压，农民对土地的依恋逐渐减弱，从而为土地流转奠定了观念基础。近年来，一系列有关土地流转的相关法律法规和政策制度相继出台，如2014年11月中共中央办公厅、国务院办公厅印发的《关于引导农村土地经营权有序流转发展农业适度规模经营的意见》，表明了大力引导农村土地有序流转和农业适度规模经营的决心，并提出用5年左右的时间完成承包经营权的确权工作。随着土地流转机制的不断完善，土地流转与农民利益逐步协调配合，家庭农场通过多种土地流转方式获得需要数量的土地承包经营权来适度规模经营。流转的土地承包经营权，为家庭农场融资提供了有效抵押物，为土地承包经营权抵押融资创造了外部条件。

最后，家庭农场的生产特征，为土地承包经营权抵押融资提供了需求空间。农业的生产组织方式要以农业生产发展规律为基本前提，家庭经营是合适的选择，家庭经营能否带来农业生产效率就必须依赖于农业生产规模大小（杨成林，2013）。家庭农场土地和农业机械化等生产要素与规模经济的匹配度越高，其生产效率就越高。同时，家庭农场内涵是家庭经营，并以农业收入作为其主要收入来源的主体特征，说明家庭农场从事农业生产经营所获得的收入至少要等于或大于外出务工所能获得的收入，否则高昂的机会成本会导致农村劳动力不断流出农村和农业，家庭农场难以为继，因此，家庭农场的主体特征内生决定了家庭农场对外部利润的追求。此外，家庭农场以家庭成员为主要劳动力的特征也意味着家庭成员将承担生产经营过程中的各类风险，尤其是自然风险的不可抗力使得其风险难以规避，迫使家庭农场通过参保农业保险来分散自然风险。除此之外，市场风险也是家庭农场生产经营面临的主要风险，农产品的价格波动对其利润影响巨大，甚至可能出现农产品成本高于销售收入的情况。市场风险激励家庭农场主在生产经营过程中殚精竭虑，力求以现代化的生产技术提高产品质量，增强产品的市场竞争力,并逐步形成农场品牌,降低市场风险。然而,以上特征无疑会增加家庭农场的资金需求,从而为土地承包经营权抵押融资提供了需求空间。

4.3.3 土地承包经营权抵押融资助推家庭农场发展

发展家庭农场等新型农业经营主体是土地承包经营权抵押融资的内在动力,政策环境是家庭农场土地承包经营权抵押融资的外部条件。然而,土地承包经营权抵押融资能否落到实处,真正服务于家庭农场等新型农业经营主体,关键取决于金融机构对该政策的支持力度。

2014 年出台的《关于做好家庭农场等新型农业经营主体金融服务的指导意见》,要求各银行业金融机构"切实加大对家庭农场等新型农业经营主体的信贷支持力度,鼓励金融机构推出专门的农村土地承包经营权抵押贷款产品,创新开展农村土地承包经营权抵押贷款业务",奠定了金融机构对土地承包经营权抵押融资的制度基础。随后,各地区积极探索多种模式的土地承包经营权抵押试点,各银行也先后推出了土地承包经营权抵押贷款业务。金融机构对家庭农场土地承包经营权抵押融资的金融支持,主要体现在业务创新、控制风险两个重要方面[①]:

4.3.3.1 因地制宜创新业务

金融机构结合所在试点地区多样化的土地承包经营权抵押模式,开展创新业务。目前,全国多个地区陆续推出土地承包经营权抵押试点,其发展模式和具体操作方法也不尽一致,如重庆市开县的抵押试点采取土地承包经营权入股抵押贷款模式。不同模式下的金融机构对土地承包经营权抵押融资业务的开展也不尽一致,通常是结合当地土地承包经营权模式结构,合理定位金融机构角色,因地制宜地开展土地承包经营权抵押融资业务。对于新型农业经营主体的家庭农场,最为典型的两种土地承包经营权抵押融资模式为土地承包经营权担保抵押贷款模式和土地承包经营权直接抵押贷款模式,下面针对这两种典型模式来分析金融机构在土地承包经营权抵押融资中的重要支撑地位。

(1) 对于土地承包经营权担保抵押贷款,当事人主要包括家庭农场(借款方)、金融机构[②](贷款方)、担保公司(担保人)三个主体,同时涉及土地承包

---

① 如农业银行[参见周萃. 农行出台农村土地承包经营权抵押贷款管理办法[N]. 金融时报,2014-08-22(001).]、张家港农商银行[参见王长江,刘爱东. 给"沉睡的土地"注入资金活水——张家港农商银行发放首笔土地承包经营权抵押贷款[N]. 金融时报,2014-11-06(011).]、农村信用合作社[参见王玉磊,邓静,吴华. 土地承包经营权抵押贷款"破冰"[N]. 农民日报,2014-06-24(003).]等多家金融机构。

② 在家庭农场土地承包经营权担保抵押融资模式下,因为担保公司(通常为政策性担保公司,如重庆兴农担保公司等)对土地承包经营权进行担保,大幅降低了金融机构风险,因而此处所指的金融机构包括商业银行、政策性银行、贷款公司等金融机构。

经营权登记和价值评估机构等中介机构，相关主体之间的内在关系如图4-1所示。

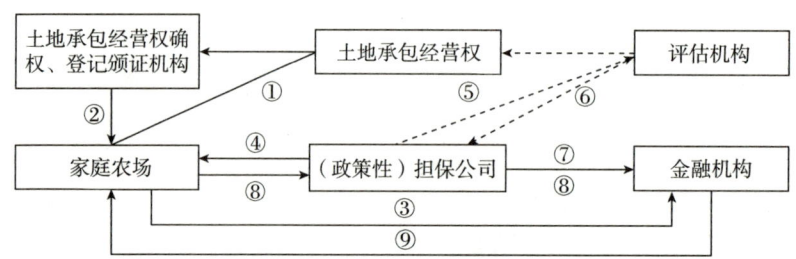

图4-1 家庭农场土地承包经营权担保抵押融资流程

注：①家庭农场把通过承包、转包、拍卖等多种流转方式获得的土地承包经营权在当地土地承包经营权确权登记机构完成确权与登记；②确权登记机构审核相关资料并实地确认后，颁发土地承包经营权确权证书；③家庭农场向金融机构申请土地承包经营权抵押贷款，金融机构提供予以认定的担保机构；④家庭农场持土地承包经营权证向（政策性）担保公司申请担保；⑤部分担保公司配套土地价值评估部门，部分担保公司委托第三方评估机构对家庭农场土地承包经营权进行价值评估；⑥评估机构结合各地区出台的土地承包经营权抵押融资管理办法进行土地承包经营权价值评估；⑦评估机构向担保公司出具评估报告；⑧担保公司根据评估报告中的评估价值按一定比例对土地承包经营权进行担保，并收取一定担保费，部分担保公司要求家庭农场必须以反担保的形式将自己拥有的土地承包经营权证交付于担保公司，银行根据担保金额来确定贷款发放金额；⑨金融机构将贷款金额拨付至家庭农场的银行账户。

（2）土地承包经营权直接抵押贷款与土地承包经营权担保抵押贷款的主要区别在于当事人中没有担保公司，仅包括家庭农场（借款方）和金融机构（贷款人）两个法律主体。在该模式下，金融机构仅指已经推出土地承包经营权直接抵押融资业务的银行，如汇丰村镇银行等。家庭农场向土地承包经营权登记机构完成确权登记并获得相应权证后，向金融机构申请土地承包经营权抵押贷款，金融机构收到贷款申请后，通过相应的土地价值评估部门对土地承包经营权进行价值评估，评估部门（机构）完成评估后向金融机构出具评估报告，金融机构再根据评估报告中土地承包经营权的评估价值按相应比例发放贷款（如农业银行规定，以家庭承包方式取得农村土地承包经营权作抵押的，抵押率最高不超过农村土地承包经营权评估价值的60%），其流程与土地承包经营权担保抵押融资模式差别不大，此处不再绘制。

4.3.3.2 全方位控制风险

第三方担保、不良资产处理、国家财政补贴组合，多渠道、全方位来合理控制金融机构从事土地承包经营权抵押业务的融资风险。由于农业生产受自然风险和市场风险的影响巨大，金融机构在开展土地承包经营权抵押融资业务过程中面临着独特的风险特征。金融机构在贷款审批时除了要考虑家庭农场的经营状况和资金流外，还要充分考虑抵押物的担保风险，以及自然风险和市场风险等。如何在多重风险条件下实现金融机构在家庭农场土地承包经营权抵押贷款"链条"中的重要支撑作用，是土地承包经营权抵押融资真正服务于家庭农场发展的关键环节。目前，金融机构采取第三方担保、不良资产处理、国家财政补贴组合，来对土地承包经营权抵押融资风险进行合理控制，如图4-2所示。

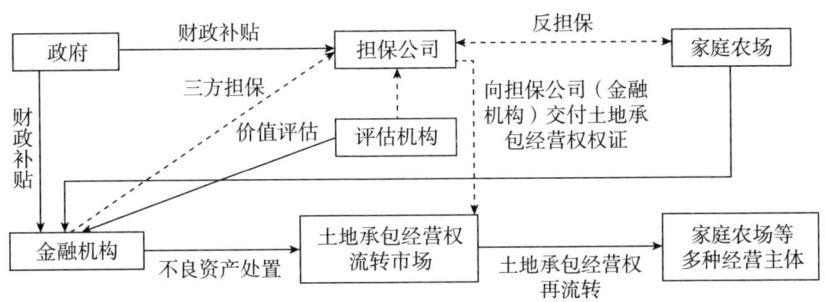

图4-2 金融机构对家庭农场土地承包经营权抵押融资的风险控制

在土地承包经营权担保抵押贷款模式下，金融机构向家庭农场发放的土地承包经营权抵押贷款风险向担保机构转移。一旦家庭农场经营不力，无力向金融机构还款时，金融机构一方面可以获得当地政府给予的财政补贴，另一方面可以向担保机构实施债权人权利，追索相应损失，此时风险实现向担保机构转移（图4-2中的虚线表示）。土地承包经营权抵押融资担保机构通常为政策性担保公司，享有国家对土地承包经营权抵押担保的政策性补贴，一旦家庭农场出现违约无力按期偿还金融机构借款时，担保机构不能拒绝金融机构的追索权，部分担保机构要求家庭农场对土地承包经营权进行反担保①。与此同时，土地承包经营权的权证持有人可以在土地流转市场将担保标的物采取转包、拍卖等其他方式流转给家庭农场或其他经营主体，由此获得土地承包经营权的处置收入。

在金融机构土地承包经营权直接抵押贷款模式下，由家庭农场直接以土地承包经营权为抵押物向金融机构申请贷款。一旦家庭农场出现经营风险不能按期偿还金融机构借款时，金融机构在获得地方财政对土地承包经营权抵押融资业务亏损补贴的基础上，可对不良资产进行处置。金融机构可将抵押标的物（土地承包经营权）在土地流转市场上对原土地剩余年限的承包经营权进行再流转，以获得

---

① 反担保，即债务人或第三人向担保人做出保证或设定物的担保，在担保人因清偿债务人的债务而遭受损失时，债务人向担保人作出清偿。

的收入冲抵土地承包经营权抵押贷款中的未偿还部分，从而使土地承包经营权的抵押贷款风险得到有效控制。此外，不同地区的不同金融机构在土地承包经营权抵押率的确定上存在着一定差距，如河南省《安阳县施行农村土地承包经营权抵押贷款试点管理暂行办法》规定抵押率最高不超过农村土地承包经营权评估价值的70%；山东省《青岛市农场土地承包经营权抵押贷款管理办法（试行）》则规定土地承包经营权抵押贷款额度按照不超过通过农村土地流转实现规模化经营所产生的预期增值价值的80%确定。

4.3.4 政策破冰和制度配套是家庭农场土地承包经营权抵押融资的基本保障

2008年党的十七届三中全会正式提出了"家庭农场"的概念，并将家庭农场纳入现代化农业新型经营主体框架。2014年2月农业部出台的《关于促进家庭农场发展的指导意见》丰富了家庭农场的内涵。随着家庭农场相关政策的逐步落实和深入推进，一系列问题也随之出现，其中以家庭农场融资问题最为严重。针对我国农村目前土地利用细碎化、撂荒及闲置的现状，通过土地流转实现集约化经营，是我国农业现代化的发展方向。土地承包经营权作为家庭农场的融资抵押物，拓宽了融资渠道，为解决家庭农场融资难题提供了一种科学可行的解决方案。土地承包经营权抵押融资是现代农业发展新常态、家庭农场经营新环境下的新生事物，在家庭农场的培育和发展过程中，不可避免地会出现新问题和新挑战，主要集中在抵押效力、金融配套、流转市场三个方面。

4.3.4.1 明晰政策效力

目前，在法律层面上，对于不同方式取得的土地承包经营权能否抵押融资的规定不尽一致。1995年实施的《担保法》第三十七条规定，除第三十四条第（五）项以外的"以家庭承包形式取得的土地承包经营权不可抵押"；2002年实施的《土地承包法》规定，"通过家庭承包取得的土地承包经营权可以依法采取转包、出租、互换、转让或者其他方式流转"，但对家庭承包取得的土地承包经营权并未明示是否可以抵押或质押；最高人民法院在2005年颁布的《关于审理涉及农村土地承包纠纷案件适用法律问题的解释》第十五条规定，"承包方以其土地承包经营权进行抵押或者抵偿债务的，应当认定无效"，明确否定了家庭承包方式下的土地承包经营权抵押的法律效力……综合上述法律条款的规定可知，我国现行法律对家庭土地承包经营权能否进行抵押持限制态度。

对于现有法律体系对农村土地承包经营权抵押的不合理限制，2013年《中共中央关于全面深化改革若干重大问题的决定》从政策层面上解决了长期以来法律上含糊其辞的土地承包经营权抵押问题，明确指出"赋予农民对承包地占有、

4 家庭农场与土地承包经营权抵押融资之间的适宜性分析

使用、收益、流转及承包经营权抵押、担保权能"。2014年的中央一号文件再次确认了允许土地承包经营权抵押融资,并进一步指出"在落实农村土地集体所有权的基础上,稳定农户承包权、放活土地经营权,允许承包土地的经营权向金融机构抵押融资",土地承包经营权抵押融资的有效性由此得到政策认可。2015年中央一号文件提出"鼓励发展规模适度的农户家庭农场"以及"做好承包土地的经营权和农民住房财产权抵押担保贷款的试点工作",鼓励各地区积极开展土地承包经营权抵押融资试点工作,贯彻落实土地承包经营权抵押融资政策。随后,各地区纷纷开展土地承包经营权抵押融资的试点工作,并陆续出台了相关政策性文件,部分地区的有关土地承包经营权抵押贷款(暂行)办法如表4-6所示。土地承包经营权抵押融资政策效力的明确,为其服务于农村经济发展和解决家庭农场等新型农业经营主体的融资难题提供了重要的政策支持。

表4-6 部分地区有关土地承包经营权抵押贷款(暂行)办法

序号	文件名称	发布或施行时间
1	甘肃省农村土地承包经营权抵押贷款管理办法(试行)	2015年2月
2	四川成都市农村土地承包经营权抵押融资管理办法(试行)	2011年3月23日
3	重庆市关于开展农村土地承包经营权、居民房屋和林权抵押贷款及农户小额信用贷款工作的实施意见	2011年1月13日
4	湖北武汉市农村土地经营权抵押贷款管理办法(试行)	2009年4月30日
5	湖北天门市农村土地经营权抵押贷款方案(试行)	2009年6月
6	浙江温州市关于为温州金融改革提供司法保障意见	2012年5月21日
7	山东寿光市农村土地承包经营权抵押借款暂行办法	2009年4月
8	山东省武城县农村土地承包经营权抵押贷款办法(试行)	2014年8月1日
9	山东青岛市农村土地承包经营权抵押贷款管理办法(试行)	2014年4月15日
10	黑龙江省农村土地承包经营权抵押贷款管理办法	2014年4月
11	福建清流县农村土地承包经营权抵押贷款暂行管理办法	2012年1月12日
12	云南龙陵县农村土地承包经营权抵押贷款办法(试行)	2014年6月30日
13	云南砚山县农村土地承包经营权抵押贷款暂行办法	2014年1月7日
14	湖南省农村土地承包经营权抵押贷款试点方案	2014年7月3日
15	河南济源市农村土地承包经营权抵押融资管理办法(试行)	2012年11月27日
16	安徽铜陵市农村土地承包经营权抵押融资管理办法	2012年9月19日
17	安徽含山县农村土地承包经营权抵押贷款试行办法	2014年11月13日
18	海南省农村土地承包经营权抵押融资管理办法	2011年7月28日
19	山西晋城市农村土地承包经营权抵押贷款办法(试行)	2015年5月4日

续表

序号	文件名称	发布或施行时间
20	广东蕉岭县农村土地承包经营权抵押登记办法（暂行）	2015年4月29日
21	河北省农村土地经营权抵押管理暂行办法	2014年12月

4.3.4.2 健全配套制度

土地承包经营权明晰了抵押融资的政策效力之后，其制度配套就显得尤其重要。制度配套主要包括完善土地承包经营权登记制度、构建土地价值评估体系、创新土地承包经营权抵押制度三个方面：

（1）完善土地承包经营权登记制度是家庭农场土地承包经营权抵押融资的重要基础。《农村土地承包法》明确规定，"土地承包经营权采取互换、转让方式流转，当事人要求登记的，应当向县级以上地方人民政府申请登记。未经登记，不得对抗善意第三人"。可见，目前法律上对土地承包经营权的登记并不作强制性要求。考虑到新形势下土地承包经营权可以抵押的新情况，完善承包经营权的登记（包括确权登记和流转登记）制度的重要性凸显①。2014年出台的《关于引导农村土地经营权有序流转发展农业适度规模经营的意见》指出，"要大力发展土地流转和适度规模经营，5年内完成承包经营权确权"。2015年1月农业部、中央农村工作领导小组办公室等6部门联合印发《关于认真做好农村土地承包经营权确权登记颁证工作的意见》（农经发〔2015〕2号），对做好农村土地承包经营权确权登记颁证做出了明确指导意见。2015年2月，农业部部长在全国农村土地承包经营权确权登记颁证工作视频会议上的讲话指出，截至2014年6月底，全国家庭承包经营耕地流转面积已达3.8亿亩，占家庭承包耕地总面积的28.8%；到2014年底，全国共有1988个县（市、区）开展了土地承包经营权抵押贷款的试点工作，涉及1.3万个乡镇、19.5万个村，试点覆盖面积3.3亿亩；2015年新增了江西、江苏、湖南、湖北、宁夏、甘肃、贵州、吉林、河南九个省份开展试点工作。

（2）构建土地价值评估体系是家庭农场土地承包经营权抵押融资的实施保障。土地价值评估机构在家庭农场等新型农村经营主体开展土地承包经营权抵押融资的过程中发挥着有效信息的枢纽和桥梁作用。2014年出台的《关于金融服务"三农"发展的若干意见》明确指出，探索推进农村产权交易市场建设，积极培育土地评估、资产评估等中介组织。各地区积极响应，根据实际情况陆续出

---

① 土地承包经营确权登记一方面为农户以及家庭农场等新型农村经营主体向金融机构申请土地承包经营权抵押融资提供了可靠的权属依据，另一方面规范并加深了农户对土地承包经营权的权属意识。

台了土地承包经营权抵押的评估办法,如《大足县农村土地承包经营权抵押评估办法(试行)》认定"土地承包经营权价值=本地区年租地平均收益×经营期限+土地上附着物价值";《淄博市农村土地承包经营权价值评估办法(试行)》认定"土地经营权总价值=年均价值×经营期限×土地面积+土地附着物价值";安徽省《含山县农村土地承包经营权抵押物价值认定评估办法(试行)》认定"农村土地承包经营权抵押物价值=经营权面积×每亩(种植或养殖)净收益(扣除流转租金等)×剩余承包或流转年限";安徽省《怀远县农村土地承包经营权价值评估办法(试行)》指出计价方法为"土地经营权评估价值=亩土地年均净收益×经营期限×土地面积+土地附着物价值";等等。

(3)创新土地承包经营权抵押配套制度是家庭农场土地承包经营权抵押融资的关键环节。2014年的《关于金融服务"三农"发展的若干意见》指出,"积极推动金融产品等创新,进一步满足家庭农场等新型农业经营主体的金融需求",将土地承包经营权抵押融资纳入农村金融范畴,降低了农村各类经营主体的融资成本,缓解了当前农村抵押物缺乏的现状,拓宽了城乡一体化发展的融资渠道,能够有效解决家庭农场等新型农业经营主体因资金短缺而难以满足适度规模经营的问题。然而,土地承包经营权抵押融资具有特殊性,不能等同于其他物权抵押,需要创新土地承包经营权抵押的配套制度,如农村社会保障制度以及相关的政策补贴和财政支持,以降低土地承包经营权抵押人和抵押权人的相应风险。

4.3.4.3 健全流转市场

健全土地流转市场是贯彻落实土地承包经营权抵押政策的着力点。2013年中央一号文件指出,加强土地承包经营权流转管理和服务,建立健全土地承包经营权流转市场;2014年出台的《关于引导农村土地经营权有序流转发展农业适度规模经营的意见》进一步表明,要大力发展土地流转和适度规模经营。在一系列土地流转相关政策出台后,各地区纷纷建立并逐渐完善土地流转市场,包括与土地承包经营权抵押融资相关的产权交易市场、产权登记机构、信息公开平台、价值评估机构、抵押担保机构,以及银行机构和其他贷款类金融服务主体、土地保险、土地承包经营权法律咨询等多个方面。

5 家庭农场土地承包经营权抵押融资意愿的影响因素分析

本书第 3 部分从家庭农场的基本情况、土地流转情况和土地承包经营权抵押融资情况三个方面对家庭农场土地承包经营权抵押融资的状况进行了专题调查。在此基础上,本部分通过实证分析对家庭农场土地承包经营权抵押融资意愿的影响因素进行深入考察,为后面家庭农场土地承包经营权抵押融资的动力机制和市场化路径提供数据基础和实证支持。

5.1 数据来源

实证数据来源于课题组对全国 31 个省(区、市)家庭农场土地承包经营权抵押融资进行问卷调查的 270 份有效样本。

5.2 样本统计分析

在 270 份有效问卷中,211 份调查问卷有土地承包经营权抵押的融资意愿,占比高达 78.15%。基于 270 户家庭农场的有效调查问卷,各项样本指标的描述性统计如表 5-1 所示。

根据表 5-1 的调查结果,家庭农场及其融资显示出以下主要特征:

第一,从家庭农场主的特征来看,家庭农场主的年龄段主要集中在 30~40 岁,该年龄段的家庭农场主对土地承包经营权抵押融资的意愿最强烈,占比高达 87.50%。此外,6 名 60 岁以上家庭农场主均表示不愿意以土地承包经营权进行

5 家庭农场土地承包经营权抵押融资意愿的影响因素分析

表 5-1 样本调查指标的描述性统计

变量	分类	样本数（户）	占样本总数百分比（%）	愿以土地承包经营权抵押融资样本数（户）	有抵押融资意向样本占比（%）
农场主年龄段	20 岁以下	3	1.11	1	33.33
	20~30 岁	22	8.15	17	77.27
	30~40 岁	80	29.63	70	87.50
	40~50 岁	123	45.56	96	78.05
	50~60 岁	36	13.33	27	75.00
	60 岁以上	6	2.22	0	0.00
农场主受教育程度	未上过学	11	4.07	6	54.55
	小学	53	19.63	33	62.26
	初中	81	30.00	67	82.72
	高中（中专）	91	33.70	79	86.81
	大专及以上	34	12.59	26	76.47
是否具有外出务工经历	否	62	22.96	41	66.13
	是	208	77.04	170	81.73
农场年均收入	10 万元以下	90	33.33	63	70.00
	10 万~20 万元	113	41.85	90	79.65
	20 万~50 万元	52	19.26	46	88.46
	50 万~100 万元	11	4.07	10	90.91
	100 万~200 万元	3	1.11	1	33.33
	200 万元以上	1	0.37	1	100.00
农场雇工人数	0 人	17	6.30	9	52.94
	3 人以下	58	21.48	38	65.52
	3~5 人	112	41.48	88	78.57
	6~10 人	53	19.63	48	90.57
	11~20 人	12	4.44	12	100.00
	21~30 人	11	4.07	9	81.82
	31~50 人	6	2.22	6	100.00
	51 人及以上	1	0.37	1	100.00
农产品销售情况	严重滞销	3	1.11	2	66.67
	比较困难	60	22.22	48	80.00
	一般	163	60.37	119	73.01
	畅销	44	16.30	42	95.45

续表

变量	分类	样本数（户）	占样本总数百分比（%）	愿以土地承包经营权抵押融资样本数（户）	有抵押融资意向样本占比（%）
是否投保农业保险	否	134	49.63	89	66.42
	是	136	50.37	122	89.71
政府补贴	家庭农场补贴	110	40.74	87	79.09
	良种补贴	147	54.44	127	86.39
	农业机械补贴	86	31.85	78	90.70
经营土地面积	30亩以下	110	40.74	78	70.91
	30~50亩	86	31.85	72	83.72
	50~100亩	51	18.89	39	76.47
	100~200亩	10	3.70	10	100.00
	200~500亩	11	4.07	10	90.91
	500亩以上	2	0.74	2	100.00
经营土地取得方式	租赁	212	78.52	172	81.13
	转让	76	28.15	58	76.32
	合作	85	31.48	64	75.29
	互换	41	15.19	29	70.73
	转包	118	43.70	99	83.90
	入股	17	6.30	15	88.24
	拍卖	3	1.11	2	66.67
是否存在融资困难	否	36	13.33	16	44.44
	是	234	86.67	195	83.33
融资需求满足度	远未满足	85	31.48	73	85.88
	较难满足	136	50.37	105	77.21
	基本满足	45	16.67	31	68.89
	很好满足	4	1.48	2	50.00
是否知道土地承包经营权可以抵押融资	完全不知道	41	15.19	26	63.41
	听说过但不了解	97	35.93	81	83.51
	了解一些，但不完全清楚	110	40.74	86	78.18
	完全清楚	22	8.15	18	81.82
融资难主要原因	融资渠道缺乏	174	64.44	139	79.89

数据来源：根据调查问卷整理而得，以上百分比保留2位小数。

抵押融资。从受教育程度看，高中（中专）教育层次的家庭农场主在总样本中占比最高（33.7%），其次分别为初中（30%）、小学（19.63%）、专科及以上（12.59%）、未上过学或上过扫盲班（4.07%）。从农场主对土地承包经营权抵押融资的意愿看，具有高中（中专）教育层次的家庭农场主意向样本占比最高（达到86.81%），其次分别为初中和大专及以上，意向样本占比分别为82.72%和76.47%。同时，有208名家庭农场主具有外出务工经历，占总样本的77.04%，其中具有土地承包经营权抵押融资意愿的样本占比高达81.73%。

第二，从家庭农场的基本特征看，41.85%的家庭农场年收入为10万~20万元，33.33%的年收入为10万元以下，19.26%的年收入为20万~50万元，只有5.55%的年收入为50万元以上。除了3个年收入为100万~200万元的家庭农场仅有1个愿意进行土地承包经营权抵押融资，其他年收入段的家庭农场意向样本均在70%以上。从农场务工人数看，基本呈现出随着农场雇工人数的增加，具有土地承包经营权抵押融资意愿的样本占比趋于增高，其中雇工人数为3~5人的样本数占总样本之比最高（高达41.48%），其土地承包经营权抵押融资意愿样本占比为78.57%。从产品销售情况看，60.37%的家庭农场认为农场产品销售状况为"一般"，22.22%认为"比较困难"，16.30%认为"畅销"，只有1.11%认为"严重滞销"。其中，家庭农场产品销售状况为"畅销"的家庭农场进行土地承包经营权抵押融资的意愿最强，占比高达95.45%。

第三，从政策支持看，是否购买农业保险的家庭农场大致相当，其中购买农业保险的为136户（占比50.37%），没有参加农业保险的为134户（占比49.63%）。其中，参加农业保险的家庭农场具有土地承包经营权抵押融资意愿的样本占比为89.71%，显著高于未参保的家庭农场（66.42%）。在本次调查中，"政府补贴"的选项设为多选题，家庭农场可根据具体享受的政府补贴状况选择一项或者多项。这里只对家庭农场补贴、良种补贴、农业机械补贴展开分析，调查样本中有40.74%的家庭农场享有家庭农场补贴，有54.44%的家庭农场享有良种补贴，有31.85%的家庭农场享有农业机械补贴，而享有这三类补贴的家庭农场有抵押融资意愿的样本占比分别为79.09%、86.39%、90.70%。

第四，从土地经营状况看，大部分家庭农场的规模偏小，有40.74%的家庭农场的土地经营面积为30亩以下，其中具有土地承包经营权抵押融资意愿的样本占比为70.91%。由表5-1可以看出，家庭农场的经营土地面积越大则抵押融资意愿就越强。经营土地面积在100亩以上的家庭农场对土地承包经营权抵押融资的意愿显著高于经营土地面积在100亩以下的家庭农场。家庭农场经营土地取得方式的选项设为多选题，调查对象可以根据土地取得方式的实际情况选择一项或者多项。由表5-1可以看出，78.52%的家庭农场的土地来源为"租赁"，占比最高，其他顺序依次为转包（43.7%）、合作（31.48%）、转让（28.15%）、互换（15.19%）、入股（6.3%）、拍卖（1.11%）。其中，按具有土地承包经营权抵押融资意愿的样本占比来看，由高到低分别为入股（88.24%）、转包（83.9%）、租赁（81.13%）、转让（76.32%）、合作（75.29%）、互换（70.73%）、拍卖（66.67%）。

第五，从融资需求看，有86.67%的家庭农场存在融资困难，其中愿意进行土地承包经营权抵押融资的样本占比为83.33%，而不存在融资困难的家庭农场仅有44.44%愿意进行土地承包经营权抵押融资。有50.37%的家庭农场认为其融资需求满足度为"较难满足"，有31.48%的家庭农场认为"远未满足"，有16.67%的家庭农场认为"基本满足"，仅有1.48%的家庭农场认为"很好满足"。由表5-1可以看出，随着融资需求满足度的提高，愿意进行土地承包经营权抵押融资的样本占比不断减小。在融资需求"远未满足"的家庭农场中有85.88%愿意选择土地承包经营权抵押融资，而融资需求"很好满足"的家庭农场中则只有50%愿意选择土地承包经营权抵押融资。从"是否知道土地承包经营权可以向金融机构进行抵押融资"的情况看，根据了解程度分为"完全不知道"到"完全清楚"四个级别，其中40.74%的家庭农场选择"了解一些但不完全清楚"，15.19%的家庭农场选择"完全不知道"，仅有8.15%的家庭农场选择"完全清楚"。其中，对该政策"完全不知道"的家庭农场愿意进行土地承包经营权抵押融资的样本占比最低，为63.41%。有64.44%的家庭农场认为"融资渠道缺乏"是融资难的主要原因，其中79.89%的家庭农场具有土地承包经营权抵押融资意愿。

5.3 模型设定与变量说明

家庭农场是否愿意选择土地承包经营权进行抵押融资是一个二元过程，即愿意或不愿意。同时，考虑到离散型因变量在一般线性回归模型中可能出现的异方差问题，本部分采用二元Logit离散选择模型（Binary Choice Model）对家庭农场土地承包经营权抵押融资意愿进行实证研究，设定二元Logit模型如下：

$$y_i = x_i'\beta + \varepsilon_i \qquad (5-1)$$

式中，y_i表示第i个家庭农场是否愿意选择土地承包经营权抵押融资，x_i表示影响家庭农场土地承包经营权抵押融资意愿的k个影响因素的矩阵（$k=1$，2，…，23），β为相应解释变量系数矩阵，ε为随机扰动项，服从逻辑分布。

进一步，假设家庭农场愿意进行土地承包经营权抵押融资的概率为p，记$p \equiv$

$P(y=1|x)$,则 $1-p = P(y=0|x)$,其基本形式表示为:
$$p = \text{prob}(y=1/x) = \exp(x'\beta) / [1 + \exp(x'\beta)]$$
经线性变换简化为:
$$\ln[p/(1-p)] = x'\beta \qquad (5-2)$$

式中,$p/(1-p)$ 为 "概率比"(odds ratio),表示家庭农场愿意土地承包经营权抵押融资和不愿意土地承包经营权抵押融资的概率之比。二元 Logit 模型将采用最大似然法进行估计,Logit 模型的变量说明及描述性统计如表 5-2 所示。

表 5-2 变量的描述性统计

项目		变量定义与说明	样本数	均值	标准差
被解释变量					
土地承包经营权抵押融资意愿	Y	不愿意=0,愿意=1	270	0.7815	0.4140
解释变量					
年龄	X_1	20 岁以下=1,20~30 岁=2,30~40 岁=3,40~50 岁=4,50~60 岁=5,60 岁以上=6	270	3.6852	0.9211
受教育程度	X_2	未上过学(或上过扫盲班)=1,小学=2,初中=3,高中(中专)=4,大专及以上=5	270	3.3111	1.0523
外出务工经历	X_3	否=0,是=1	270	0.7704	0.4214
农场年均收入	X_4	10 万元以下=1,10~20 万元=2,20~50 万元=3,50~100 万元=4,100~200 万元=5,200 万元以上=6	270	1.9889	0.9226
农场务工人数	X_5	0 人=0,3 人以下(不含 3 人)=1,3~5 人=2,6~10 人=3,11~20 人=4,21~30 人=5,31~50 人=6,51 人以上=7	270	2.1704	1.2792
产品销售状况	X_6	严重滞销=1,比较困难=2,一般=3,畅销=4	270	2.9185	0.6516
是否投保	X_7	否=0,是=1	270	0.5037	0.5009
政府补贴($X_8 \sim X_{10}$)					
家庭农场补贴	X_8	无=0,有=1	270	0.4074	0.4953
良种补贴	X_9	无=0,有=1	270	0.5444	0.4989
农业机械补贴	X_{10}	无=0,有=1	270	0.3185	0.4668

续表

项目		变量定义与说明	样本数	均值	标准差
经营土地面积	X_{11}	30亩以下=1，30~50亩=2，50~100亩=3，100~200亩=4，200~500亩=5，500亩以上=6	270	2.0074	1.1109
经营土地取得方式（$X_{12} \sim X_{18}$）					
租赁	X_{12}	否=0，是=1	270	0.7852	0.4115
转让	X_{13}	否=0，是=1	270	0.2815	0.4506
合作	X_{14}	否=0，是=1	270	0.3148	0.4653
互换	X_{15}	否=0，是=1	270	0.1518	0.3595
转包	X_{16}	否=0，是=1	270	0.4370	0.4969
入股	X_{17}	否=0，是=1	270	0.0630	0.2434
拍卖	X_{18}	否=0，是=1	270	0.0111	0.1050
是否存在融资困难	X_{19}	否=0，是=1	270	0.8667	0.3406
融资需求满足度	X_{20}	远未满足=1，较难满足=2，基本满足=3，很好满足=4	270	1.8815	0.7271
是否知道土地承包经营权可以向金融机构进行抵押融资	X_{21}	完全不知道=1，听说过但不了解=2，了解一些但不完全清楚=3，完全清楚=4	270	2.4185	0.8442
是否认为融资渠道缺乏是家庭农场融资难的主要原因	X_{22}	不认可=0，认可=1	270	0.6444	0.4796

5.4 实证分析

5.4.1 变量间多重共线性的诊断

进行多元回归时，解释变量之间可能存在着多重共线性关系，从而使模型估计结果产生偏误，甚至出现误导性的结果。多重共线性的存在将使 Wald 值的观测值变小，进而导致对本模型存在显著意义的变量在 Logit 回归中 p 值不显著，未能留在方程中，因此需要在回归估计前对各解释变量进行多重共线性诊断。此处使用 Stata 12.0 对各解释变量进行相关性检验，变量间的相关系数均低于 0.5119，大部分变量的相关系数均为 0.1 左右，故可认为变量间不存在自相关，这在一定程度上保障了多元回归的稳健性。各解释变量间的相关系数检验结果如表 5-3 所示。

5 家庭农场土地承包经营权抵押融资意愿的影响因素分析

表 5-3 各变量相关性系数矩阵

变量		X_1	X_2	X_3	X_4	X_5	X_6	X_7	X_8	X_9	X_{10}	X_{11}	X_{12}	X_{13}	X_{14}	X_{15}	X_{16}	X_{17}	X_{18}	X_{19}	X_{20}	X_{21}	X_{22}
X_1	Pearson	1	-0.213	-0.062	-0.030	-0.052	0.013	-0.074	-0.019	-0.192	-0.103	-0.027	-0.061	-0.019	0.041	-0.012	0.058	-0.127	-0.079	-0.099	0.077	-0.045	0.150
	显著性		0.000	0.307	0.619	0.394	0.834	0.226	0.751	0.002	0.091	0.661	0.315	0.761	0.499	0.841	0.342	0.037	0.196	0.105	0.205	0.461	0.014
X_2	Pearson	-0.213	1	-0.048	0.318	0.325	0.178	0.195	-0.002	0.115	0.259	0.322	0.215	0.050	0.065	-0.076	-0.005	0.083	0.103	0.023	0.005	0.263	-0.067
	显著性	0.000		0.433	0.000	0.000	0.003	0.001	0.979	0.059	0.000	0.000	0.000	0.415	0.288	0.212	0.934	0.174	0.091	0.709	0.939	0.000	0.271
X_3	Pearson	-0.062	-0.048	1	0.051	0.018	-0.055	0.057	0.023	0.119	-0.005	-0.131	0.165	-0.069	0.067	-0.113	0.073	-0.003	-0.026	0.174	-0.113	0.041	-0.019
	显著性	0.307	0.433		0.406	0.772	0.369	0.352	0.712	0.050	0.938	0.031	0.007	0.255	0.275	0.065	0.234	0.954	0.669	0.004	0.063	0.500	0.753
X_4	Pearson	-0.030	0.318	0.051	1	0.512	0.246	0.374	0.067	0.054	0.224	0.508	0.043	0.052	0.121	-0.006	0.051	0.119	-0.037	-0.099	0.037	0.311	0.041
	显著性	0.619	0.000	0.406		0.000	0.000	0.000	0.270	0.381	0.000	0.000	0.485	0.392	0.047	0.921	0.402	0.051	0.544	0.103	0.547	0.000	0.498
X_5	Pearson	-0.052	0.325	0.018	0.512	1	0.177	0.330	-0.040	0.180	0.245	0.480	-0.015	0.071	0.159	0.032	0.081	0.145	-0.069	0.044	0.042	0.292	-0.004
	显著性	0.394	0.000	0.772	0.000		0.003	0.000	0.515	0.003	0.000	0.000	0.807	0.243	0.009	0.595	0.183	0.017	0.255	0.474	0.494	0.000	0.949
X_6	Pearson	0.013	0.178	-0.055	0.246	0.177	1	0.103	0.115	0.034	0.086	0.078	0.045	0.116	-0.001	0.037	-0.027	-0.014	-0.041	-0.099	0.027	0.015	0.109
	显著性	0.834	0.003	0.369	0.000	0.003		0.090	0.058	0.577	0.160	0.202	0.458	0.056	0.988	0.543	0.654	0.814	0.502	0.103	0.663	0.807	0.073
X_7	Pearson	-0.074	0.195	0.057	0.374	0.330	0.103	1	0.114	0.282	0.265	0.194	0.058	0.078	0.226	0.048	0.143	0.074	0.035	0.112	-0.070	0.317	0.006
	显著性	0.226	0.001	0.352	0.000	0.000	0.090		0.060	0.000	0.000	0.001	0.343	0.203	0.000	0.428	0.019	0.224	0.572	0.066	0.250	0.000	0.928
X_8	Pearson	-0.019	-0.002	0.023	0.067	-0.040	0.115	0.114	1	-0.150	-0.049	-0.033	0.012	0.051	0.185	0.069	0.075	0.095	0.056	0.059	-0.083	0.080	0.065
	显著性	0.751	0.979	0.712	0.270	0.515	0.058	0.060		0.014	0.421	0.592	0.850	0.405	0.002	0.257	0.220	0.118	0.360	0.333	0.175	0.189	0.289
X_9	Pearson	-0.192	0.115	0.119	0.054	0.180	0.034	0.282	-0.150	1	0.210	0.040	0.065	0.010	0.002	0.055	0.146	0.023	-0.116	0.079	-0.067	0.110	0.035
	显著性	0.002	0.059	0.050	0.381	0.003	0.577	0.000	0.014		0.001	0.517	0.289	0.866	0.108	0.364	0.016	0.709	0.063	0.197	0.270	0.071	0.565
X_{10}	Pearson	-0.103	0.259	-0.005	0.224	0.245	0.086	0.265	-0.049	0.210	1	0.318	0.087	0.208	0.077	0.043	0.135	0.117	0.155	-0.012	-0.184	0.066	0.076
	显著性	0.091	0.000	0.938	0.000	0.000	0.160	0.000	0.421	0.001		0.000	0.156	0.001	0.119	0.482	0.027	0.054	0.011	0.838	0.002	0.279	0.213
X_{11}	Pearson	-0.027	0.322	-0.131	0.508	0.480	0.078	0.194	-0.033	0.040	0.318	1	0.044	0.011	0.052	-0.068	-0.040	0.218	0.063	-0.047	-0.036	0.318	-0.016
	显著性	0.661	0.000	0.031	0.000	0.000	0.202	0.001	0.592	0.517	0.000		0.470	0.861	0.103	0.266	0.518	0.000	0.302	0.447	0.559	0.000	0.794
X_{12}	Pearson	-0.061	0.215	0.165	0.043	-0.015	0.045	0.058	0.012	0.065	0.087	0.044	1	-0.134	-0.092	-0.130	0.043	-0.124	0.055	0.219	-0.172	0.024	-0.012
	显著性	0.315	0.000	0.007	0.485	0.807	0.458	0.343	0.850	0.289	0.156	0.470		0.028	0.131	0.032	0.485	0.041	0.364	0.000	0.004	0.691	0.848

续表

变量		X_1	X_2	X_3	X_4	X_5	X_6	X_7	X_8	X_9	X_{10}	X_{11}	X_{12}	X_{13}	X_{14}	X_{15}	X_{16}	X_{17}	X_{18}	X_{19}	X_{20}	X_{21}	X_{22}
X_{13}	Pearson	-0.019	0.050	-0.069	0.052	0.071	0.116	0.078	0.051	0.010	0.208	0.011	-0.134	1	0.019	-0.012	-0.136	-0.027	-0.066	-0.045	0.011	0.061	0.069
	显著性	0.761	0.415	0.255	0.392	0.243	0.056	0.203	0.405	0.866	0.001	0.861	0.028		0.755	0.839	0.025	0.663	0.277	0.459	0.852	0.322	0.257
X_{14}	Pearson	0.041	0.065	0.067	0.121	0.159	-0.001	0.226	0.185	0.108	0.119	0.103	-0.092	0.019	1	-0.020	0.014	0.120	0.156	0.008	0.034	0.231	0.070
	显著性	0.499	0.288	0.275	0.047	0.009	0.988	0.000	0.002	0.077	0.052	0.090	0.131	0.755		0.742	0.823	0.049	0.010	0.898	0.581	0.000	0.249
X_{15}	Pearson	-0.012	-0.076	-0.113	-0.006	0.032	0.037	0.048	0.069	0.055	0.043	-0.068	-0.130	-0.012	-0.020	1	-0.186	-0.067	-0.045	-0.016	0.069	-0.100	0.163
	显著性	0.841	0.212	0.065	0.921	0.595	0.543	0.428	0.257	0.364	0.482	0.266	0.032	0.839	0.742		0.002	0.271	0.463	0.791	0.258	0.101	0.007
X_{16}	Pearson	0.058	-0.005	0.073	0.051	0.081	-0.027	0.143	0.075	0.146	0.135	-0.040	0.043	-0.136	0.014	-0.186	1	-0.105	0.049	-0.028	-0.124	0.014	0.015
	显著性	0.342	0.934	0.234	0.402	0.183	0.654	0.019	0.220	0.016	0.027	0.518	0.485	0.025	0.823	0.002		0.084	0.422	0.649	0.042	0.815	0.807
X_{17}	Pearson	-0.127	0.083	-0.003	0.119	0.145	-0.014	0.074	0.095	0.023	0.117	0.218	-0.124	-0.027	0.120	-0.067	-0.105	1	0.118	0.057	-0.147	0.161	0.065
	显著性	0.037	0.174	0.954	0.051	0.017	0.814	0.224	0.118	0.709	0.054	0.000	0.041	0.663	0.049	0.271	0.084		0.053	0.352	0.016	0.008	0.286
X_{18}	Pearson	-0.079	0.103	-0.026	-0.037	-0.069	-0.041	0.035	0.056	-0.116	0.155	0.063	0.055	-0.066	0.156	-0.045	0.049	0.118	1	0.042	-0.031	0.073	0.079
	显著性	0.196	0.091	0.669	0.544	0.255	0.502	0.572	0.360	0.057	0.011	0.302	0.364	0.277	0.010	0.463	0.422	0.053		0.496	0.608	0.231	0.197
X_{19}	Pearson	-0.099	0.023	0.174	-0.099	0.044	-0.099	0.112	0.059	0.079	-0.012	-0.047	0.219	-0.045	0.008	-0.016	-0.028	0.057	0.042	1	-0.244	0.040	0.050
	显著性	0.105	0.709	0.004	0.103	0.474	0.103	0.066	0.333	0.197	0.838	0.447	0.000	0.459	0.898	0.791	0.649	0.352	0.496		0.000	0.516	0.412
X_{20}	Pearson	0.077	0.005	-0.113	0.037	0.042	0.027	-0.070	-0.083	-0.067	-0.184	-0.036	-0.172	0.011	0.034	0.069	-0.124	-0.147	-0.031	-0.244	1	0.039	-0.111
	显著性	0.205	0.939	0.063	0.547	0.494	0.663	0.250	0.175	0.270	0.002	0.559	0.004	0.852	0.581	0.258	0.042	0.016	0.608	0.000		0.526	0.070
X_{21}	Pearson	-0.045	0.263	0.041	0.311	0.292	0.015	0.317	0.080	0.110	0.066	0.318	0.004	0.061	0.231	-0.100	0.014	0.161	0.073	0.040	0.039	1	-0.053
	显著性	0.461	0.000	0.500	0.000	0.000	0.807	0.000	0.189	0.071	0.279	0.000	0.024	0.322	0.000	0.101	0.815	0.008	0.231	0.516	0.526		0.382
X_{22}	Pearson	0.150	-0.067	-0.019	0.041	-0.004	0.109	0.006	0.065	0.035	0.076	-0.016	-0.012	0.069	0.000	0.163	0.015	0.065	0.079	0.050	-0.111	-0.053	1
	显著性	0.014	0.271	0.753	0.498	0.949	0.073	0.928	0.289	0.565	0.213	0.794	0.848	0.257	0.070	0.007	0.807	0.286	0.197	0.412	0.070	0.382	

注：相关系数检验均为 Pearson 相关性双侧检。

5.4.2 Logit 模型的回归估计

根据问卷调查所取得的数据，利用 Stata 12.0 软件对设定的二元 Logit 模型进行回归估计，回归结果如表 5-4 所示。结果显示，方程 Pseudo R^2 为 0.3021，似然比检验值 Log pseudolikelihood 为 -98.9536，Wald 卡方检验值为 119.87，且在 1% 显著性水平上显著，表明该 Logit 模型是有效的，整体拟合较好，因而检验结果具有统计意义。

表 5-4　Logit 回归模型的估计

变量		回归系数	OR 值	Robust S.E	z	P	95% 置信区间 下限	上限
年龄（X_1）		-0.20	0.82	0.20	-0.97	0.33	-0.59	0.20
受教育程度（X_2）		0.21	1.23	0.21	0.99	0.32	-0.20	0.61
外出务工经历（X_3）		0.78*	2.19	0.42	1.85	0.07	-0.05	1.62
农场年均收入（X_4）		-0.30	0.74	0.31	-0.97	0.33	-0.91	0.31
农场务工人数（X_5）		0.41*	1.51	0.22	1.90	0.06	-0.01	0.83
产品销售状况（X_6）		0.63**	1.88	0.30	2.08	0.04	0.04	1.23
是否投保农业保险（X_7）		1.32***	3.73	0.47	2.82	0.01	0.40	2.23
政策补贴	家庭农场补贴（X_8）	0.14	1.15	0.41	0.35	0.73	0.94	-0.66
	良种补贴（X_9）	0.33	1.40	0.43	0.77	0.44	1.18	-0.51
	农业机械补贴（X_{10}）	1.39**	4.03	0.57	2.47	0.01	2.50	0.29
经营土地面积（X_{11}）		0.12	1.12	0.24	0.48	0.64	-0.36	0.59
经营土地取得方式	租赁（X_{12}）	-0.03	0.97	0.49	-0.06	0.96	0.93	-0.98
	转让（X_{13}）	-0.52	0.60	0.43	-1.21	0.23	0.32	-1.36
	合作（X_{14}）	-0.88**	0.41	0.45	-1.98	0.05	-0.01	-1.76
	互换（X_{15}）	-0.80	0.45	0.50	-1.61	0.11	0.17	-1.77
	转包（X_{16}）	0.62	1.86	0.43	1.45	0.15	1.45	-0.22
	入股（X_{17}）	0.30	1.35	1.29	0.23	0.82	2.83	-2.23
	拍卖（X_{18}）	-2.61*	0.07	1.54	-1.70	0.09	0.40	-5.62
是否存在融资困难（X_{19}）		1.99***	7.34	0.53	3.76	0.00	0.95	3.03
融资需求满足度（X_{20}）		-0.18	0.84	0.22	-0.79	0.43	-0.62	0.26
对土地承包经营权抵押融资的了解程度（X_{21}）		-0.19	0.83	0.26	-0.72	0.47	-0.69	0.32

续表

变量	回归系数	OR 值	Robust S.E	z	P	95% 置信区间	
						下限	上限
是否认为融资渠道缺乏是家庭农场融资难的主要原因（X_{22}）	0.71*	2.04	0.42	1.71	0.09	-0.10	1.52
常数项（C）	-3.38**	0.03	1.57	-2.15	0.03	-6.46	-0.30
Log pseudolikelihood		-98.9356		Pseudo R^2		0.3021	
Wald chi^2 (22)		58.36		Prob > chi^2		(0.0000)	

注：*、**、*** 分别表示变量系数在 10%、5%、1% 的显著性水平上显著。

5.4.3 实证结果分析

5.4.3.1 家庭农场基本特征的结果分析

家庭农场基本特征中的家庭农场主"年龄（X_1）"系数为负，说明年龄越大的家庭农场主对土地承包经营权抵押融资意愿越弱，而年轻的家庭农场主对新事物和新政策的接受能力较强，越愿意接受土地承包经营权抵押这一新型融资方式。"受教育程度（X_2）"的系数为正，说明受教育程度越高就越愿意进行土地承包经营权抵押融资。受教育程度越高，有知识的家庭农场主就越愿意发展现代化农业，利用多样化的融资工具来满足融资需求，采取多种现代化手段来发展家庭农场。"农场年均收入（X_4）"系数为负，说明农场年均收入越高，家庭农场的融资需求就越小。很多受小农意识影响的家庭农场主安于现状，不愿意采取风险较高的土地承包经营权进行抵押融资。同时，"年龄""受教育程度""农场年均收入"的系数均不显著，表明这三个因素对家庭农场土地承包经营权抵押融资意愿有影响但并未产生显著影响。

家庭农场主"是否具有外出务工经历（X_3）"对土地承包经营权抵押融资意愿在 10% 的显著性水平上存在着显著正向影响，几率比为 2.19，即在其他变量给定的情况下，具有外出务工经历的家庭农场主愿意进行土地承包经营权抵押融资的概率是没有外出务工家庭农场主的 2.19 倍。一般而言，有外出务工经历的家庭农场主通常对新事物、新技术和新挑战具有更好的接受能力、学习能力和适应能力，在国家推出各项优惠政策时，他们具有更好的机遇识别、把握和实践能力，并且很多家庭农场主在外出务工过程中获得了一技之长和资本积累，也增强了经营家庭农场的信心。"农场务工人数（X_5）"在 10% 的显著性水平上显著为正，说明随着农场务工人数的增加，家庭农场主进行土地承包经营权抵押融资的意愿更加强烈。当农场务工人数增加时，劳务成本也相应增加，在其他条件不变的前提下,家庭农场资金压力增大,因而通过土地承包经营权抵押融资来增大现金流对发展家庭农场具有积极作用。"产品销售状况(X_6)"在5%的显著性水平上对家庭农场土地承包经营权抵押融资意愿存在着显著正向影响。同时,产品销售状况每上升一个层次,家庭农场进行土地承包经营权抵押融资的意愿比销售状况低一个层次的家庭农场高出1.88倍。这说明产品销售状况越好,在经济利益驱动下家庭农场主就越愿意采取土地承包经营权抵押融资的方式来获得资金,扩大生产规模。

5.4.3.2 政策支持的结果分析

近年来,政策性农业保险是国家财政通过保费补贴对"三农"发展予以支持的一种重要形式。"是否投保农业保险(X_7)"在1%的显著性水平上对家庭农场土地承包经营权抵押融资意愿存在着显著正向影响,参保的家庭农场愿意进行土地承包经营权抵押融资的概率是未参保家庭农场的3.73倍。调查结果也显示,52%的家庭农场认为土地承包经营权抵押融资的最大风险来自于"经营风险难以控制",尤其是农业生产对自然条件的依赖度大,一旦遭遇自然灾害将给家庭农场带来巨大的经济损失。参保后家庭农场所面临的自然风险得以分散,家庭农场收入得到一定保障,从而使家庭农场采取土地承包经营权抵押融资来扩大生产规模的意愿增强。

在不同的发展阶段,家庭农场可申请享受各种政策性补贴。调查结果显示,41%的家庭农场享有"家庭农场补贴(X_8)",54%的家庭农场享有"良种补贴(X_9)",32%的家庭农场享有"农业机械补贴(X_{10})"。是否享有这三类补贴对家庭农场土地承包经营权抵押融资意愿存在着正向作用,但"家庭农场补贴"和"良种补贴"并不显著,"农业机械补贴"则在5%的显著性水平上显著。享有农业机械补贴的家庭农场相对于没有享有农业机械补贴的家庭农场而言,前者愿意采取土地承包经营权抵押融资的概率是后者的4.03倍。农业机械是现代化农业生产中的重要设备,但成本较高,享受农业机械补贴后降低了农业机械的购买成本,强化了家庭农场扩大生产规模的生产基础,其融资需求也相应扩大。近年来,中央一号文件从多层面推进传统农业向农业现代化转型,并予以相应的多种政策支持。多种补贴政策相继推行(如粮食直补、良种补贴、农机购置补贴政策等),对家庭农场等新型农业经营主体的支持力度不断加大,激励政策使家庭农场选择土地承包经营权抵押融资方式以扩大生产规模的意愿得以提升。

调查结果显示,在发展家庭农场最需要的政策支持中(见表5-5),有64.1%的家庭农场选择"增加补贴",占总样本的21.7%;有53.3%的家庭农场选择"加大资金支持",占总样本的18.1%,进一步说明了在发展过程中家庭农场对政策支持的强烈愿望:一方面体现在补贴政策上,多种具有针对性的补贴政策有助于支持家庭农场的健康发展，摆脱传统普通农户"零、散、小"的生产方式；另一方面体现在资金支持上，随着农业生产的适度规模经营，家庭农场普遍存在着融资难问题，土地承包经营权抵押融资为家庭农场发展提供了重要的资金支持。同时，补贴政策反过来会对资金需求形成促进，获得补贴后（尤其是农业机械等专项补贴）的家庭农场将具有更强的内在动力采取现代化生产经营方式，扩大家庭农场规模，从而使其融资需求放大，参与土地承包经营权抵押融资的意愿也更强烈。

表 5-5　家庭农场发展最需要的政策支持

家庭农场发展最需要的政策支持a	响应		个案百分比
	N	百分比	
增加补贴	173	21.7%	64.1%
加大资金支持	144	18.1%	53.3%
加强农业生产技术相关培训	142	17.8%	52.6%
拓展销售渠道	131	16.4%	48.5%
基础设施建设	127	15.9%	47.0%
土地合理流转	80	10.0%	29.6%
总计	797	100.0%	295.2%

注：数据来源于 SPSS 的输出结果，a 表示值为 1 时制表的二分组。

5.4.3.3　土地流转的结果分析

土地是最宝贵的资源，关系到我国十多亿人口的粮食安全。而农村土地承包经营权则是农民赖以生存和发展的重要基础。结合我国家庭农场的土地流转现状，深入分析土地来源多样化的家庭农场土地承包经营权抵押融资意愿，对于深化农村土地改革具有重要意义。

由表 5-4 可以看出，"经营土地面积（X_{11}）"对家庭农场土地承包经营权抵押融资意愿具有正向影响，概率比为 1.12，但并不显著。从理论上看，经营土地面积的扩大，能够增加家庭农场的有效抵押物，其抵押融资意愿也会相应增强。然而，从实际上看，土地承包经营权作为农民赖以生存的基础，一旦出现经营风险就会造成损失，甚至失去土地承包经营权，而失地后的生活难以为继。农业经营风险来源于自然灾害、农产品价格波动等原因，不可预知且难以控制。基于经营风险导致无力偿还贷款而失地的顾虑，家庭农场主会权衡利弊，寻找其他融资渠道来满足资金需要，从而导致不显著。调查结果也显示：34% 的家庭农场选择土地承包经营权抵押融资风险时的主要顾虑为"失地后生活难以保障"，52% 选择"经营风险难以控制",也证实了这一结果。

在经营土地不同的取得方式下,租赁(X_{12})、转让(X_{13})、合作(X_{14})、互换(X_{15})、拍卖(X_{18})的系数均为负,而转包(X_{16})和入股(X_{17})的系数均为正。同时,租赁(X_{12})、转让(X_{13})、互换(X_{15})、转包(X_{16})、入股(X_{17})均不显著,而合作(X_{14})和拍卖(X_{18})分别在5%和10%的显著性水平上显著。其中,未采取"合作"方式获得经营土地的家庭农场愿意进行土地承包经营权抵押融资的几率是采取"合作"方式获得经营土地家庭农场的2.42倍(1÷0.4129),采取其他方式获得经营土地的家庭农场愿意进行土地承包经营权抵押融资的概率是采取"拍卖"方式获得经营土地家庭农场的13.55倍(1÷0.0738)。这是因为,采取"合作"和"拍卖"方式获得经营土地的家庭农场在进行土地承包经营权抵押融资时,可能面临更为复杂的法律关系,合法权益难以保障。在不同的"合作"方式下,家庭农场是否有权对通过"合作"获得的土地进行抵押融资往往需要合作双方的进一步协商和法律关系的确定;类似的,通过"拍卖"方式获得经营土地的家庭农场也面临着抵押融资时较为复杂的法律关系,对此大部分家庭农场难以理解。同时,拍卖程序烦琐、拍卖价格不确定,难以得到家庭农场主认可,影响了其融资意愿。调查结果也显示,有10%的家庭农场选择"法律关系复杂"是土地承包经营权抵押融资的主要风险顾虑。

5.4.3.4 资金约束的结果分析

资金约束是促使家庭农场采取多样化融资方式的重要驱动力,从表5-4可以看出,"是否存在融资困难(X_{19})"在1%的显著性水平上对家庭农场土地承包经营权抵押融资意愿存在着显著正向影响,概率比高达7.34,即存在融资困难的家庭农场愿意进行土地承包经营权抵押的概率是不存在融资困难家庭农场的7.34倍。家庭农场生产经营资金的主要来源包括自有资金、亲邻借款、银行贷款、民间借贷、政府资助、外部投入、土地抵押等渠道,其频率如表5-6所示。从表5-6可以看出,83.7%的家庭农场生产经营资金来源于自有资金,远高于其他资金来源。在全部样本范围内,自有资金、亲邻借款和银行贷款这三项为家庭农场生产经营资金的主要来源,总占比高达84%,并以自有资金为主,其次为亲邻借款,这两种资金来源无成本或者成本利息较低,但金额较小,难以满足家庭农场发展所需要的大量资金。银行贷款也是重要的资金来源渠道,具有金额较大、方便等优点,但家庭农场申请银行贷款并不容易,往往需要一定的抵押物。总之,在资金约束的前提下,家庭农场存在着明显的融资难题,而土地承包经营权抵押融资拓宽了其融资渠道,并且具有融资额度大、期限长等优点。因此,家庭农场融资越困难,其进行土地承包经营权抵押融资的意愿就越强。

表 5-6 家庭农场经营资金的来源

家庭农场经营资金来源[a]	响应		个案百分比（%）
	N	百分比（%）	
自有资金	226	35.9	83.7
亲邻借款	159	25.2	58.9
银行贷款	144	22.9	53.3
民间借贷	45	7.1	16.7
政府资助	36	5.7	13.3
外部投入	16	2.5	5.9
土地抵押	4	0.6	1.5
总计	630	100.0	233.3

注：数据来源于 SPSS 的输出结果，a 表示值为 1 时制表的二分组。

"融资需求满足度（X_{20}）"对家庭农场土地承包经营权抵押融资意愿存在负向影响，即融资需求满足程度越高，家庭农场对土地承包经营权抵押融资的意愿就越弱，进一步证明了存在融资困难的家庭农场采取土地承包经营权抵押融资的可能性就越大。"融资渠道缺乏（X_{22}）"是家庭农场融资难的主要原因，其系数在 10% 显著性水平上显著为正，认为"融资渠道缺乏"是家庭农场融资难的家庭农场愿意采取土地承包经营权抵押融资的概率是"融资渠道不缺乏"家庭农场的 2.04 倍。结合表 5-6 来看，目前家庭农场的融资渠道较少，主要生产经营资金来源于自有资金，在生产经营过程中存在着融资难问题。进一步的调查结果显示（见表 5-7），53.3% 的家庭农场认为土地承包经营权抵押融资的最大好处是"增加了融资抵押物"，48.1% 的家庭农场认为"可得到大额融资"，47.4% 的家庭农场认为"可满足中长期融资需求"，35.6% 的家庭农场认为"可降低融资成本"。因此，土地承包经营权抵押融资一方面拓宽了家庭农场的融资渠道，另一方面以土地承包经营权为抵押物也降低了家庭农场的融资成本，提高了政策的有效性。

表 5-7 土地承包经营权抵押融资对发展家庭农场的最大好处

土地承包经营权抵押融资对发展家庭农场的最大好处[a]	响应		个案百分比（%）
	N	百分比（%）	
增加了融资抵押物	144	28.9	53.3
可得到大额融资	130	26.1	48.1
可满足中长期融资需求	128	25.7	47.4
可降低融资成本	96	19.3	35.6
总计	498	100.0	184.4

注：数据来源于 SPSS 的输出结果，a 表示值为 1 时制表的二分组。

"对土地承包经营权抵押融资的了解程度（X_{21}）"的系数为负，但并不显著，即家庭农场对该融资方式了解程度的加深没有显著加强其参与意愿。由表 5-1 可以看出，在该指标中对土地承包经营权抵押融资了解程度的样本占比从高到低依次为："听说过但不了解""完全了解""了解但不完全清楚""完全不知道"。自国家从政策层面上允许土地承包经营权抵押融资后，多个地方开始尝试推出土地承包经营权抵押融资，但许多重要方面（如土地流转市场尚不健全、土地承包经营权评估机制缺乏、诸多环节还没有在法律方面加以明确和修订等）仍处于试点探索阶段；同时，由于土地承包经营权抵押融资的政策宣传不到位、不深入，约 80% 的家庭农场对该政策的认识程度还处于一知半解状态（"听说过但不了解""了解但不完全清楚"），从而会高估风险。在风险顾虑和土地承包经营权抵押融资政策缺乏深入了解的情况下，家庭农场趋向于作出"参与但不积极"的行为选择。

5.5 实证结果的现实启示

基于 270 户家庭农场的有效问卷数据，采用二元 Logit 回归对家庭农场土地承包经营权抵押融资意愿的影响因素展开实证研究，由实证结果我们得出以下现实启示：

第一，融资困难对家庭农场土地承包经营权抵押融资意愿具有显著的正向激励作用，说明家庭农场融资越困难，对土地承包经营权抵押融资的意愿就越强烈。与普通农户相比，适度规模经营的家庭农场具有更大的融资需求。"自有资金"和"亲邻借款"是家庭农场的主要融资渠道，是生产经营资金的主要来源，"融资难、融资贵"是培育和发展家庭农场的最主要障碍。这一结果启示我们，应该建立绿色通道，为家庭农场土地承包经营权抵押融资提供更充分的政策支持和配套措施，以激励金融机构提供优质高效的金融服务支持，促进家庭农场健康发展。

第二，融资难激发了融资的内在需求，但对融资政策的一知半解反而会降低家庭农场的土地抵押融资意愿。农业生产的规模化经营使家庭农场的资金需求不断扩大。在融资渠道缺乏的前提下，土地承包经营权抵押增加了家庭农场的有效抵押物，并且具有融资的成本低、额度大、期限长等优势，因而家庭农场对土地承包经营权抵押融资的意愿强烈。然而，土地承包经营权抵押融资是新生事物，仍处于试点探索阶段，土地承包经营权抵押融资政策也出台不久，尚不完善，宣传力度不够，致使很多家庭农场处于"知之甚少"或"一知半解"状态，甚至出现夸大风险的片面性认知，从而降低了家庭农场进行土地承包经营权抵押融资的积极性。这一结果启示我们，应该加大对土地承包经营权抵押融资政策的宣传力度，尤其要让家庭农场主知道流转或抵押的只是土地经营权，流转或抵押后的所有权、承包权的归属并不发生改变。同时，也要全面、准确、客观地介绍土地承包经营权抵押融资的重要作用、对象用途、操作流程、风险防范以及承担的权利和履行的义务，改变片面夸大风险的错误认识，提高家庭农场进行土地承包经营权抵押融资的积极性。

第三，通过"合作"与"拍卖"方式获得经营土地的家庭农场进行土地承包经营权抵押融资的意愿较低。目前，虽然国家从政策上允许土地承包经营权抵押融资，但是现行法律法规（如《农村土地承包法》《物权法》《担保法》等）均强调农村用地的社会保障功能，对农村土地承包经营权抵押做出了禁止性规定，使"合作"与"拍卖"方式获得的土地承包经营权抵押更容易遇到法律上的障碍。一旦当事人发生土地抵押权纠纷，将面临着种种法律风险。同时，滞后的法律修订与尚未完善的土地流转市场，导致流转的土地承包经营权存在着界定与归属等法律问题（如在合作方式下，土地承包经营权抵押融资属于土地承包经营权原有者，还是属于合作者），从而制约了家庭农场土地承包经营权抵押融资贷款的意愿。这一结果启示我们，应该及时修订和完善土地承包经营权抵押融资的法律法规和配套措施，让土地承包经营权流转和抵押更为便捷、顺畅，同时切实保障参与者的正当权益。

第四，经营土地面积对家庭农场土地承包经营权抵押融资意愿具有正向影响，但不显著。进一步说明，家庭农场因生产经营规模扩大而进行土地承包经营权抵押融资的意愿是有的，但并不十分强烈。这是因为，家庭农场土地承包经营权抵押融资存在着较大风险（包括自然风险、市场风险、失地风险等），从而使家庭农场主心存顾虑。这一结果启示我们，应该建立健全土地承包经营权抵押融资的风险分担和补偿机制，对相关风险进行有效防范，解决抵押融资的后顾之忧，激励家庭农场参与土地承包经营权抵押融资的内在动力。

6 家庭农场土地承包经营权抵押融资的风险生成及其形成原因

由前面的研究可知，土地承包经营权抵押融资在增加抵押物、贷款额度、贷款利率和贷款期限等方面具有比较优势，解决了家庭农场发展的资金瓶颈，为发展家庭农场提供了重要的金融支持。然而，由于家庭农场土地承包经营权抵押融资的涉及面广、需求量大、对象复杂，加之农业生产经营的特殊性、土地承包经营权抵押融资的配套措施不完善，以及农村土地具有生活和养老等基本保障的特殊功能，家庭农场土地承包经营权抵押融资在试点过程中遇到诸多现实障碍，尤其是存在着较大的潜在风险。基于土地承包经营权抵押融资的重要性，本部分将深入研究其风险生成及其形成原因，并对其风险进行科学衡量。

6.1 土地承包经营权抵押融资资金需求方（家庭农场）的风险生成及其形成原因

6.1.1 家庭农场自然风险的生成及其形成原因

6.1.1.1 家庭农场自然风险的生成

家庭农场是适度规模的新型农业经营主体，我国人多地少的现实特征决定了传统农户生产经营的土地规模十分有限。为了引导农村土地承包经营权的有序流转和加强流转土地的用途管制，2014年出台的《关于引导农村土地经营权有序流转发展农业适度规模经营的意见》明确规定了土地流转行为和流转土地用于农业生产的限制，对利用流转土地进行非农建设或变相建设以及挖塘栽树等违规行为严格禁止。家庭农场只有通过土地流转才能进行适度规模经营，而土地流转在一定意义上加大了家庭农场土地承包经营权抵押融资的风险程度。规模经营需要比传统农户大得多的资金投入，而资金有限性使家庭农场需要通过土地承包经营权抵押融资等方式来筹集生产资金。根据规定，家庭农场以土地承包经营权抵押融资方式获得的信贷资金限定在农业生产领域，主要用于发展种植业、养殖业、林业、渔业、农副产品加工、流通等农业产业化项目以及满足产前、产中、产后服务的支农资金需求。由于融资对象和用途限定以及农业生产的特殊性，家庭农场的投资收益受自然条件影响很大，一旦遇到自然灾害就会减产甚至绝收，从而形成家庭农场土地承包经营权抵押融资的自然风险。该风险是难以控制的，由此带来的经济损失也可能是惨重的。根据民政部、国家减灾委员会办公室等相关部门公布的自然灾害损失数据显示：2015年，各类自然灾害共造成全国直接经济损失2704.1亿元，其中农作物受灾面积达到2176.98万公顷，绝收面积达到223.27万公顷；2008年，受南方部分地区低温雨雪冰冻灾害和四川汶川特大地震两次巨灾的影响，全国直接经济损失更是高达11752.4亿元，其中农作物受灾面积高达3999万公顷，绝收面积高达403.2万公顷。

家庭农场农业生产经营对自然条件的依赖性很强，"靠天吃饭"的自然特征十分突出，并且大多数自然风险具有时间和空间的相对集中性，很难通过分散的方式进行风险规避，如黄河、长江中下游地区、淮河流域、珠江流域的洪涝灾害，沿海地区的台风、厄尔尼诺现象，北部地区的沙尘暴，西北地区的荒漠化，以及地震、干旱、水土流失、泥石流、冰雹等灾害形成的自然风险。自然灾害一旦发生，或者农田被淹，颗粒无收；或者持续干旱，人畜饥渴；或者房屋倒塌，居无住所；或者台风肆虐，满目疮痍；或者满城沙尘，一片荒凉……这些自然灾害危害性大、波及范围广、随机性强、财产损失大，导致土地承包经营权抵押贷款的资金投入难以偿还，从而形成了家庭农场土地承包经营权抵押融资的自然风险。

6.1.1.2 家庭农场自然风险的形成原因

家庭农场自然风险形成的原因是多方面的，一是自然因素引起的，如持续降水、地壳强烈运动、岩石破碎、风化严重、地表植被稀少、全球变暖、频繁旱涝等自然条件的异常变化，或者鼠害、蝗害等导致土地荒漠化使生态平衡遭到破坏；二是人为因素引起的，如滥砍滥伐、围湖造田使水土流失加剧，过度开垦、过度樵采、过度放牧等不合理耕作使植被破坏，或者水资源不合理利用使工业和生活污水增多，或者农药、化肥大量使用和养殖业规模盲目扩大使水污染严重，或者不合理灌溉、不合理水利工程建设等导致的洪灾等。

6.1.2 家庭农场市场风险的生成及其形成原因

6.1.2.1 家庭农场市场风险的生成

在农业生产经营过程中可能遭受经济损失的不确定性，即形成了家庭农场的市场风险。该风险是由信息不对称、市场供求变化、农产品价格波动、预期改变、技术水平落后以及经营管理不善等复杂因素引起的,具有涉及面广、时间不确定、损失区域集中、并发性强等多重特征。

6.1.2.2 家庭农场市场风险的形成原因

作为最重要的基础产业,农业由于自身的弱质性和生产的特殊性,使家庭农场在生产经营过程中面临着诸多风险,其中市场风险是最主要、最普遍的风险,形成的主要原因表现在以下几方面:

(1) 由农业生产特殊性形成的市场风险。家庭农场从事的生产领域是一个收益低、竞争力不强的农业领域,具有天生的弱质性,容易形成市场风险。其一,家庭农场的农业生产周期长、生产与销售的间隔长、农产品供求变化大、市场不确定性因素多。由于生产周期长,家庭农场产品供给相对于市场变化往往具有一定的滞后性;同时,受自然条件约束,农产品供给具有较强的季节性和集中性,使家庭农场很可能面临着供过于求的市场风险,从而导致家庭农场遭受较大的经济损失。长周期的农业生产投资使家庭农场难以及时转向,投资时市场行情看好,但收获时市场行情却急转直下,即使价格降至"地板价"也难以出售甚至越卖越亏,从而形成难以防范的市场风险。其二,农产品是特殊的消费品,相对于工业品而言保质期短得多。谷类作物(如稻谷、小麦、玉米、谷子、高粱等)的保存时间较长,相对容易储存,市场风险相对较小;而生鲜农产品(如瓜果蔬菜、动物肉类、花卉等)是鲜活产品,保质期短、容易腐烂变质,很可能因为产品过剩或销售不对路而烂在地里(如曾经发生的山东大白菜、海南香蕉等严重滞销现象)或养殖场里,从而使家庭农场损失惨重,苦不堪言,形成严重的市场风险。其三,家庭农场从原料、生产、加工到销售等各个环节的产业链条不长,产品深加工不够,导致其附加值低,市场竞争力弱,因而容易形成难以预测和防范的市场风险。其四,农产品价格波动是家庭农场面临的最主要市场风险,它既可能来源于农业生产资料价格和人工成本的上涨,也可能来源于农产品价格的下跌,还可能来源于生产成本上涨幅度高于农产品价格上涨幅度。由于生产周期较长以及市场反应的滞后性,农产品的价格波动更容易发生。随着市场化进程加快和农业保护政策放开,我国农产品价格波动的幅度和频率都会进一步放大,影响程度进一步加大,市场风险更加突出。

(2) 由信息不对称形成的市场风险。首先,农产品供给与需求的信息不对称,容易形成家庭农场的市场风险。一方面,农产品是生活必需品,需求价格弹性低,一旦满足了人们的基本需求,即使价格再降也难以刺激需求大幅增加,盲目生产就会产生农产品过剩。同时,农业生产的长周期性使农产品供给难以及时调整,从而导致农产品价格降低和家庭农场收入减少,形成"谷贱伤农"现象。

另一方面，尽管培育了一大批的适度规模经营的家庭农场、专业大户、农民合作社、农业产业化龙头企业等新型农业经营主体，但家庭联产承包责任制下的传统农户仍是生产主体，决定了以"小、散、广"为主要特征的传统生产模式难以适应大市场的发展要求。这种现实状态使势单力薄的单个家庭农场缺乏定价话语权，处于被动接受价格的不利地位，从而成为市场风险的承担者。其次，我国尚未形成系统、全面的农产品交易平台，缺乏准确、及时、全面、系统反映农产品生产、供求、价格、监测与预警的信息系统。同时，大部分家庭农场主的知识水平低，信息来源少，分析力、判断力和预测力弱，更加剧了农产品生产和销售的盲目性，难以适应农产品大市场快速变化的客观要求，从而进一步增大了家庭农场的市场风险。

（3）由风险分担和补偿机制缺乏形成的市场风险。首先，家庭农场主比较缺乏风险意识，对农业生产经营风险存在着较强的侥幸心理。为了降低生产成本，家庭农场主不愿意主动投保来降低和规避风险。同时，家庭农场也缺乏风险防范能力，近年来农业保险市场和农产品期货市场不断发展，但家庭农场主极少运用保险、期货等现代风险管理技术来防范市场风险，使市场导向为主的风险管理难以充分发挥其作用。大多数家庭农场主在市场风险面前处于被动状态，束手无策、听天由命。目前，由重大自然灾害所造成的农业损失主要依靠政府援助与社会救济，导致了家庭农场对政府和社会的强烈依赖，难以主动作为。而对于一般自然灾害和其他风险所造成的农业经济损失，政府有关部门迄今为止尚无赔偿或补偿政策，从而加大了家庭农场生产经营的市场风险。其次，由于经济利益驱动，保险公司因参加涉农保险的收益低而不愿意承保农险。同时，农业属于高风险、低收益的产业，保险公司承保的涉农保险规模小、风险大、客户分散、涉及面广，并且发生时间相对集中。一旦发生较大灾害，保险公司会入不敷出，遭受较大经济损失。最后，我国目前缺乏科学有效的风险分担和补偿机制，保险公司从事农险的积极性低，缺乏参与农险的内在动力，从而使家庭农场的市场风险更加难以防范和规避。

（4）由国际农产品市场风险传递形成的市场风险。经济全球化、市场国际化以及贸易自由化的趋势越来越明显，农产品市场不仅面临着国内竞争，也面临着国际竞争。农产品是国际大宗商品，国际农产品市场的价格波动、政策调整、市场操纵等多方面风险会通过国际贸易传递到国内，进一步加剧了家庭农场的市场风险。一方面，随着市场化进程不断推进，农产品经营主体不断增多，农产品（如粮食）收购由过去的国企收购转变为经纪人、国内粮商和国际粮商共同参与，农产品市场的宏观调控更为艰难；另一方面，加入WTO前，基于粮食安全的重要性，我国长期通过较高的进口关税（如1999年对稻米、大豆等征收高达

180%的普通关税，另征17%的进口增值税）和复杂的非关税措施（如进口许可证、进口配额等）来保护国内农业。2001年加入WTO后，我国逐步放开了农产品市场，农产品失去了非关税保护手段，国家对农产品出口的补贴逐年减少，国际农产品对我国农产品市场的冲击加大。2015年，我国农产品进出口总额达到1875.6亿美元，其中出口706.8亿美元，进口1168.8亿美元，贸易逆差高达462.0亿美元。因此，国内风险和国际风险的叠加效应将使我国农业"小生产"与"大市场"的弊端进一步凸显，质优价廉的国际农产品对国内农产品市场形成的威胁越来越明显，农业生产销售的形势越来越严峻，家庭农场的市场风险更趋复杂。

（5）由农产品投机形成的市场风险。随着传统农业向现代农业的转型，农产品的商品化率不断提高，价格的异常波动也越来越频繁，已经引起了社会的高度关注。近年来，在资本逐利性的驱动下，从股市、楼市等投资领域抽出的社会游资频频狙击农产品市场，他们利用生姜、绿豆、大蒜、苹果等农产品产地集中、季节性强、产量下降和市场信息不对称等特点，恶意囤积、哄抬物价，导致少数农产品的价格出现暴涨暴跌，"姜你军""豆你玩""蒜你狠""苹什么"等现象粉墨登场。少数农产品价格过山车般的变化，使跟风种植养殖的家庭农场深受其害，导致在生产与销售之间难以快速转换的家庭农场遭受了较大经济损失，市场风险进一步凸显。

（6）由保护政策退出和调整形成的市场风险。改革开放以来，我国市场化改革趋向稳步推进，价格管制逐步放开，竞争机制逐步引入。计划经济时代农产品的统购统销政策完全退出，多层次、多渠道、多形式的农产品流通体系正在形成，农产品市场流通主体日趋多元化，市场的决定性作用正在显现。当前，农药、化肥、农用柴油等关键农业生产资料的价格远远高于国际市场，导致价格倒挂，不断推高粮价。同时，按照现行流通体制，粮食收储企业只能采取顺价销售，由于利益驱动，许多贸易商、粮食加工企业更愿意采购国外的低价粮，从而导致国内粮库"压力大"，出现粮食进口激增和市场严重扭曲的尴尬现实。因此，我国将进一步改革农产品价格形成机制，积极探索"市场化定价+直接补贴"的价补分离机制，由增产导向向供求平衡、竞争力提升方向转变，生产者随行就市出售农产品，各类市场主体自主入市收购，价格充分体现市场形成机制。在这种发展趋势下，因为联结生产者和消费者的信息系统尚未完全建立，农产品供求、价格等重要信息不能准确及时传递，加之农业产业化水平低、生产者市场分析能力差、大宗农产品价格高、出口竞争力弱，从而导致进口激增、顺价难销和高仓满储的现实困境。基于此，市场倒逼我国农业保护政策将逐步退出和适度调整，使家庭农场面临的市场风险更为突出。

· 103 ·

6.1.3 家庭农场失地风险的生成及其形成原因

在土地承包经营权抵押融资过程中,家庭农场通过土地流转获取一定数量的土地进行适度规模经营,然后把土地承包经营权抵押给金融机构来获得生产经营所需要的资金,这是一个令人期待的农村金融服务创新。但是,家庭农场作为借款人可能因为生产经营失败而无法偿还贷款,导致抵押的土地承包经营权被银行收回,从而形成家庭农场的失地风险。家庭农场失地风险是多种复杂因素共同作用的结果,其中包括自然条件(如洪涝灾害、高温干旱等因素导致的农业减产或绝产)、市场竞争(如盲目跟风导致的生产过剩)、信息渠道(如信息不对称导致的产品供求失衡)、技术支持(如技术落后导致的禽兽瘟疫)、管理水平(如管理落后导致的成本高企)、投资决策(如投资决策失误导致的入不敷出)等因素及其叠加形成的,既有主观因素,也有客观因素,而这些因素是很难预测和控制的。然而,家庭农场的失地风险一旦发生,就意味着家庭农场将背负沉重的债务负担,也意味着家庭农场的生产发展条件丧失,因此家庭农场会遭受致命打击和严重损失。

6.1.4 家庭农场土地流转风险的生成及其形成原因

2016年出台并实施的《关于完善农村土地所有权承包权经营权分置办法的意见》将土地承包经营权分为承包权和经营权,形成了所有权、承包权、经营权的"三权分置"格局。同时要求坚持农村土地集体所有权,严格保护农户承包权,赋予经营主体更有保障的土地经营权。

根据相关法律规定,土地承包经营权由家庭承包方式和其他方式取得。传统农户的土地规模小导致零星、分散和"碎片化"现象十分突出,使每人平均1亩左右的土地抵押价值偏低。因此,家庭农场、种植及养殖大户、专业合作社或农业龙头企业只有通过土地流转才能形成适度规模经营。随着相关支持政策的出台和实施,我国土地承包经营权流转数量不断增多,家庭农场以流转方式取得的土地承包经营权的规模也不断扩大,并成为土地承包经营权抵押融资的重要力量。

但是,在土地流转过程中,流转不规范让家庭农场暗藏隐患、心生顾虑。按照相关规定,土地承包经营权抵押融资需要经过土地所有者(农村集体)和承包方(农户)同意,然而土地承包方(农户)与流转方(家庭农场)之间的利益是难以协调的,其中风险也是难以防范的。与此同时,提供抵押的土地承包经营权在抵押融资前需办理规范的抵押登记,并有合法的承包和流转经营的书面协议,但家庭农场在土地流转的实际过程中仅仅是口头约定,土地流转的双方权益难以得到法律的有效保障。加之，家庭农场主的文化素质偏低，对土地承包经营权抵押融资的相关条款难以准确理解，对土地流转和抵押融资的权利和义务难以正确解读，顾虑重重。一旦出现分歧和问题后，土地承包方（农户）甚至"出尔反尔""胡搅蛮缠"，从而形成家庭农场的土地流转风险。因此，部分家庭农场宁可选择成本更高的商业贷款或民间融资来满足资金需求，进而制约了家庭农场参与土地承包经营权抵押融资的主动性和积极性。

6.2 土地承包经营权抵押融资的资金供给方（银行金融机构）的风险生成及其形成原因

土地承包经营权抵押融资盘活了农村土地资产，打通了农民"贷款难"与银行"放贷慎"之间的制度通道，在很大程度上缓解了家庭农场"融资难、融资贵"的问题。经过试点，土地承包经营权抵押融资凸显出"速度快、范围广、期限长、成本低"的明显优势。然而，由于土地承包经营权抵押融资的特殊性，作为资金供给方的银行金融机构也承担着较大风险。

6.2.1 银行金融机构经营风险的生成及其形成原因

家庭农场是适度规模的新型农业经营主体，生产经营周期长、资金需求量大，所需资金对银行金融机构的依赖度高。在生产经营过程中，家庭农场资金需求的阶段性和连续性特征十分明显。家庭农场在生产经营初期的较大融资需求，主要用于支付土地流转、种子、化肥、农药以及大型农机具等农业生产资料费用，同时需要支付土地平整等人工费用；家庭农场在生产经营中期的较大融资需求，主要用于支付满足专业化、规模化程度不断提高的储存仓库、规模扩大、生产技术、农田水利等资金需求；家庭农场在生产经营后期的较大融资需求，主要用于支付农产品成熟时的加工、销售、流动资金、物流成本、市场开拓等方面的资金需求。因此，家庭农场的融资期限由短期向中长期转变，融资额度由小额向较大额度转变，融资间隔由间断性向连续性转变，其中任何一个环节出现脱节，都可能导致家庭农场的生产经营中断，导致经营困难。与此同时，生产经营周期长，自然条件、市场环境等影响因素多，造成家庭农场土地承包经营权抵押融资的预期收益不稳定。作为核心生产资料的土地承包经营权，是家庭农场收入的最主要来源，如果未达到预期收益，很可能导致家庭农场无法偿还到期的抵押债务，从而形成银行金融机构的经营风险。

6.2.2 银行金融机构流动性风险的生成及其形成原因

由于农业生产受自然风险、市场风险以及季节性等复杂因素影响，家庭农场的偿付困难时有发生，导致银行金融机构因开展土地承包经营权抵押融资而产生大量的不良资产。当家庭农场不能按时履行还款义务时，银行金融机构可以采取转让（通过交易市场进行转让来清偿贷款本息）、变更（通过变更土地经营人，由新的土地经营人来履行还款义务）、变现（依法通过抵押财产折价或者拍卖、变卖所得的收入优先受偿）、诉讼（当不能协商处置抵押的土地承包经营权时，可以通过诉讼方式来解决）等合法手段来处置抵押的土地承包经营权。然而，目前我国土地流转市场发育缓慢，还没建立起完善的土地承包经营权交易平台和信息系统，流转中介缺乏，土地流转大多在农村集体内部实现。诸多限制很可能使银行取得的土地承包经营权最终不能成功"再流转"。如果土地承包经营权抵押融资出现违约，银行金融机构很难处置抵押的土地承包经营权，导致抵押物变现难以实现，从而生成银行金融机构的流动性风险。《商业银行法》第43条规定，商业银行在我国境内不得向非自用不动产投资。当家庭农场的土地承包经营权抵押融资出现违约时，银行也只能想办法"再流转"，若无法顺利"再流转"便无法有效利用。在"再流转"期间，失去经营权的家庭农场也无法利用该土地，从而导致土地资源浪费。与此同时，《土地管理法》第37条明确规定，禁止任何单位和个人闲置、荒芜耕地。连续2年弃耕抛荒的承包单位或者个人，应当由原发包单位收回耕地。以上法律规定，让银行金融机构对违约的土地承包经营权进退两难，十分尴尬，成为"烫手山芋"。

土地承包经营权的价值评估应该充分考虑经营权及其租金实际支付的剩余期限、流转价款、支付价款、地面作物的预期收益等因素，然而预期收益具有不确定性，其评估难度可想而知。同时，土地承包经营权"再流转"难，如果借款的家庭农场主违约跑路，抵押的土地承包经营权难以实现"再流转"，即使勉强流转也难抵贷款。加之，在土地承包经营权"再流转"过程中，可能遭受土地承包人和经营人的无理取闹，其他经营主体的接手意愿也大为降低，从而增加土地承包经营权的"再流转"难度，形成银行金融机构的流动性风险。另外，土地承包经营权的抵押和"再流转"登记均需相关村民签字，登记流程和程序十分烦琐复杂。为了最大限度降低风险，实现风险可控，并有效协调土地承包方与流转方之间的利益关系，银行金融机构会在受理土地承包经营权抵押融资时设定严格限制和繁杂手续。

6.2.3 银行金融机构责任风险的生成及其形成原因

相对于其他抵押贷款而言，土地承包经营权抵押贷款是家庭农场的一种新型融资工具，仍处于试点过程中，没有固定的模式和现成的经验，银行金融机构也在不断探索和总结经验。在土地承包经营权抵押融资过程中，银行金融机构面临着很多潜在风险，其中受到工作人员的数量、责任心、业务水平以及人情关系等因素影响，银行金融机构难免会形成一定的责任风险。

银行金融机构责任风险形成的主要原因包括：首先，从客观上讲，银行金融机构的人手有限，难以对大量的土地承包经营权抵押融资进行深入、细致的调查。由于农业生产周期长、影响因素多而且变化快，银行工作人员要做到全方位、全过程监控几乎是不可能的，从而形成银行与家庭农场之间的信息不对称风险。其次，从主观上讲，少数银行工作人员缺乏责任心，未对家庭农场土地承包经营权的融资项目进行深入细致的了解，对其基本情况掌握不准确、不全面，难以运用科学的评估方法对土地承包经营权抵押价值进行合理评估，价值评估带有较强的随意性和片面性，从而形成主观上的责任风险。同时，由于业务水平参差不齐，相关专业知识缺乏，少数银行工作人员对土地承包经营权抵押融资的项目前景和预期收益难以进行正确评估，特别对未来发展趋势和市场变动情况更是难以准确预判，进而形成银行工作人员由于业务水平不强而造成的责任风险。另外，在土地承包经营权抵押融资过程中，银行工作人员更容易受到亲朋好友的人情关系、甜言蜜语和利益引诱等因素影响，对土地承包经营权抵押融资难以进行严格的审核和监控，对评估价值难以公平、公正、公开，从而形成银行金融机构难以防范的责任风险。

6.2.4 银行金融机构道德风险的生成及其形成原因

目前，银行金融机构发放家庭农场土地承包经营权抵押融资的依据，不是基于承包地本身的价值，而是基于对家庭农场投资项目的效益评估。对于资信良好、经营效益前景好的家庭农场，银行金融机构一般会给予较大额度的信贷支持；对于信用不良、经营效益差的家庭农场，即使有大面积的抵押土地，银行金融机构也可能减少或拒绝信贷支持。这是因为，少数家庭农场主的信用观念淡薄，道德品质有问题，从而使银行金融机构面临着难以预防的道德风险。首先，少数家庭农场主为了达到获取土地承包经营权抵押融资的目的，可能通过提供虚假信息来骗取贷款；其次，由于监管的疏忽和困难，少数家庭农场主获得土地承包经营权抵押贷款后，不按预定用途使用，而把贷款挪到风险更大的其他领域，从而使银行金融机构面临着更大风险；最后，少数家庭农场主由于道德品质败坏，甚至想尽办法钻法律上的漏洞，千方百计地逃避贷款，从而使银行金融机构面临恶意的道德风险。

6.2.5 银行金融机构法律及政策风险的生成及其形成原因

土地承包经营权抵押融资工作试点以来，特别是2015年国务院出台了《关于开展农村承包土地的经营权和农民住房财产权抵押贷款试点的指导意见》以来，全国各地积极开展农村土地承包经营权抵押融资工作。然而，由于政策的不完善和法律修订的滞后，土地承包经营权抵押融资缺乏充分的政策及法律保障，银行金融机构面临着潜在的政策及法律风险。

6.2.5.1 银行金融机构法律风险的生成及其形成原因

土地承包经营权抵押融资政策的惠农效果好，对银行金融机构也有一定的吸引力。然而，土地承包经营权抵押融资是在农村融资需求的现实驱动及政府的政策推动下产生的，政策出台并不意味着马上具有法律保障。政策的及时性与法律的滞后性所形成的时间差，产生了土地承包经营权抵押融资的现实法律障碍。从政策上看，近年来出台的《关于引导农村土地经营权有序流转发展农业适度规模经营的意见》《关于开展农村承包土地的经营权和农民住房财产权抵押贷款试点的指导意见》和《关于完善农村土地所有权承包权经营权分置办法的意见》等已经为土地流转及其经营权抵押融资提供了政策支持。然而，作为保障民生的特殊物权，土地承包经营权流转和抵押在现行法律框架下存在着诸多障碍。根据我国《担保法》《物权法》等相关法律及其司法解释，土地承包经营权抵押在现行法律上是禁止的，目前仅是在政策上已经突破和允许试点。如果试点涉及突破相关法律条款，需由国务院按程序提请全国人大常委会授权，并允许试点地区在试点期间暂停执行相关法律条款。但是，意见只是暂时调整，并且仅限于试点时间和试点地区，试点时间和试点地区之外则具有较大的不确定性。因此，由于法律没有及时跟进和修订完善，一旦发生违约纠纷（特别在非试点地区），产生法律诉讼，土地承包经营权抵押融资合同就不具有法律效力，银行金融机构开展土地承包经营权抵押融资业务就得不到现行法律的任何支持，从而形成潜在的法律风险。与此同时，由于土地承包经营权的流转和抵押十分敏感，它涉及面广、社会影响大，需要经过广泛试点、反复论证、认真总结才能进行科学的修改和完善，从而在国家法律法规层面上取得突破。但是，在修订的法律法规正式出台之前，土地承包经营权抵押融资仍然存在着较大的法律风险。

6.2.5.2 银行金融机构政策风险的生成及其形成原因

适度规模经营的蔬菜大棚、果园、厂房、大型农机具、应收账款等资产，难以成为银行金融机构认可的有效抵押物。为了使土地承包经营权抵押融资工作深入推进，应该加大政策支持力度，降低或减免银行金融机构开展土地承包经营抵押融资业务的税率，同时对从事该业务的银行金融机构在资本充足率、存款准备金率、风险容忍度等监管指标上给予适当倾斜。由于农业生产经营抵御风险的能力弱，涉农保险业务尚未全面开展，如果遇到自然灾害或市场风险将给开展土地承包经营权抵押融资业务的银行金融机构带来难以预见的风险隐患，从而制约了该业务的进一步开展。同时，由于农业是天生的弱质产业，涉农保险费率偏低，经营风险高，因此以盈利为目标的商业性保险机构开办农险的积极性不高，而政策性农业保险仅覆盖有限的种植和养殖行业。另外，农业保险涉及面广、工作量大、程序繁杂、理赔难度高，需要投入大量的人力物力，因此涉农保险业务难以开展。为了降低银行金融机构开展土地承包经营权抵押融资业务的风险，应该将涉农保险与涉农信贷有机结合，鼓励家庭农场对土地承包经营权抵押物进行投保，形成保单与抵押贷款相融合的创新模式。为了进一步激励银行金融机构贷款，还要充分发挥社会担保机构的担保服务作用，可以设立由政府主导，适度规模的新型农业经营主体（包括家庭农场在内）加盟，实行市场化运作的政策性担保机构，为土地承包经营权再流转兜底，形成担保与抵押贷款相融合的创新模式。

目前，土地承包经营权抵押在银行贷款五分评价体系中属风险权重较高类别，银行金融机构对该业务持审慎态度。加之土地流转和抵押融资市场发展缓慢，土地承包经营权的登记、评估、交易和信息平台不健全，中介机构、评估人员、评估方法和评估范围不规范，难以形成借贷双方认可的评估价值，致使银行金融机构和家庭农场的权益均难以得到有效保障，从而降低了双方的参与热情。因此，在尚未建立健全相关的配套政策、成熟的土地流转市场以及设立专项风险基金时，银行金融机构面临着较大的政策风险。

6.3 土地承包经营权抵押融资的风险衡量

由前面的研究可知，农村土地承包经营权抵押融资存在着较大的潜在风险，必须对其进行科学衡量和机制设计，才能有效地防范和控制金融风险，增强其内生动力，使该业务顺利推进，更好地促进家庭农场健康发展。为了更好地衡量土地承包经营权抵押融资风险，此处以重庆市为例对风险进行测算。截至2015年底，重庆市累计发放土地承包经营权抵押融资的规模达到167.2亿元。根据央行发布的《2015年第四季度中国货币政策执行报告》，截至2015年末，全国涉农金融机构的农村信用社（含农村商业银行、农村合作银行）不良贷款比例为

4.3%，资本充足率为11.6%。如果按不良率4.3%来测算，估计重庆市农村土地承包经营权抵押融资的不良资产为7.19亿元。农村土地承包经营权的变现能力弱，同时银行金融机构没有专门人员对其进行经营管理，因此假定银行金融机构愿意把开展土地承包经营权抵押融资业务产生的不良资产折价转让给农村资产经营管理公司。假设农村资产经营管理公司按照通常60%~70%的比例折价收购农村土地承包经营权不良资产，则银行金融机构可以得到4.31亿~5.03亿元农村土地承包经营权不良资产的转让价款，由此可得，银行金融机构因开展农村土地承包经营权抵押融资所导致的损失为2.88亿~2.16亿元。根据重庆市《关于开展农村土地承包经营权、居民房屋和林权抵押贷款及农户小额信用贷款工作的实施意见（试行）》，市、区县（自治县）两级财政出资设立全市农村产权抵押融资风险补偿专项资金，对经办银行因发放农村土地承包经营权抵押贷款而产生的损失进行补偿，补偿比例为35%，其中市级承担20%、区县（自治县）承担15%，所以市级和区县财政补偿金的发放总额为0.76亿~1.01亿元，因此银行因开展土地承包经营权抵押融资业务而产生的最终损失金额为1.40亿~1.87亿元，其对应的损失率为0.84%~1.12%。

2015年我国主要涉农金融机构（含农村商业银行、农村信用社、农村合作银行）各季度的盈利水平状况分别为1.40%、1.32%、1.26%及1.11%，由此可以得到2015年我国主要涉农金融机构的平均资产利润率（此处平均利润率按简单算术平均数来计算）为1.27%。2015年重庆市累计发放的农村土地承包经营权抵押贷款为167.2亿元，如果按1.27%的平均资产利润率（ROA）计算，重庆市涉农金融机构可以获得利润2.12亿元，能够补偿涉农金融机构因发放农村土地承包经营权抵押贷款而产生的最终损失1.40亿~1.87亿元，能够产生利润0.25亿~0.72亿元。因此，涉农金融机构不会因发放农村土地承包经营权抵押贷款而产生巨大损失，更重要的是，涉农金融机构还完成了服务"三农"经济的社会使命。

由此可见，基于我国"三农"问题的重要性、农村金融的短缺性和家庭农场的特殊性，积极探索与家庭农场发展相适应的新型融资工具是非常必要的，而土地承包经营权抵押融资是与家庭农场等新型农业经营主体相匹配的农村金融服务创新。然而，由于土地承包经营权抵押融资存在着较大的潜在风险，降低了金融机构和家庭农场的参与热情。土地承包经营权抵押融资的资金需求方（家庭农场）和资金供给方（银行金融机构）的风险生成及其形成原因是多方面的，既有客观原因，也有主观原因。因此，必须对家庭农场土地承包经营权抵押融资进行制度安排和机制设计，形成科学的风险分担和补偿机制。为了使土地承包经营权抵押融资政策的试点工作顺利推进，政府要站在统筹城乡发展的战略高度，构建家庭农场土地承包经营权抵押融资的市场化路径支持,按照市场化运行模式来构建政策性的农村资产经营管理公司来折价收购、管理和科学处置抵押物,建立起家庭农场土地承包经营权抵押融资的长效机制,激励银行金融机构参与其中,更好地为家庭农场等新型农业经营主体的发展提供金融支持。

7 家庭农场土地承包经营权抵押融资的机制设计及制度安排

家庭农场是实现农业适度规模经营的重要载体之一，对于农民增收、农业增效和农村发展具有重要意义。在培育和发展过程中，家庭农场需要进行土地的有序流转和大量的资金投入，必须进行合理融资。为了缓解家庭农场的融资困境，国家出台了土地承包经营权的抵押融资政策，然而效果不甚理想。为了促进土地承包经营权抵押融资工作的顺利开展，需要从融资的途径选择机制、动力机制和激励机制三个层面进行科学的机制设计，同时作出合理的制度安排，形成长效机制，来激发土地承包经营权抵押融资参与方的内在动力，促进家庭农场的健康发展。

7.1 家庭农场参与土地承包经营权抵押融资途径的选择机制及设计

7.1.1 家庭农场参与土地承包经营权抵押融资途径的模型选择

家庭农场受到理性约束，这种行为是幼稚的，决定了其投资决策不是通过迅速的最优化计算得到的，而是经过一个较长时间的学习和模仿的过程。从家庭农场的融资途径看，可分为内源融资和外源融资。内源融资是通过家庭积累资金的途径来获得资金，而有限的内源融资很难满足家庭农场发展的资金需求。外源融资（如银行金融机构、非银行金融机构、民间借贷等途径）是家庭农场的重要融资途径。因此，除了自有资金和向亲邻借入所需资金外，目前家庭农场需要在银行正规金融机构和民间借贷非正规金融机构之间进行融资选择。

进化博弈论是一种将经典博弈理论和生态进化理论相结合而形成的一种研究

理论，它假设参与人的群体行为是有限理性的，并利用动态分析方法将影响参与人决策行为的各种因素纳入分析模型中，最后以系统论的思想从整体来考察参与人群体行为的演变趋势。

在进化博弈论的研究方法中，每个参与人都没有特定的博弈对手，都是从群体中随机抽取并进行重复、匿名博弈。在这种情况下，获得决策信息主要有三种途径：一是通过不断重复的博弈来积累自己的经验以直接获得决策信息；二是通过对其他主体在相似环境中决策行为的观察并模仿而间接获得决策信息；三是通过对群体博弈历史的观察，从群体分布中获得决策信息。对每个参与人来讲，观察群体行为的历史分布是非常重要的。首先，群体分布可以清晰体现对手的选择策略；其次，通过观察群体分布可以帮助参与人判断什么是好的策略，什么是不好的策略。参与人通常会模仿好的策略而放弃不好的策略，这样就使得次优的策略在博弈过程中逐渐被淘汰。由于参与人的决策需要经过一定的适应性调整，在调整过程中参与人会受到各种确定性和不确定性的因素影响，因此，进化博弈论可以运用达到均衡过程的函数来表达系统均衡，要准确地分析参与人的行为，就必须同时考察参与人决策行为的动态调整过程。

家庭农场在正规金融机构与非正规金融机构之间的融资选择是一个时间较长的动态博弈过程。由前面3.1.2节的问卷调查可知，在生产经营过程中，有87%的家庭农场普遍存在着资金困难，高达81%的家庭农场融资需求未能满足，融资难迫使家庭农场对融资途径进行艰难选择。因此，本部分将运用进化博弈模型来动态考察家庭农场在资金充裕或资金紧缺两种情况下对融资机构的动态选择，以建立科学的长效机制来解决家庭农场的融资难题。

7.1.2　家庭农场参与土地承包经营权抵押融资途径的模型假设

所有家庭农场同质，拥有的自有土地可以获得生产收益为 U，外出务工的机会成本为 V。

家庭农场产出的农产品平均销售价格为 $\bar{P}$。

通过土地流转，家庭农场新增的流转土地数量为 T，单位流转土地因融资而增加的成本为 C。每个家庭农场具有相同的边际收益函数 $MRP(T) = \bar{P} \cdot MP(T)$，且其边际产出 $MP(T)$ 呈递减效应。

7.1.3　家庭农场参与土地承包经营权抵押融资途径选择的进化博弈结果

7.1.3.1　在资金充裕条件下，家庭农场新增流转土地投资的期望收益模型

由以上假设，可得家庭农场的期望收益为：

$$R(T) = U + \int_0^T MRP(t)\,dt - C \cdot T - V \tag{7-1}$$

由最大期望收益条件：$dR/dT = MRP(T) - C = 0$ 和 $d^2R/dT^2 = dMRP(T)/dT \leq 0$，可得：当 $MRP(T) = C$ 时，家庭农场可获得最大期望收益。为了简化模型，假定 MRP 与 T 之间呈一次线性关系，则可构建线性函数：

$$\frac{MRP(T) - R_0}{T - 0} = \frac{0 - R_0}{T_1 - 0} \quad (7-2)$$

R_0 表示当新增流转土地 $T = 0$ 时边际收益函数 $MRP(T)$ 的取值，T_1 表示当 $MRP(T) = 0$ 时家庭农场新增流转土地的数量。当家庭农场通过流转的新增土地数量为 $T = \frac{T_1}{R_0}(R_0 - C)$ 时，家庭农场可以获得最大期望收益：$R = U + \frac{1}{2} \cdot \frac{T_1}{R_0} (R_0 - C)^2 - V$。

由此可见，家庭农场新增流转土地的单位融资成本（C）会直接影响土地流转给家庭农场带来的期望收益，从而影响家庭农场的投资决策。

7.1.3.2 在资金紧缺条件下，家庭农场融资的期望收益模型

农村金融的短缺性、风险性、复杂性和信息不对称等原因导致了银行正规金融机构对家庭农场"惜贷"，从而形成了家庭农场"融资难、融资贵"等现实困境，使融资需求难以得到满足。

在资金紧缺条件下，为了进一步深入研究家庭农场融资困境的形成机理，我们假定家庭农场因土地流转选择银行正规金融机构融资的户数占总户数的比例为 X，银行正规金融机构对其实际贷款额度与均衡时每户家庭农场所需资金额度的比例为 $(1 - \lambda X)$，其中 λ 为银行正规金融机构满足每户家庭农场所需资金的弹性系数（$0 < \lambda < 1$），λ 越大说明家庭农场从银行正规金融机构的融资需求额度越难以满足，因为需要融资的家庭农场户数越多，则每户家庭农场实际可以获得的贷款额度就越小。假定家庭农场向银行正规金融机构支付的新增流转土地的单位融资成本为 C_A（$0 < C_A < R_0$），此时家庭农场的期望收益为：

$$R_A(T') = U + \int_0^{T'} MRP(t) dt - C_A \cdot T' - V \quad (7-3)$$

其中，$T' = (1 - \lambda X) T_A$。同理可知，T_A 由最大值条件 $MRP(T_A) = C_A$ 决定，代入式（7-2）可得家庭农场的最大期望收益为：

$$R_A = U + \frac{1}{2} \cdot \frac{T_1}{R_0}(1 - \lambda^2 X^2)(R_0 - C_A)^2 - V \quad (7-4)$$

与前面资金充裕的情形相比，此时家庭农场新增流转土地损失的潜在效用为：

$$\Delta R = \int_{T'}^{T_A} [MRP(t) - C_A] dt = \frac{1}{2} \cdot \frac{T_1}{R_0} \lambda^2 X^2 (R_0 - C_A)^2 \quad (7-5)$$

其潜在损失效用情况见图 7-1 中的阴影部分 ΔR。

7 家庭农场土地承包经营权抵押融资的机制设计及制度安排

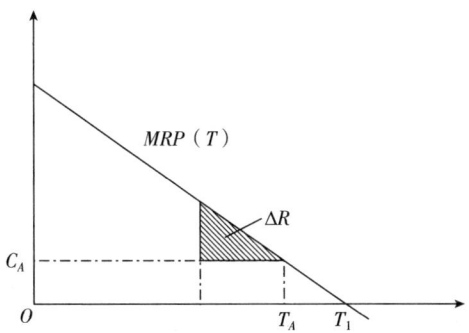

图 7-1 家庭农场新增流转土地的潜在效用损失

由此可见,在资金紧缺的条件下,家庭农场损失了一部分新增流转土地的潜在效用,没有达到前面均衡状态时的最优水平。因此,在一般情况下,由于资金缺乏,家庭农场会通过融资来提高生产经营的效用水平。

7.1.3.3 家庭农场在银行正规金融与民间借贷非正规金融之间进行融资途径选择的进化博弈分析

银行正规金融机构是家庭农场的一种融资途径,民间借贷非正规金融机构是家庭农场的另一种融资途径。与银行正规金融机构主要通过限制贷款额度(规模)来降低融资风险的方式不同,民间借贷则选择灵活的高利率模式来满足家庭农场的融资需求。

为了比较两种融资途径对家庭农场的影响差异,我们假定家庭农场通过民间借贷支付的新增流转土地单位融资成本为 C_B($C_A < C_B < R_0$,基于民间借贷利率高于银行正规金融机构利率的现实考虑)。由于实行高利率,民间借贷愿意为家庭农场提供充足的资金支持,因此家庭农场的期望收益为(与前面资金充裕条件情况一致):

$$R_B(T_B) = U + \int_0^{T_B} MRP(t)\,dt - C_B \cdot T_B - V \tag{7-6}$$

同理,T_B 由最大值条件 $MRP(T_B) = C_B$ 决定,代入式(7-2)可以得到家庭农场获得的最大期望收益为:

$$R_B = U + \frac{1}{2} \cdot \frac{T_1}{R_0}(R_0 - C_B)^2 - V \tag{7-7}$$

由于家庭农场的主要外源融资途径包括银行正规金融和民间借贷非正规金融两种途径,所以其策略空间包括:"银行正规金融融资"策略和"民间借贷融资"策略,局中人——家庭农场之间经过多次重复博弈,最终会达到进化稳定策略。在经济利益驱动下,收益较低的家庭农场通过学习和模仿会逐渐改变自己的融资策略，模仿（转向）有较高收益的融资策略，因此在家庭农场群体中采用不同策略的成员比例会不断发生变化。家庭农场融资策略类型比例的变化速度取决于其学习模仿速度，受两个主要因素影响：一是模仿的难易程度，由模仿对象类型的占比表示；二是模仿行为的激励大小，由模仿对象的策略收益与平均收益的差值表示，由此可以建立以下复制动态方程：

$$F(X) = dX/dt = K \cdot X \cdot (R_A - \bar{R}) \tag{7-8}$$

其中 $K>0$ 为常数，家庭农场的平均收益为 $\bar{R} = XR_A + (1-X)R_B$。令 $F(X) = 0$，式（7-4）和式（7-7）代入式（7-8）可求得复制动态方程的均衡点：$X_1 = 0$、$X_2 = 1$、$X_3 = \frac{1}{\lambda}\sqrt{1 - \frac{(R_0 - C_B)^2}{(R_0 - C_A)^2}}$。根据前面对银行正规金融机构融资成本（$C_A$）和民间借贷融资成本（$C_B$）的假设，可知 C_B 大小介于 C_A 与新增土地最高边际收益 R_0 之间，故 $X_3 > 0$，我们可以分为以下两种情形进行讨论：

第一种情形：$\frac{1}{\lambda}\sqrt{1 - \frac{(R_0 - C_B)^2}{(R_0 - C_A)^2}} < 1$。当 $0 < X < X_3$ 时，$F(X) = dX/dt > 0$，则 X 呈不断上升趋势。此时，由于参与银行正规金融机构融资的家庭农场较少，银行正规金融机构的可贷资金相对充裕，家庭农场能够以较低成本获得较多的资金支持，所以通过银行正规金融机构融资的家庭农场户数增多。显然，均衡点 $X_1 = 0$ 不是进化稳定策略，因为任何随机扰动都会使后阶段的博弈结果迅速增大，进而偏离该点。当 $X_3 < X < 1$ 时，$F(X) = dX/dt < 0$，则 X 呈不断下降趋势。此时，由于参与银行正规金融机构融资的家庭农场较多，银行正规金融机构的可贷资金相对紧张，具有较低融资成本的家庭农场通过银行正规金融机构只能获得少量资金，所以部分家庭农场就会转向民间借贷非正规金融机构来满足融资需求。同理，均衡点 $X_2 = 1$ 也不是进化稳定策略。因此，$X^* = X_3 = \frac{1}{\lambda}\sqrt{1 - \frac{(R_0 - C_B)^2}{(R_0 - C_A)^2}}$ 是该博弈的唯一进化稳定策略，因为任何随机扰动所引起的偏离，经过反复博弈后都会趋向该均衡点。同时，家庭农场新增流转土地对应损失的潜在效用为：$\Delta R^* = \frac{1}{2} \cdot \frac{T_1}{R_0} \lambda^2 X_3^2 (R_0 - C_A)^2 = \frac{1}{2} \cdot \frac{T_1}{R_0} [(R_0 - C_A)^2 - (R_0 - C_B)^2]$。

第二种情形：$\frac{1}{\lambda}\sqrt{1 - \frac{(R_0 - C_B)^2}{(R_0 - C_A)^2}} \geq 1$。当 $0 < X < 1$ 时，$F(X) = dX/dt > 0$，则 X 呈不断上升趋势。此时，由于民间借贷非正规金融机构的融资成本过高，所

有家庭农场都会选择银行正规金融机构的不足量融资,故均衡点 $X_2=1$ 是该博弈的唯一进化稳定策略。同时,家庭农场新增流转土地对应损失的潜在效用为:$\Delta R' = \frac{1}{2} \cdot \frac{T_1}{R_0} \lambda^2 (R_0 - C_A)^2$。然而,该情况在现实生活中难以持久,因为大量闲置的民间借贷资金必然会根据市场需求来迅速调整其利率水平以获取利息收益,进而破坏该均衡状况。

7.1.4 家庭农场参与土地承包经营权抵押融资途径选择的机制设计

由以上进化博弈模型的均衡结果可知,X^* 均衡值取决于三个主要影响因素:①家庭农场向银行正规金融机构支付的新增流转土地单位融资成本(C_A),其值越低则家庭农场选择银行正规金融机构融资的占比就越高;②银行正规金融机构满足每户家庭农场所需资金的弹性系数(λ),其值越高则由银行正规金融机构融资转向民间借贷融资的家庭农场就越多,其占比就越低;③相对于银行正规金融机构的新增流转土地单位融资成本而言,民间融资的新增流转土地单位融资成本(C_B)越高则家庭农场选择银行正规金融机构融资的占比就越高。因此,对于家庭农场参与土地承包经营权抵押融资的途径选择,我们进行以下机制设计:

第一,银行正规金融机构适当降低家庭农场支付的新增流转土地单位融资成本(C_A)。一方面,国家高度重视"三农"问题,银行正规金融机构应该在支持农村经济发展中有所作为;另一方面,对于适度规模经营的家庭农场,国家要求和鼓励银行正规金融机构在贷款的期限、额度和利率等方面提供优惠,以降低家庭农场等新型农业经营主体的融资成本,促使其健康发展。

第二,银行正规金融机构可以适当降低单个家庭农场所需资金的弹性系数(λ),来提高家庭农场整体融资需求的满足度,从而使土地承包经营权抵押融资的金融政策支持对数量庞大的家庭农场更加"普惠"。实际上,在国家政策导向和经济利益驱动下,银行正规金融机构具有为家庭农场提供资金支持的主观愿望,但动力不足。其原因在于可贷资金规模有限,银行正规金融机构更愿意把有限资金投放在收益更高的非农领域。因此,国家要出台相应的优惠政策(包括优惠的税收政策、信贷政策等),鼓励银行正规金融机构对家庭农场等新型农业经营主体的放贷支持,扩大资金支持的覆盖面和家庭农场的受惠面,更好地满足家庭农场的融资需求。

第三,作为市场主体的银行正规金融机构,保证资金安全是最重要的经营原则。银行正规金融机构防范信贷风险的有效方法就是要求资金需求方提供有效抵押物,而适度规模经营的家庭农场拥有的最大有效抵押物就是土地承包经营权。因此,基于家庭农场的资金短缺性和融资风险性,土地承包经营权抵押融资由此

家庭农场土地承包经营权抵押融资的动力机制及其路径支持

应运而生，为银行正规金融机构信贷提供了较好的安全保障，成为缓解家庭农场融资困境的现实选择。

7.2 家庭农场参与土地承包经营权抵押融资的动力机制及其设计

家庭农场作为一种新型农业经营组织，其健康、快速发展离不开金融机构的大力支持。从前面4.1节可以看出，与传统的农户和其他农业经营组织相比，家庭农场在融资额度、融资期限以及融资用途等方面均有不同特点，对融资风险、支付结算等方面的金融服务要求也更高。由7.1节运用进化博弈模型对家庭农场在银行正规金融与民间借贷非正规金融之间的融资途径选择可知，家庭农场更倾向于向银行正规金融机构进行融资。然而，有效抵押物的缺失使家庭农场的资金需求很难得到满足，从而阻碍了家庭农场的健康、快速发展。

7.2.1 家庭农场参与土地承包经营权抵押融资的动力机制

7.2.1.1 家庭农场土地承包经营权抵押融资动力机制的模型选择

系统动力学（System Dynamics，SD）是1956年由美国麻省理工学院的J. W. Forrester教授创立，并于20世纪50年代逐步发展成一门独立的学科。在系统动力学的发展初期，主要是解决工业企业的管理问题。随着研究的不断深入，系统动力学的应用范围也越来越广，逐步扩展到社会科学领域，并在经济、管理等领域取得了巨大成功。国外对系统动力学的研究相对深入，在宏微观经济学、生态与环境、医学、社会与人口、生物工程等领域都有丰富的研究成果。20世纪70年代末，系统动力学被引入中国，国内学者在社会、经济、生物、环保等方面运用系统动力学的方法也取得了大量的研究成果，为我国的经济发展和社会进步做出了巨大贡献。目前，我国已经开始着手运用系统动力学的研究方法建立地区和国家层面的规划模型。

系统动力学是一种面向实际的结构型建模方法，它借助于系统流图，运用计算机建立模型，该模型在本质上是建立一组带有时滞的一阶微分方程。其中，流位变量、流率变量以及辅助变量等均具有自身的经济（或物理）意义。系统动力学模型的优势在于能够很方便地处理非线性问题，能够做动态的、长期的和战略性仿真研究。系统动力学模型相当于现实世界中的实际运行系统的模拟实验室，它适合于分析并解决社会、经济和生态等方面非线性的、复杂的、系统的问题。

土地承包经营权抵押贷款涉及方方面面,是一项复杂的系统工程,决定了一般的计量方法难以准确、有效地分析土地承包经营权抵押融资过程中各种变量之间的相互关系。然而,系统动力学的交叉性和综合性为建立家庭农场土地承包经营权抵押融资的系统动力学模型,并分析其中变量的相互影响提供了可能。为了运用定量方法来分析家庭农场在进行土地承包经营权抵押融资前后经营环境的改善情况,借此判断土地承包经营权抵押融资对家庭农场的激励大小,本部分将选取具有代表性的家庭农场进行典型调查,并结合家庭农场的资金情况和经营情况,运用系统动力学的方法来建立家庭农场土地承包经营权抵押融资的动力机制。为了简化模型的复杂程度,同时排除与研究目标不相关的影响因素,此处仅选择土地承包经营权直接抵押的融资模式来构建相应的系统动力学模型,其他融资模式可以进行类似分析,在此不再赘述。为了深入研究土地承包经营权抵押对家庭农场融资的激励机制,我们选取重庆市某草莓种植家庭农场的实际经营数据来进行仿真分析。

7.2.1.2 家庭农场土地承包经营权抵押融资动力机制的模型假设

为了更好地构建草莓种植家庭农场土地承包经营权抵押融资的系统动力学模型,我们结合实际情况作如下基本假设:

(1) 主体构成假设。模型由草莓种植家庭农场、银行金融机构以及政府部门三个主体构成。根据实际情况,假定草莓种植家庭农场是合法取得土地承包经营权五年以上的种植农场。

(2) 参与人策略假设。家庭农场和银行金融机构均以自身利益最大化作为土地承包经营权抵押融资的追求目标,政府部门则以全社会利益最大化作为追求目标。

(3) 家庭农场经营假设。家庭农场生产的草莓主要以游客入园采摘和批发零售的方式进行销售;家庭农场的期望草莓产量由平均顾客数量及人均草莓消耗量决定,家庭农场同时会根据当前的种植面积和资金状况来调整草莓生产策略。

(4) 能力约束假设。家庭农场最初拥有一定的生产规模,但随着市场对草莓需求的增加,家庭农场有扩大生产规模的需求。

(5) 资金约束假设。家庭农场在扩大生产规模过程中会形成较大的资金缺口,需要向银行金融机构融资来弥补。

(6) 生产延迟假设。家庭农场在草莓种植过程中存在 7 个月的生产延迟,模型中生产延迟变量的设定将影响结果草莓的规模。

(7) 市场假设。草莓种植家庭农场有相对稳定的顾客流量,且草莓平均产量和销售价格在较短的模拟期内无较大变动。

7.2.1.3 家庭农场土地承包经营权抵押融资动力机制的模型设定

本部分模型由家庭农场的资金流模型和生产经营模型两部分组成。模型中家庭农场的融资额度是家庭农场的期望融资额度，而不是家庭农场的实际融资额度。家庭农场的期望融资额度主要依据目前市场经营情况确定的最优规模差，以及单位规模投资和银行金融机构规定的融资比例来确定。而家庭农场的实际融资额度，是依据家庭农场的土地承包经营权价值结合银行金融机构的相关抵押比例来确定。

（1）草莓种植家庭农场的资金流模型。该模型以草莓种植家庭农场的现金流作为核心变量，通过分析草莓种植家庭农场的现金流来考察家庭农场的生产经营状况。家庭农场的现金流入包括日常经营收入（包括销售收入和其他收入）和新增贷款；现金流出包括日常经营支出（包括种植成本、利息和其他成本）、新增投资和偿还贷款。家庭农场依据市场需求状况确定其最优种植规模，依据家庭农场当前的种植规模来确定种植规模差，同时依据农场扩建的单位规模资金需求即可求得家庭农场扩建的总资金需求量。该家庭农场的系统动力学流程如图7-2所示，主要变量之间的关系式包括：

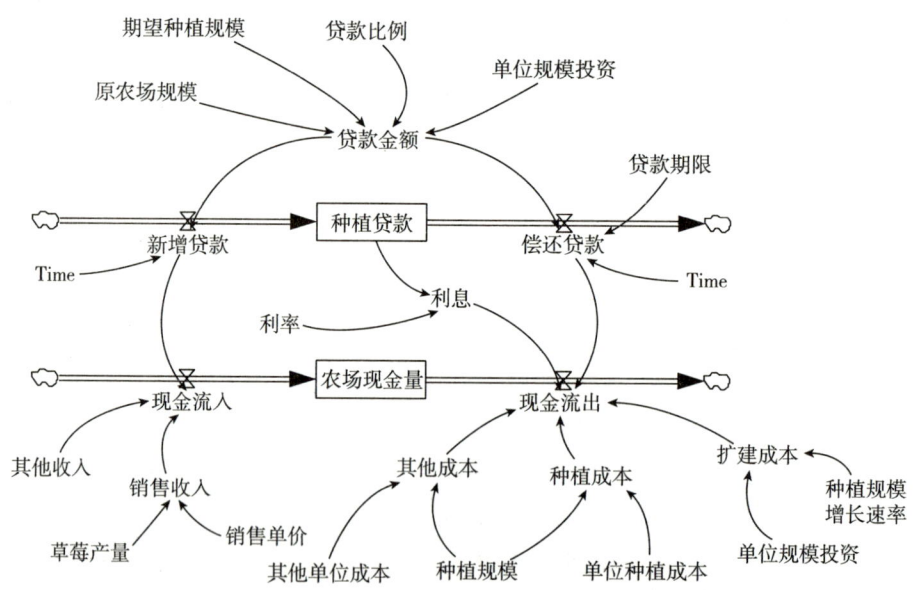

图7-2 草莓种植家庭农场的资金流模型

家庭农场现金量 = INTEG（现金流入 - 现金流出）

现金流入 = 新增贷款 + 销售收入 + 其他收入

现金流出 = 偿还贷款 + 利息 + 扩建成本 + 种植成本 + 其他成本
种植贷款 = INTEG（新增贷款 – 偿还贷款）
新增贷款 = IFTHENELSE（Time < 1，贷款金额，0）
偿还贷款 = IFTHENELSE［Time ≥ 1，IFTHENELSE（Time < 贷款期限 + 1，贷款金额/贷款期限，0），0］
贷款金额 =（期望种植规模 – 原农场规模）×单位规模投资×贷款比例

（2）草莓种植家庭农场的生产经营模型。在该模型中，农场主根据家庭农场的日均顾客数量和人均草莓消费数量来估计市场的草莓需求量，同时结合家庭农场草莓的平均产量来确定期望种植规模。假定家庭农场所需资金的一部分来源于自有资金，另一部分来源于银行金融机构贷款。银行金融机构贷款占总资金需求量的比例即为融资比例。家庭农场的种植规模由最大种植规模和期望种植规模共同决定。基于家庭农场扩大生产经营的时滞性考虑，模型设定了种植规模和结果草莓规模两个变量。该家庭农场的系统动力学流程如图 7 – 3 所示，主要变量之间的关系式包括：

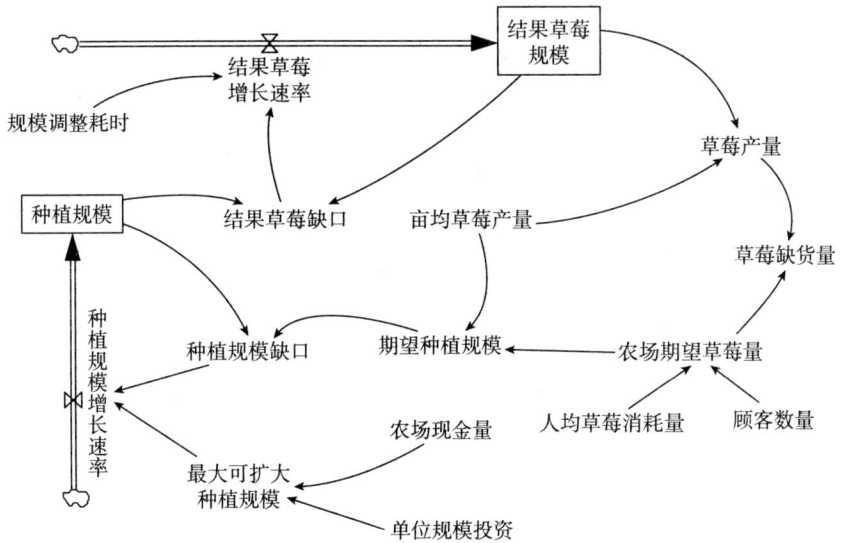

图 7 – 3　草莓种植家庭农场的生产经营模型

农场期望草莓量 = 人均草莓消耗量 × 顾客数量
草莓缺货量 = 农场期望草莓量 – 草莓产量
种植规模 = INTEG（种植规模增长速率）
期望种植规模 = INTEGER（农场期望草莓量/亩均草莓产量）

种植规模增长速率 = MIN（种植规模缺口，最大可扩大种植规模）

种植规模缺口 = 期望种植规模 − 种植规模

最大可扩大种植规模 = MAX（农场现金量/单位规模投资，0）

结果草莓增长速率 = 结果草莓缺口/规模调整耗时

结果草莓缺口 = 种植规模 − 结果草莓规模

7.2.1.4 家庭农场土地承包经营权抵押融资动力机制的仿真数据及其结果

（1）仿真数据说明。本部分选取重庆市某草莓种植家庭农场的经营数据进行仿真模拟，该农场是重庆市首家"互联网+农场"基地，其收入的主要来源为游客入园购买门票以及互联网销售收入。除此以外，该农场还配有农家乐、垂钓等娱乐项目，但其收入占比不大，故在仿真模拟过程中将其归入其他收入类。农场主要支出包括基础设施投资、种植投入、人工费用和营销费用等。模型的部分仿真数据来自于重庆市该行业的平均数据，具体仿真数据如下：

1）家庭农场的草莓开园时间为每年的3~8月，其他时间通过经营农家乐、垂钓等项目取得收入。家庭农场的日均入园人数为200人，每年可接待36000人；入园游客的人均消费量为5千克，均价为18.1元/千克。家庭农场的其他项目年收入约为10万元。

2）家庭农场的经营成本。其中，基础建设成本包括：土地流转费1200元/亩，灌溉设施平均300元/亩，温室大棚成本4500元/亩；种植成本包括：草莓苗1万株/亩、0.3元/株，共计3000元/亩，农药和化肥约1100/亩，农膜约1550元/亩，其他成本约200元/亩；营销成本4000元/年；人工费用1800元/人*月。

3）草莓种植数据。家庭农场通过土地流转取得土地承包经营权，进行基础设施建设，家庭农场扩建的延迟时间约为7个月。家庭农场的草莓亩产量约为800千克。

目前，该家庭农场拥有近100亩的土地承包经营权，其中用于草莓种植的土地面积为65亩，且全部为结果草莓。随着市场需求的不断扩大，该家庭农场计划扩大草莓的种植面积，由于农场自有资金难以支撑其大规模投资，因此决定采用土地承包经营权抵押向银行金融机构进行融资。根据建立的系统动力学模型，对经营数据进行仿真模拟，仿真的周期以"月"为单位，期限为60个月。此处采用的是Vensim仿真软件。

（2）仿真结果。本部分研究的主要目的是深入分析家庭农场采用土地承包经营权抵押融资的前后，其经营环境包括农场现金量、种植规模、草莓缺货量等变量的变化情况。由于不同的融资比例和融资期限对家庭农场融资后的经营策略有很大影响，因此我们根据实际情况设定不同的融资比例和融资期限，在仿真过程中通过调整这两个关键变量来观察家庭农场现金量、种植规模等的变化情况。当家庭农场的现金量出现负值时,说明该农场的资金链断裂,此时进行融资对资金供求双方都有较大风险,故选择"融资"策略不可取。鉴于此,我们主要探讨的是土地承包经营权抵押融资双方关于不同融资期限和融资比例的决策行为选择,具体的仿真过程如下:

第一种情况:融资期限不变,融资比例变动。本部分将融资期限设为60个月,融资比例分别设为0、0.2、0.4、0.6、0.8五个层次进行模拟,仿真结果如图7-4所示。图7-4中的曲线1、2、3、4、5表示融资期限固定为60个月,融资比例分别为0、0.2、0.4、0.6、0.8时家庭农场经营变量的变动趋势。总体上看,家庭农场在融资后的经营状况得到了较大改善,家庭农场的现金量经过融资比例调整后有了快速增长;家庭农场的种植规模由于融资比例不同导致其调整速度有差异外,在一定期限后均达到了家庭农场期望的最优规模;家庭农场的草莓产量经过一定的调整期后增长到稳定状态,使家庭农场的草莓缺货情况得到了较大改善。

对比图7-4中各融资比例情况发现:与无融资(曲线1)相比,在融资(曲线2、3、4、5)情况下,家庭农场草莓的种植规模和草莓产量都有一定程度的提高,草莓的缺货程度也得到改善,即融资比例的提高改善了家庭农场的生产经营状况;与低融资比例(曲线2、3)相比,高融资比例(曲线4、5)的家庭农场草莓的种植规模、产量和缺货量的改善程度更为明显;尤其值得注意的是,

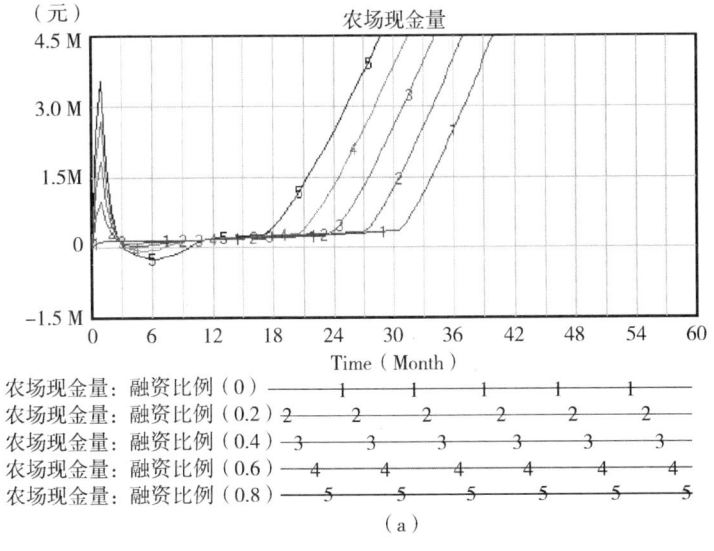

(a)

图7-4 融资期限不变、融资比例变动时家庭农场生产经营状况的仿真结果

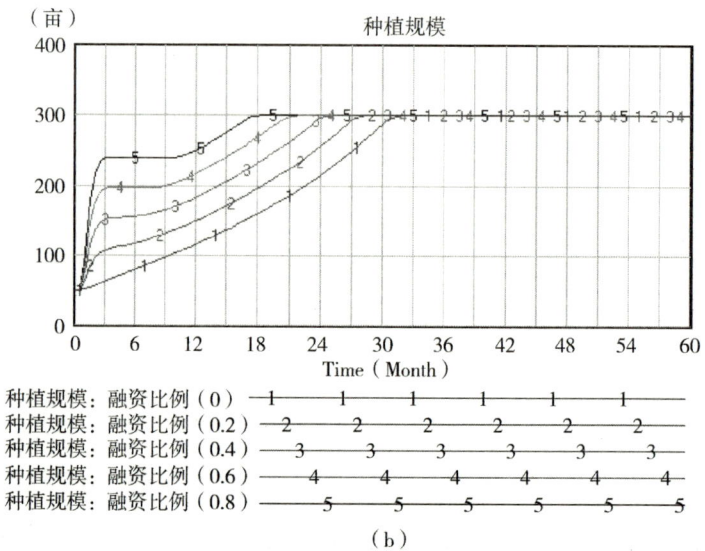

(b)

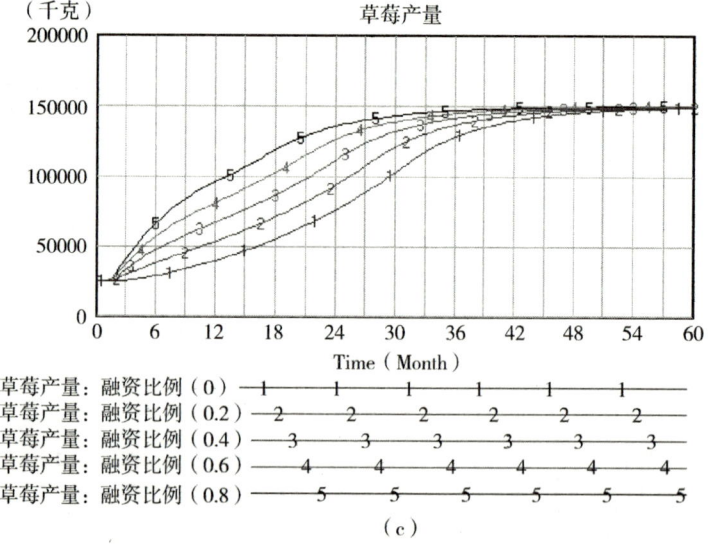

(c)

图7-4 融资期限不变、融资比例变动时家庭农场生产经营状况的仿真结果（续）

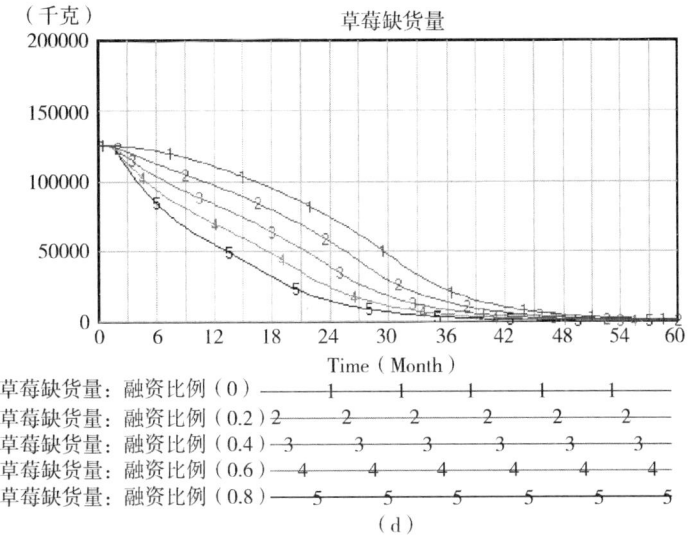

图 7-4 融资期限不变、融资比例变动时家庭农场生产经营状况的仿真结果（续）

由图 7-4（a）发现，在高融资（曲线 4、5）比例下，从第三期开始家庭农场的现金量出现负值。究其原因，是因为家庭农场的缺口水平过大，致使家庭农场融资规模较高。由于规模扩建时滞的存在使家庭农场在规模扩建前期无盈利，而较高的融资成本压力则加大了家庭农场负担，从而导致家庭农场的资金链断裂。基于风险考虑，银行金融机构此时要谨慎发放贷款，否则容易出现信贷偿还风险。家庭农场也要理性投资，防止盲目求大求全，按照循序渐进策略来扩大生产规模，规避过度扩张风险。

第二种情况：融资比例不变，融资期限变动。根据中国农业银行关于农村土地承包经营权抵押融资的期限一般不超过 5 年的规定，将家庭农场融资比例固定为 50%，融资期限分别设定为 12、24、36、48、60 个月五个档次进行模拟，仿真结果如图 7-5 所示。图中的曲线 1 至曲线 5 分别代表融资比例固定为 50%，融资期限分别为 1~5 年时家庭农场经营变量的变动趋势。由图 7-5（a）发现：融资期限较短（曲线 1、2）时，家庭农场的还款压力较大，家庭农场现金量在第三期开始出现负值，在增加家庭农场经营风险的同时也加大了银行金融机构的信贷风险，而较长的融资期限则增加了银行金融机构的未知风险和家庭农场的还款成本。

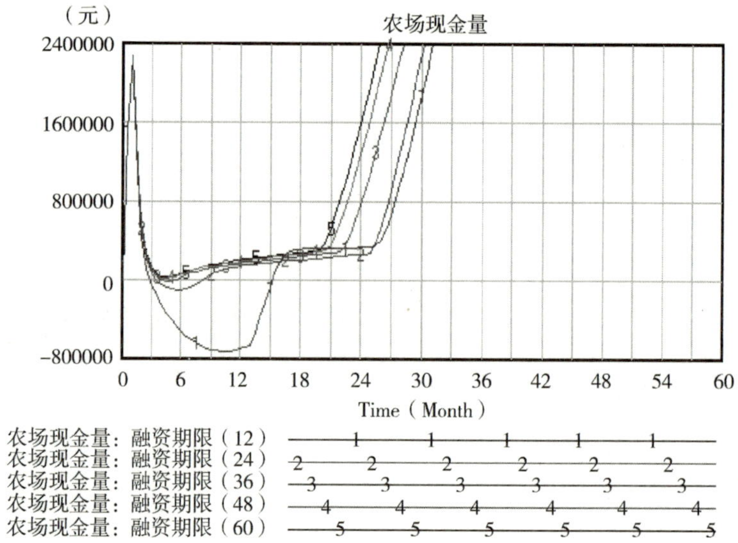

(图示内容)

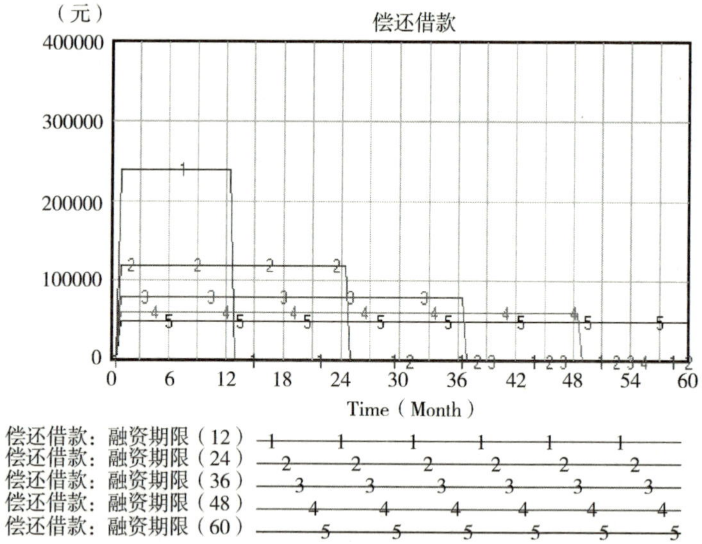

图7-5 融资比例不变、融资期限变动时家庭农场生产经营状况的仿真结果

由以上分析可知，家庭农场在融资后的经营状况都出现了较大改善，家庭农场从追求经济利益出发有动力来从事土地承包经营权抵押融资业务，即土地承包经营权抵押融资政策对家庭农场的健康发展有较大的激励作用，这与安海燕和洪名勇（2016）的研究结论相符。然而，研究还进一步发现，家庭农场在做出融资

7 家庭农场土地承包经营权抵押融资的机制设计及制度安排

决策时关于融资期限和融资比例的设定对家庭农场融资后的经营效果有显著影响，不合理的融资比例和融资期限选择甚至导致了家庭农场的资金链断裂，出现破产的风险。因此，本部分继续以重庆市某草莓种植农场为例，深入研究家庭农场在从事土地承包经营权抵押融资业务时的最优融资比例和最优融资期限。

在以上建立的家庭农场现金流模型和生产经营模型的基础上，通过逐步调整融资比例和融资期限两个变量来观察模型中其他变量的变动情况，以农场现金量不出现负值为基准，其他变量达到最优状态时的融资比例和融资期限即可认定为该家庭农场的最优融资比例和最优融资期限。在表7-1中，设定现有种植规模占期望农场规模的比例为家庭农场融资规模占比，它与家庭农场的初始资金量决定了家庭农场融资后的还款能力。在仿真过程中，根据中国农业银行对家庭农场的融资用于从事苗木、林果等一些生长周期较长的作物种植时贷款期限最长不超过5年的规定，此处将仿真结果中最短融资期限在5年以上的用5年（60个月）来代替。根据家庭农场最初的资金量及其融资规模占比，在保证家庭农场最优经营规模和银行最小风险的前提下，我们得出草莓种植家庭农场从事土地承包经营权抵押融资时的最优融资期限和融资比例，其最优仿真结果如表7-1所示。

表7-1 草莓种植家庭农场土地抵押融资期限的最优仿真结果

最短融资期限（月）		融资比例								
		0.1	0.2	0.3	0.4	0.5	0.6	0.7	0.8	0.9
融资规模占比	0.2	5	7	9	13	15	17	18	23	27
	0.3	5	7	9	13	17	20	27	31	34
	0.4	4	7	11	14	18	24	31	40	52
	0.5	4	8	12	16	23	30	40	55	60
	0.6	5	8	14	19	26	35	50	60	60
	0.7	4	9	14	22	31	46	60	60	60
	0.8	5	10	16	24	40	60	60	60	60
	0.9	5	11	18	29	46	60	60	60	60

表7-1中仿真模拟测算的结果，表示在融资比例和融资规模占比固定情况下的最短融资期限。在实际操作中，为了规避信贷风险，家庭农场和银行金融机构进行融资决策行为选择时，在对应融资比例下所选择的融资期限必须大于最短的融资期限。表7-1显示，从总体上看，最短融资期限会随着融资比例和融资规模占比的提高而延长。表中的阴影部分表示仿真结果最短融资期限超过银行金融机构规定的融资期限上限（5年）时仍用5年（60个月）表示，为了规避家

庭农场后期经营困难而导致无法偿还的信贷风险，银行金融机构应谨慎发放此类贷款。由表7-1可知，当融资比例在0.5以上且融资规模占比较高时，仿真结果显示的最优融资期限应为3~4年。

7.2.2 家庭农场参与土地承包经营权抵押融资的动力机制设计

由以上草莓种植家庭农场土地承包经营权抵押融资期限的最优仿真结果可知，土地承包经营权抵押融资对家庭农场的激励效果明显，适度规模的家庭农场等新兴农业经营主体对土地承包经营权抵押会产生很大的融资需求。因此，对于家庭农场土地承包经营权抵押融资的动力机制，我们进行以下设计：

第一，在融资期限不变的情况下，家庭农场通过融资比例调整的经营状况得到较大改善，在一定期限后达到最优期望规模。因此，银行金融机构应该根据家庭农场的生产规模、融资需求等具体情况，科学评估家庭农场的融资比例，分门别类地为家庭农场量身定做土地承包经营权抵押融资方案，更好地满足家庭农场土地承包经营权抵押融资的真实资金需求，提高其生产经营效果，形成家庭农场土地承包经营权抵押融资的内在激励。

第二，在融资比例不变的情况下，家庭农场通过融资期限调整的经营状况也得到了明显改善。融资期限越短，家庭农场的还款压力就越大，但融资期限越长，银行金融机构的信贷风险就越大，家庭农场融资成本也会随之增加。因此，基于信贷风险和融资成本考虑，银行金融机构要科学合理地确定家庭农场的融资期限，既不能期限过短增加家庭农场的还款负担，也不能期限过长加大自身的信贷风险。银行金融机构要在改善家庭农场生产经营状况的基础上，根据农业生产规律和时效要求合理确定家庭农场的融资期限，更好地满足家庭农场的融资需求，同时规避自身的信贷风险。

7.3 银行金融机构开展土地承包经营权抵押融资的激励机制及其设计

袁绕（2015）对贵州地区的银行金融机构进行问卷调查时发现，银行金融机构对土地承包经营权抵押融资业务有较高的认知度，但由于相关配套措施还未落实，银行金融机构对于发放此类贷款的意愿并不强烈。林乐芬等（2011）实证考察发现，土地承包经营权抵押融资政策与现行的部分法律条款存在冲突，导致地方政策的不稳定，从而使地方政策的变更风险与银行金融机构开展土地承包经营

7 家庭农场土地承包经营权抵押融资的机制设计及制度安排

权抵押贷款的意愿成反比。前面第 6 部分对土地承包经营权抵押融资生成的风险及其形成原因进行了系统分析。由此可见，农业生产经营的高风险和弱质性使银行金融机构在该领域的投入产出低于其他非农领域。因此，作为市场经营主体的银行金融机构缺乏足够的动力来开展土地承包经营权抵押融资业务。

然而，现代银行风险管理理论认为，风险是一柄双刃剑，它既包括形成损失的可能性，也包含形成未来收益的来源，只有监管部门能够科学设计土地承包经营权抵押融资风险的分担机制和补偿机制，才能使银行金融机构有足够的动力参与该业务。

目前，各地政府为了激励银行金融机构开展土地承包经营权抵押融资业务，主要采取的激励措施是设立风险补偿金来弥补银行金融机构在土地承包经营权抵押融资业务中可能遭受的损失。激励机制在一定程度上调动了银行金融机构开展土地承包经营权抵押融资业务的积极性，如重庆市设立了农村产权抵押专项风险补偿基金，由市、区（县）两级财政按照规定对贷款本息损失给予专项风险补偿，其中市级财政承担20%，各区（县）财政承担15%，并将风险补偿资金兑现时限缩短为半年。截至 2015 年 10 月，市级财政农村产权风险补偿基金规模已经达到 8000 万元，风险补偿基金的设立在很大程度上激发了银行金融机构对农村产权抵押融资业务的参与热情。截至 2015 年 10 月末，重庆市累计实现农村产权抵押融资规模 782.24 亿元（贷款余额 271.68 亿元），其中发放农地贷款 144.8 亿元，占比 18.51%，农房贷款 157.2 亿元，占比 20.13%，林权贷款 235.1 亿元，占比 30.05%，其他创新贷款 159.1 亿元，占比 20.34%，农户小额贷款 85.8 亿元，占比 10.96%，有效盘活了农村的"沉睡"资产，提高了农村资产的利用效率，有力推动了农村地区的经济发展。

7.3.1 银行金融机构开展土地承包经营权抵押融资的激励机制

7.3.1.1 银行金融机构开展土地承包经营权抵押融资激励机制的模型设定

本部分设定银行金融机构开展土地承包经营权抵押融资业务在不考虑法律风险等非市场风险的情况下，对其风险和收益进行分析。模型的基本假设与前面家庭农场融资模型一致，且两个模型通过影子变量进行联系，形成一个统一的整体。

基于农业的弱质性和农村金融的复杂性，农村土地承包经营权抵押融资具有特定的风险。因此，银行金融机构在开展土地承包经营权抵押融资业务时，除了要考虑家庭农场的经营状况和资金流状况外，还要充分考虑生产经营风险、违约风险和抵押物担保风险等因素。由于土地承包经营权抵押融资业务需求量非常大，同时缺乏有效的风险分担和补偿机制，银行金融机构作为追求利益最大化的市场主体,没有足够动力来开展该业务。基于实现社会利益最大化的考虑,监管部门设立土地承包经营权抵押融资的专项补偿基金,以适当弥补银行金融机构因从事该项业务而遭受的损失,从而降低信贷风险。下面从银行金融机构的角度,通过构建土地承包经营权抵押融资的系统动力学模型(见图7-6),定量考察银行金融机构开展该项业务的损益情况,主要变量之间的关系式包括:

银行金融机构经济损益 = 银行金融机构经济收入 - 银行金融机构经济损失

银行金融机构经济收入 = 政府补贴 + 贷款利息 + 资产处置收入

银行金融机构经济损失 = 贷款金额 × 土地承包经营权抵押融资风险

贷款金额 = MIN(农户土地承包经营权价值 × 抵押率,540500)

家庭农场土地承包经营权价值 = 预期亩均年化收益/折现率 × [1 - 1/(1 + 折现率)^经营年限] × 种植规模

土地承包经营权抵押融资风险 = 信用风险 + 农业生产经营风险 + 其他风险

政府补贴 = (银行金融机构经济损失 - 资产处置收入) × 补贴比例

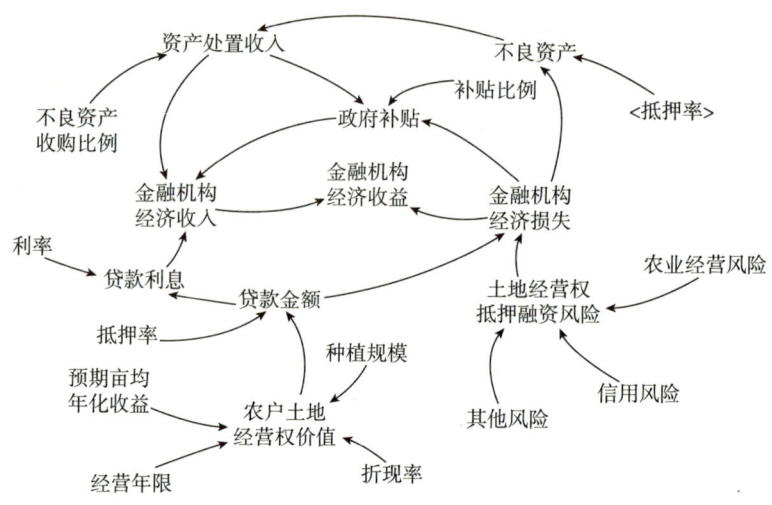

图7-6 银行金融机构土地承包经营权抵押融资业务的系统动力学流程

7.3.1.2 银行金融机构开展土地承包经营权抵押融资激励机制的仿真数据

由于土地承包经营权抵押融资的专门数据难以获取,此处银行金融机构对土地承包经营权抵押融资的风险用重庆市某银行从事农村"三权"资产(包括农村土地承包经营权、农村居民房屋产权和农村林权)抵押融资而形成的不良资产来衡量。截至2014年12月31日,该银行共发放农村"三权"资产抵押贷款的总额为172.18亿元,余额为97.56亿元。其中,不良贷款共计98笔,总额为

1142.1万元,余额为893.38万元,不良贷款率为5.19%。该银行金融机构的不良资产分布如表7-2所示。

表7-2 重庆市某银行的不良资产分布

不良资产种类	不良资产总计	经营性不良资产	诚信不良资产	其他不良资产
笔数（笔）	98	66	25	7
余额（万元）	893.38	743.46	94.3	55.62
占比（%）	100	83.2	10.6	6.23

银行金融机构开展土地承包经营权抵押融资业务的经济收入来源于贷款利息、政府补贴以及不良资产的处置收入。家庭农场的土地承包经营权价值按照中国农业银行评估方法——收益法来进行评估：土地承包经营权价值 = $C/r \times [1-1/(1+r)^t]$（其中，C 为家庭农场的年均预期收益；r 为折现率，可参照同期的融资利率；t 为家庭农场土地承包的剩余年限 -1）。银行按照土地承包经营权评估价值，并结合抵押率来确定家庭农场的最终授信额度。政府补贴参考重庆市的做法，即市及区（县）两级财政出资设立的农村产权抵押融资风险补偿专项资金，对经办银行因发放农村"三权"抵押贷款而产生的损失进行补偿，补偿比例为35%。同时，此处还假定建立了农村资产经营管理机构，能够折价收购银行开展土地承包经营权抵押融资业务所形成的不良资产，收购时折价比例为60%。模型的仿真数据仍然采用前面草莓种植家庭农场的经营数据：家庭农场种植草莓的初始规模为65亩，亩均年化收益为1.2万元，家庭农场已付清的经营土地剩余期限为5年。家庭农场的贷款利率选取行业的平均利率7.8%，并且假定在模拟期内利率不发生变化。

7.3.1.3 银行金融机构开展土地承包经营权抵押融资激励机制的仿真结果

仿真结果如表7-3所示，银行金融机构根据草莓种植家庭农场的土地承包经营权评估价值和现金流为其办理抵押融资业务。在合理规避风险的基础上，银行金融机构的经济损益为正，不会因为土地承包经营权抵押融资而产生较大的经济损失，同时银行金融机构也完成了服务"三农"的时代使命。仿真结果同时显示，银行金融机构的不良资产处置收入在其经济收入中占比为17.25%，政府补贴收入占其经济收入的10.73%。两者占比之和接近其经济收入的1/3，可以弥补银行金融机构因发放土地承包经营权抵押贷款所承担的部分风险和机会成本，激发银行金融机构开展家庭农场土地承包经营权抵押融资业务的内在动力，从而选择支持家庭农场土地承包经营权抵押融资的决策行为。仿真结果还显示，银行金融机构开展土地承包经营权抵押融资业务的利润率为5.64%（30489.4/

540500），略低于该地区银行业各项贷款的利息利润率（约为6.75%）。因此，政府可以对银行金融机构进行资金补贴的同时，给予其更多的专项优惠，进一步激发银行金融机构开展土地承包经营权抵押融资业务的参与热情。

表7-3 银行金融机构开展土地承包经营权抵押融资损益的仿真结果

单位：元

经济损益	30489.4	政府补贴收入	6283.6
经济收入	58541.3	不良资产处置收入	10098.7
经济损失	28051.9	贷款利息收入	42159

7.3.2 银行金融机构与监管部门关于土地承包经营权抵押融资的博弈分析

在土地承包经营权抵押融资业务的开展过程中，银行金融机构与监管部门之间进行着博弈。由于涉农业务的高风险性和信息不对称性，银行金融机构愿意利用自身的信息优势为自己谋取利益，即获得政府补贴资金后却逃避努力开展土地承包经营权抵押融资业务的责任，它会导致政府出台土地承包经营权抵押融资政策的初衷（社会整体利益的最大化）难以实现。

运用博弈论方法可以综合考察银行金融机构和监管部门在土地承包经营权抵押融资业务中的收益和损失情况，量化监管部门对银行金融机构的激励程度，深入研究银行金融机构和监管部门对土地承包经营权抵押融资的动态决策过程，以及银行金融机构对家庭农场资金供给的作用机理和演化过程，有针对性地构建土地承包经营权抵押融资的激励约束机制，为缓解家庭农场等新型农业经营主体在规模化经营过程中的资金困境提供实证支持。

7.3.2.1 银行金融机构与监管部门关于土地承包经营权抵押融资的博弈模型假设

（1）假设所有的参与主体都是"理性人"，银行金融机构和监管部门以追求利益最大化为决策目标。

（2）假设银行金融机构积极开展土地承包经营权抵押融资的资本收益为R_1；银行金融机构将资金用于其他非农业务的资本收益为R_2（由于农业生产经营的弱质性，我们假设$R_2 > R_1$）。

（3）假设监管部门对银行金融机构是否积极开展土地承包经营权抵押融资进行监管的成本为C，若不监管则成本C为其留存收益。

（4）假设银行金融机构被查处没有积极开展土地承包经营权抵押融资业务而受到的惩罚成本为S，同时从全社会角度看也相当于监管部门的监管收益。

(5) 假设监管部门查实银行金融机构积极开展土地承包经营权抵押融资业务后对其财政补贴为 F。

(6) 假设银行金融机构积极开展土地承包经营权抵押融资业务的概率为 P,而监管部门查处银行金融机构未积极开展土地承包经营权抵押融资业务的概率为 Q,且 P 和 Q 均为银行金融机构和监管部门的私人信息。

7.3.2.2 银行金融机构与监管部门关于开展土地承包经营权抵押融资业务的有限重复博弈分析

假设监管部门对开展土地承包经营权抵押融资业务的银行金融机构进行专项补贴后,银行金融机构基于自身的信息优势有两种行动选择:"努力开展该项业务"和"不努力开展该项业务"。为了简化考察银行金融机构的收益,我们假设银行金融机构选择"不努力开展该项业务"行动时的努力程度为0;监管部门在博弈过程中对银行金融机构是否开展该项业务有两种行动选择:"查处"和"不查处"。银行金融机构与监管部门的博弈收益矩阵如表7-4所示。

表 7-4 银行金融机构与监管部门的博弈收益矩阵

监管部门的行动	银行金融机构的行动 积极开展该项业务	不积极开展该项业务
查处	$(-C, R_1+F)$	$(S-C, R_2-S)$
不查处	(C, R_1+F)	(C, R_2)

(1) 银行金融机构与监管部门的有限重复博弈。根据表7-4可得,银行金融机构的期望收益函数为:

$$E(f) = P[Q(R_1+F) + (1-Q)(R_1+F)] + (1-P)[Q(R_2-S) + (1-Q)R_2] \quad (7-9)$$

P 表示银行金融机构选择"积极开展土地承包经营权抵押融资业务"的概率,根据期望收益最大化的一阶条件可得:

$$(R_1+F) - Q(R_2-S) - (1-Q)R_2 = 0$$
$$Q^* = (R_2 - R_1 - F)/S \quad (7-10)$$

同理,根据表7-4可得监管机构的期望收益函数为:

$$E(g) = Q[P(-C) + (1-P)(S-C)] + (1-Q)[PC + (1-P)C] \quad (7-11)$$

Q 表示监管机构对银行金融机构未积极开展土地承包经营权抵押融资业务进行"查处"的概率,根据期望收益最大化的一阶条件可得:

$$P(-C) + (1-P)(S-C) - C = 0$$
$$P^* = (S-2C)/S = 1 - 2C/S \quad (7-12)$$

（2）银行金融机构与监管部门的有限重复博弈结果分析。由式（7-10）和式（7-12）可知，银行金融机构因没有积极开展土地承包经营权抵押融资业务而被查处付出的惩罚成本 S 越高，或者监管部门对银行金融机构是否积极参与土地承包经营权抵押融资进行监管的成本 C 越低，则银行金融机构选择"积极开展土地承包经营权抵押融资业务"策略的概率 P 就会越大；为保证监管部门获得最大收益，当银行金融机构将资金投入非农业务与开展家庭农场土地承包经营权抵押贷款业务所获得的收益差 $(R_2 - R_1)$ 越大，或者政府对银行金融机构开展土地承包经营权抵押融资业务的补贴 F 越小，或者银行金融机构因没有积极开展土地承包经营权抵押融资业务而被查处付出的惩罚成本 S 越小，监管部门对银行金融机构未积极开展土地承包经营权抵押融资业务的概率 Q（即查处力度）就越大。

然而，在实际开展土地承包经营权抵押融资业务的过程中，土地承包经营权抵押融资的流程比较复杂、交易费用较高、农村土地交易市场不健全、抵押物难以变现等因素，成为制约银行金融机构开展土地承包经营权抵押融资业务的主要外在因素。因此，仅仅通过加大对没有积极开展土地承包经营权抵押融资业务的惩罚力度并不能对银行金融机构形成可持续的内在激励。只有同时采取有效措施使银行金融机构将资金投入到家庭农场获得的资本收益不低于其他非农业务所获得的资本收益，才会形成银行金融机构从事该项业务的长期内在激励，促进家庭农场土地承包经营权抵押融资业务的顺利开展。此外，在监管部门对银行金融部门的查处成本较高，而银行金融机构因被查出未积极开展土地承包经营权抵押融资业务而受处罚的成本固定的情况下，监管部门对银行金融机构的查处力度要比理论上低得多。由此可见，在政府对银行金融机构进行风险补贴等激励机制下，有限次的博弈均衡结果将是银行金融机构选择"不积极开展土地承包经营权抵押融资业务"策略，即在实际操作中银行金融机构的最优策略将是"不积极开展该项业务"。

7.3.2.3 银行金融机构与监管部门关于开展土地承包经营权抵押融资业务的无限重复博弈分析

如果考虑将土地承包经营权作为家庭农场向银行金融机构申请抵押融资的常态，则可以认为银行金融机构与监管部门之间的博弈将会重复无穷次而不是有限次。此时，博弈双方将存在一个不同于有限次重复博弈的子博弈精炼纳什均衡。在无限次重复博弈中，任何参与人在任何短期的机会主义行为所得的收益相对于博弈全过程来说都是微不足道的，各参与人都有积极性为自身建立一个乐于合作的声誉，同时也乐于采取积极措施惩罚对方的机会主义。因此，我们假设监管部门和银行金融机构都选择"冷酷战略"，即银行金融机构选择"积极开展土地承包经营权抵押融资业务"。而一旦银行金融机构开始选择"不积极开展土地承包经营权抵押融资业务",则监管部门在后期将加大对该银行金融机构的查处力度;同理,若监管部门在某一期选择"查处"银行金融机构未积极开展土地承包经营权抵押融资业务,则银行金融机构在后期将会降低选择"不积极开展土地承包经营权抵押融资业务"的概率。我们可以证明,"不查处,积极开展该业务"策略,将是监管部门和银行金融机构的一个子博弈精炼纳什均衡。

假设银行金融机构的贴现因子为λ,当银行金融机构未来收益的贴现值不小于它的保留支付时,就存在一个纯战略子博弈精炼纳什均衡,使得监管部门和银行金融机构均有动力选择均衡策略,即:

$$(R_1+F)+(R_1+F)\lambda+(R_1+F)\lambda^2+\cdots \geq R_2+(R_2-S)\lambda+(R_2-S)\lambda^2+\cdots \quad (7-13)$$

可得:$(R_1+F)/(1-\lambda) \geq R_2+(R_2-S)\lambda/(1-\lambda)$

即:$\lambda \geq (R_2-R_1-F)/S$ (7-14)

式(7-14)表明,当银行金融机构的贴现因子λ大于$(R_2-R_1-F)/S$时,银行金融机构就会自发选择"积极进行土地承包经营权抵押贷款"策略,而监管部门将选择"不对银行金融机构进行查处"策略,博弈双方同时达到稳定状态,并有动力将稳定状态持续下去。

研究结果显示,当银行金融机构与监管部门之间展开土地承包经营权抵押融资业务的有限次博弈时,银行金融机构和监管部门的最优策略组合并没有达到全社会的福利最大化。银行金融机构选择"不积极开展土地承包经营权抵押融资业务"策略将会使家庭农场的资金供给不足,严重阻碍农村经济的健康发展。当银行金融机构与监管部门之间的博弈扩展到无限次重复博弈时,监管部门将会选择"冷酷战略",银行金融机构为避免受罚而会选择"积极开展土地承包经营权抵押融资业务"。在这种情况下,监管部门也会选择"不查处",即在两者之间展开博弈次数足够多,并且在双方信息都完美的情况下,银行金融机构与监管部门的博弈会使得社会总体福利达到最大化。此时,监管部门对银行金融机构的补贴需要达到或高于某一临界值,才能保证银行金融机构有足够的动力积极开展该项业务。该研究结论也进一步印证了林乐芬等(2011)关于"政府政策稳定性对银行金融机构开展土地承包经营权抵押融资业务意愿稳定性的巨大促进作用"的观点。

7.3.3 委托—代理理论对银行金融机构开展土地承包经营权抵押融资业务的最优激励分析

以上研究表明,政府对银行金融机构进行土地承包经营权抵押融资的专项风险补贴能够扩大银行金融机构对家庭农场的资金供给量。然而,农业生产的高风险使银行金融机构对农业经营项目长期存在着资金配给现象。而政府从全社会利益出发,给予银行金融机构一定的风险补偿,从而引导银行金融机构对我国家庭农场发展进行资金支持。因此,可以认为监管部门与银行金融机构之间是一种委托—代理的关系。为了更好地设计监管部门对银行金融机构的有效激励机制,本部分将运用委托—代理理论来论证双方如何设立最优的激励合同使双方的效用达到最大化。

美国经济学家伯利和米恩斯在20世纪30年代提出委托—代理理论以后,其经过多年发展已经形成了一套比较完整的理论体系,并在就业、公共管理、货币政策以及公司治理等方面取得了显著成绩。Wilson(1969)和Ross(1973)等几位学者最初使用状态空间模型化的方法来对委托—代理模型进行分析,可以很自然地将模型中的每种技术关系都表现出来,为委托—代理理论的量化分析提供了解决思路。借鉴现有研究成果,本部分将运用状态空间模型化的方法来对监管部门委托银行金融机构开展土地承包经营权抵押融资业务的委托—代理模型进行分析,以考察监管部门对银行金融机构的财政补贴处于何种水平时才能实现土地承包经营权抵押融资的帕累托最优状态。

7.3.3.1 银行金融机构开展土地承包经营权抵押融资业务的激励模型构建

假设银行金融机构对开展土地承包经营权抵押融资业务所有可能的努力程度集合为 A,a($a \in A$)表示银行金融机构可能选择其中的一个努力程度。φ 为不受监管部门和银行金融机构控制的自然变量,I 为 φ 可能的取值范围,并设 $H(\varphi)$ 和 $h(\varphi)$ 分别为 φ 在 I 上的分布函数和密度函数。当银行金融机构选择某个努力程度 a 后,a 和外生变量 φ 共同决定了一个可观测的行动结果 $M(a, \varphi)$。假设银行金融机构因开展土地承包经营权抵押融资业务而引起的当地经济发展为 $Z(a, \varphi)$,它也是政府监管部门的收益。

假定银行金融机构因从事土地承包经营权抵押融资业务所获得的资金收益为常数 A。而监管部门为了激励银行金融机构积极参与到土地承包经营权抵押融资业务中,根据银行金融机构开展该项业务的努力变量 a 与外生变量 φ 共同决定一个可观测的行动结果 $M(a, \varphi)$,就与银行金融机构签订一个补偿合约,以弥补银行金融机构在该项业务中所承担的风险。若银行金融机构和监管部门之间签订合约 x,$X = x[M(a, \varphi)]$,即监管部门为促使银行金融机构努力开展土地承包经营权抵押融资业务而对银行金融机构的补贴为 $x[M(a, \varphi)]$。由此可得,银行金融机构因开展土地承包经营权抵押融资业务所获得的总收益为:$X = A + x[M(a, \varphi)]$,监管部门在土地承包经营权抵押融资业务中所获得的社会收益为:$Y = y\{Z(a, \varphi) - x[M(a, \varphi)]\}$。此时,监管部门的最优化问题就转化为"如何选择 a 和 x,使其期望效用达到最大化"的问题。

因为 φ 是随机变量,可知 $M(a,\varphi)$ 和 $Y(a,\varphi)$ 均是随机变量。根据效用函数理论可知,参与人在不确定情形下的效用并不简单地等同于其在确定情况下的效用。因此,由监管部门与银行金融机构的收益均为随机变量可知,双方此时的期望效用函数与收入确定情况下的效用函数并非完全一致。但冯·诺依曼(Von Neumann)等学者证明了纯粹由正线性效用函数复合后形成的期望效用函数与原效用函数具有同一偏好序的性质,后来学者将这种性质的效用函数称为冯·诺依曼—摩根斯坦效用函数(von Neumann-Morgenstern utility function)。本部分根据冯·诺依曼—摩根斯坦效用函数的这一特殊性质来分析监管部门与银行金融机构在委托代理模型中的效用函数特性。

假定 $U_1 = U(X)$、$U_2 = U(Y)$ 分别为监管部门和银行金融机构的效用函数,其中 U_1 为监管部门在收入为 X 时的效用水平,U_2 为银行金融机构在收入为 Y 时的效用水平。U_1 和 U_2 满足一般效用函数的性质,即:$U_1' = dU_1(X)/dx > 0$,$U_1'' = dU_1'(X)/dx > 0$;$U_2' = dU_2(Y)/dy > 0$,$U_1'' = dU_2'(Y)/dy > 0$。银行金融机构开展土地承包经营权抵押融资业务的努力程度不同,则其获得的负效用也不同。此处假设 $C(a)$ 为银行金融机构获得的负效用,并假定 $C' = dC(a)/da > 0$,$C'' = d'C(a)/da > 0$。$C' > 0$ 意味着银行金融机构有动力来降低开展土地承包经营权抵押融资业务的努力程度。因此,监管部门必须给予银行金融机构足够的补贴,才能使银行金融机构形成努力开展该项业务的内在动力。

由于农村生产的高风险,银行金融机构将资金运用于农村土地承包经营权抵押融资业务所获得的平均收益低于资金用于其他非农业务所获得的平均收益。因此,为了促进我国农村和农业的稳定发展,实现农村土地承包经营权抵押融资政策的预期效果,必须给予银行金融机构足够的资金补贴,使银行金融机构开展土地承包经营权抵押融资业务所获得的平均收益不低于从事其他非农业务所获得的平均收益,从而激励银行金融机构有足够的动力来开展高风险的土地承包经营权抵押融资业务,保证监管部门与银行金融机构同时获得最大期望效用。假定银行金融机构将资金投入其他非农领域所获得的平均收益为 B,则从事其他非农业务所获得的平均效用为 $\bar{U}_2(B)$,若银行金融机构接受监管部门提供的合约,则必须满足如下条件:

$$\int U_2\{A + x[M(a,\varphi)]\}f(a,z)d\varphi - C(a) \geq \bar{U}_2(B) \qquad (7-15)$$

该式即为银行金融机构的参与约束条件。

当监管部门与银行金融机构之间签订了一个稳定的合同后,由于监管部门不能完全观测到银行金融机构的努力程度,而银行金融机构开展土地承包经营权抵押融资业务的努力程度决定了其损失大小,根据前面的银行金融机构与监管部门都是"理性人"的假设,银行金融机构将会选择对自身最有利的行动,因此,监管部门只能通过银行金融机构选择某种行动,最大化自身利益来实现其效用最大化,即监管部门的期望效用最大化是以银行金融机构的期望效用最大化为基础的。这说明监管部门也面临着激励相容约束,其数学表述如下:

$$\int U_2\{A+x[M(a,\varphi)]\}f(a,z)\mathrm{d}\varphi - C(a) \geq \int U_2\{A+x[M(a',\varphi)]\}f(d,z)\mathrm{d}\varphi - C(a') \quad \forall a' \in A$$

对于监管部门而言,其最优规划问题是在银行金融机构的参与约束和激励相容约束条件下选择最优的 a 和 x,使其期望效用最大化,数学规划函数如下:

$$\max \int U_1\{Z(a,\varphi) - x[M(a,\varphi)]\}f(a,z)\mathrm{d}z$$

$$\text{s.t.} \int U_2\{A+x[M(a,\varphi)]\}f(a,z)\mathrm{d}\varphi - C(a) \geq \overline{U}_2(B)$$

$$\int U_2\{A+x[M(a,\varphi)]\}f(a,z)\mathrm{d}\varphi - C(a) \geq \int U_2\{A+x[M(a',\varphi)]\}f(a',z)\mathrm{d}\varphi - C(a') \quad \forall a' \in A \tag{7-16}$$

对于此类最优化问题,我们可以采用拉格朗日方法求解。

7.3.3.2 模型求解及其结果分析

第一种情况:在信息对称条件下,银行金融机构与监管部门之间的最优解。在银行金融机构与监管部门之间具有完美信息的情况下,监管部门可以准确地观察到银行金融机构开展土地承包经营权抵押融资业务的努力情况。因此,监管部门可以在不承担风险的条件下,根据银行金融机构的努力程度来为其提供合理的风险补偿,银行金融机构在努力水平一定的情况下得到的风险补偿能够弥补其开展土地承包经营权抵押融资业务所承担的损失。此时,监管部门的效用最大化问题将不受银行金融机构的激励相容条件约束,因此监管部门最优化问题的拉格朗日函数如下:

$$L(x,\lambda) = \int U_1\{Z(a,\varphi) - x[M(a,\varphi)]\}f(a,z)\mathrm{d}z + \lambda\{\int U_2\{A+x[M(a,\varphi)]\}f(a,z)\mathrm{d}\varphi - C(a)\} \tag{7-17}$$

其中,λ 为拉格朗日乘子,根据 Kuhn-Tucker 条件求解:

$$\partial L/\partial x = -U'_1 f(a,z)\mathrm{d}z + \lambda U'_2 f(a,z)\mathrm{d}z = 0$$

由此可得,$-U'_1 + \lambda U'_2 = 0$,即:$U'_1/U'_2 = \lambda$。

此时,$x^*(Z)$ 即为监管部门对银行金融机构的最优激励合同。

由 $U'_1\{Z(a,\varphi) - x[M(a,\varphi)]\}/U'_2\{A+x[M(a,\varphi)]\} = \lambda$ 可知,在最优激励合同 $x^*(Z)$ 处,U'_1/U'_2 是一个与 $Z(a,\varphi)$ 和 $x[M(a,$

$\varphi)$]无关的常数,说明在监管部门与银行金融机构之间具有完美信息的情况下,任意两个产出水平应该满足:

$$U'_1\{Z_1(a,\varphi)-x[M_1(a,\varphi)]\}/U'_2\{A_2+x[M_1(a,\varphi)]\}=\lambda$$
$$=U'_1\{Z_2(a,\varphi)-x[M_2(a,\varphi)]\}/U'_2\{A+x[M_2(a,\varphi)]\}$$
即 $U'_1\{Z_1(a,\varphi)-x[M_1(a,\varphi)]\}/U'_1\{Z_2(a,\varphi)-x[M_2(a,\varphi)]\}$
$$=U'_2\{A+x[M_1(a,\varphi)]\}/U'_2\{A+x[M_2(a,\varphi)]\} \tag{7-18}$$

由此可见,在具有完美信息的条件下,监管部门根据银行金融机构开展土地承包经营权抵押融资业务的产出情况来设定激励合同,从而使最终均衡达到帕累托最优水平。这一激励合同将迫使银行金融机构的努力水平为正,如果银行金融机构逃避责任为自身谋取利益,将很快被监管部门发现,依据事先签订的合同将会受到惩罚。

然而,在实际操作中,监管部门并不能完全掌握银行金融机构开展土地承包经营权抵押融资业务的全部信息,银行金融机构具有明显的信息优势。监管部门并不能简单地根据自身掌握的信息来制定银行金融机构的补偿激励政策,必须设定一个可调整的浮动补偿机制。因此,我们有必要进一步分析在信息不对称条件下银行金融机构与监管部门之间的最优解。

第二种情况:在信息不对称的条件下,银行金融机构与监管部门之间的最优解。在监管部门与银行金融机构之间具有对称信息的情况下,监管部门可以不承担任何风险为银行金融机构提供一个风险补偿方案,使均衡状态达到帕累托最优。然而,在双方信息不对称的条件下,由于银行金融机构具有信息优势有可能造成道德风险的存在,即银行金融机构开展土地承包经营权抵押融资业务的努力水平与监管部门设定的风险补偿水平不相符合。因为监管部门与银行金融机构即使签订了一个具有法律效力的合同,但由于银行金融机构开展土地承包经营权抵押融资业务的产出水平会受到银行金融机构的努力水平和外部环境变量的双重影响,此时银行金融机构是否努力履约难以核实。因此,监管部门在不能观测到银行金融机构努力水平的情况下,必须设定一个能够间接激励银行金融机构的合同,使双方的效用水平同时达到最大化。

假设银行金融机构开展土地承包经营权抵押融资业务的努力程度有"高"和"低"两种情形,a_H 表示"高努力水平",a_L 表示"低努力水平"。根据前面假设 $C'=dC/da>0$,$C''=d'C/da>0$ 可知,银行金融机构在高努力水平下所付出的成本 $C(a_H)$ 高于低努力水平下所付出的成本 $C(a_L)$。对应地,监管部门获得的收益也分为高收益 M_H 和低收益 M_L 两种情形:当 $a=a_H$ 时,监管部门收益 M_H 的分布函数和密度函数分别为 $F_L(M)$ 和 $f_H(M)$;当 $a=a_L$ 时,监管部门收益 M_L 的分布函数和密度函数分别为 $F_H(M)$ 和 $f_L(M)$。由于监管部门的激励目标是银行金融机构能够选择高努力水平 a_H，因此我们只需要考虑 $a = a_H$ 时的情形即可，此时监管部门的最优化问题为：

$$\max_x \int U_1\{Z(a,\varphi) - x[M(a,\varphi)]\}f_H(M)\,dz$$

$$s.t.\ \int U_2\{A + x[M(a,\varphi)]\}f_H(M)\,dz - C(a_H) \geq \overline{U}_2(B)$$

$$\int U_2\{A + x[M(a_H,\varphi)]\}f_H(M)\,dz - C(a_H) \geq \int U_2\{A + x[M(a_L,\varphi)]\}f_L(M)\,dz - C(a_L) \quad (7-19)$$

其拉格朗日函数为：

$$L(X, \lambda, \mu) = \int U_1\{Z(a,\varphi) - x[M(a,\varphi)]\}f_H(M)\,dz +$$

$$\lambda\{\int U_2\{A + x[M(a,\varphi)]\}f_H(M)\,dz - C(a_H) - \overline{U}_2(B)\} +$$

$$\mu\{\int U_2\{A + x[M(a_H,\varphi)]\}f_H(M)\,dz - C(a_H) -$$

$$\int U_2\{A + x[M(a_L,\varphi)]\}f_L(M)\,dz - C(a_L)\} \quad (7-20)$$

其中，λ、μ 为拉格朗日乘子，根据 Kuhn-Tucker 条件求解：

$$\partial L/\partial X = \int -U'_1 f_H(M)\,dz + \lambda \int U'_2 f_H(M)\,dz +$$

$$\mu \int U'_2 f_H(M)\,dz - \mu \int U'_2 f_L(M)\,dz = 0$$

$$\int [-U'_1 f_H(M) + \lambda U_2 f_H(M) + \mu U_2 f_H(M) - \mu U_2 f_L(M)]\,dz$$

即 $\int [-U'_1 f_H(M) + \lambda U'_2 f_H(M) + \mu U'_2 f_H(M) - \mu U'_2 f_L(M)]\,dz = 0$

$$-U'_1 f_H(M) + \lambda U'_2 f_H(M) + \mu U'_2 f_H(M) - \mu U'_2 f_L(M) = 0 \quad (7-21)$$

由此可得：

$$U'_1/U'_2 = [\lambda f_H(M) + \mu f_H(M) - \mu f_L(M)]/f_H(M)$$
$$= \lambda + \mu - \mu[f_L(M)]/f_H(M)]$$
$$= \lambda + \mu[1 - f_L(M)/f_H(M)] \quad (7-22)$$

7.3.4 银行金融机构开展土地承包经营权抵押融资业务的激励机制设计

由式（7-22）可知，银行金融机构与监管部门的边际效用之比会随着 $f_L(M)/f_H(M)$ 的变化而变化，不再是一个常数，它意味着监管部门为银行金融机构提供的最优报酬将随着 $f_L(M)/f_H(M)$ 的变化而改变。假定 $S'(M)$ 为监管部门与银行金融机构之间在信息非对称条件下的最优激励合同，当

$f_L(M) \geq f_H(M)$ 时，$S'(M) \leq S^*(M)$；同理，当 $f_L(M) \leq f_H(M)$ 时，$S'(M) \geq S^*(M)$。因此，我们可以得出结论：当给定监管部门一个既定的收益 M，若 M 在银行金融机构努力工作时出现的概率大于银行金融机构在不努力工作时出现的概率，则监管部门需要向上调整对银行金融机构的风险补偿额度；同理，若 M 在银行金融机构不努力工作时出现的概率大于银行金融机构在努力工作时的概率，则监管部门需要向下调整对银行金融机构的风险补偿额度。因此，对于监管部门与银行金融机构之间的委托—代理关系，我们进行以下激励机制设计：

第一，银行金融机构与监管部门之间展开土地承包经营权抵押融资业务的博弈时，当有限次博弈扩展到无限次重复博弈时，银行金融机构的选择由"不积极开展土地承包经营权抵押融资业务"策略向"积极开展土地承包经营权抵押融资业务"转变，从而使家庭农场的资金供给得到保证，并实现了社会总体福利最大化。因此，监管部门应该长期实行严格的"冷酷战略"，建立有效的长效机制，充分发挥其长期监管和引导作用，从而对银行金融机构形成巨大威力，并且一直持续下去，督促银行金融机构积极开展土地承包经营权抵押融资业务。在严格监管的同时，监管部门对银行金融机构的补贴需要达到或高于某一临界值，才能形成有效激励，为适度规模的家庭农场等新型农业经营主提供资金保证，促进农民增收、农业增效和农村发展。

第二，对于监管部门与银行金融机构之间的委托—代理关系，为了激励银行金融机构努力展开土地承包经营权抵押融资业务，监管部门要根据既定收益来调整对银行金融机构的风险补偿额度，并根据实际情况变化来实现动态管理。同时，根据银行金融机构努力展开土地承包经营权抵押融资业务的概率，来调整银行金融机构的风险补偿额度。这一方面体现了监管部门实事求是的工作原则，可以使土地承包经营权抵押融资业务取得更好效果；另一方面也防止了银行金融机构片面追求高补贴的投机行为，使其对开展土地承包经营权抵押融资业务保持长期的努力状态，以形成长期有效的激励效果。

7.4 家庭农场土地承包经营权抵押融资的制度安排

土地承包经营权抵押融资是我国农村金融服务完善过程中的一项重大改革创新，对发展家庭农场等新型农业经营主体起到了积极的推动作用。与此同时，土地承包经营权抵押融资也拓宽了银行金融机构的业务范围，为其提供了新的利润增长点。从前面的研究可以看出，土地承包经营权抵押贷款可以改善家庭农场的经营环境，增加银行金融机构的经营收益，从理论上讲，土地承包经营权抵押贷款业务的资金供求双方都应该有动力从事该业务。但是，我国农村金融市场发展滞后、配套措施不完善，使家庭农场和银行金融机构从事土地承包经营权抵押融资业务的风险增大，降低了双方参与其中的积极性，实践效果并不理想。因此，需要统筹兼顾，科学设计土地承包经营权抵押融资的制度安排，以充分调动家庭农场和银行金融机构对土地承包经营权抵押融资的参与热情。

7.4.1 农村农业政策的改善是家庭农场土地承包经营权抵押融资的保障性制度安排

改革开放以来，由于城市与农村之间的社会经济发展差距明显，农民到城市务工能够获取更大的收益，所以农村劳动力不断向城市流动，而留守在农村的主要是儿童、妇女和老人。随着社会经济的不断发展，"三农"问题越来越受到国家的重视和支持。特别是 2004 年以来，中央一号文件已经连续 14 年直接聚焦"三农"问题，党中央、国务院促进农业、农村稳定发展和农民持续增收的政策相继出台，农村基础设施不断改善，经济实力不断增强，群众实惠不断增多，农民收入逐年增长。农村农业政策的改善为农村土地承包经营权抵押融资创造了良好环境，从 2010 年出台的《关于全面推进农村金融产品和服务方式创新的指导意见》，到 2013 年党的十八届三中全会，到 2014 年、2015 年和 2016 年的中央一号文件，再到 2015 年出台的《关于开展农村承包土地的经营权和农民住房财产权抵押贷款试点的指导意见》等，这些国家层面的政策和文件，对实现农村土地的所有权、承包权、经营权"三权分置"，对引导土地承包经营权的有序流转，对土地承包经营权向银行金融机构抵押融资，对货币政策、财政政策的配套支持，以及对贷款利率、期限、额度、担保、风险控制等方面的创新服务都给予了明确规定。国家有步骤地放开土地承包经营权，赋予农村资产更多权利，扫清了土地承包经营权有序流转及其抵押融资的制度障碍，为培育和发展家庭农场等新型农业经营主体、推进土地承包经营权的流转和抵押融资提供了政策保障，从国家政策层面形成家庭农场土地承包经营权抵押融资的保障性制度安排。

7.4.2 法律法规的障碍突破是家庭农场土地承包经营权抵押融资的基础性制度安排

合法性保证是顺利开展土地承包经营权抵押融资业务的关键。只有具备可靠的法律保障，才能有效维护土地承包经营权抵押贷款参与人的合法权益，才能形成激励家庭农场和银行金融机构参与的基本保障。由于土地是农民赖以生存和发展的基础条件，加上我国目前社会保障制度不健全，家庭农场可能因从事土地承包经营权抵押融资经营失败而导致失地风险，从而造成失地农民生活困难，所以先前与土地抵押有关的法律都对其持否定态度。例如，《物权法》第184条明确规定，耕地不能进行抵押；《农村土地承包法》虽然允许农村土地转让，但仅允许通过招标、拍卖等方式取得的土地承包经营权，而对承包经营方式取得的土地承包经营权却禁止抵押；《中华人民共和国担保法》第37条明确规定，耕地、宅基地、自留地、自留山等集体所有的土地使用权不得抵押……以上法律条款形成了土地承包经营权抵押贷款的法律障碍。为此，要通过科学的制度安排来健全社会保障制度和土地流转制度，切实保障失地农民的基本生活、生产，努力激发农村土地承包经营权流转市场的活力。要勇于探索、大胆突破，在全国土地承包经营权抵押贷款的试点地区允许"先行先试"，在试点期间暂停执行与土地承包经营权抵押贷款"有冲突"的法律条款，承认各种以合法方式流转的土地承包经营权抵押的法律有效性，切实维护土地承包经营权抵押贷款参与人的正当权益。在经过试点、形成经验的基础上，加快修改完善相关的法律法规和完善司法保障，并在全国范围内推广，为土地承包经营权抵押贷款提供坚实的法律保障。因此，法律法规的障碍突破是家庭农场土地承包经营权抵押融资的基础性制度安排。

7.4.3 经济利益的强力驱动是家庭农场土地承包经营权抵押融资的激励性制度安排

家庭农场是一种适度规模经营的新型农业经营主体。天下熙熙皆为利来，天下攘攘皆为利往，经济利益是驱动家庭农场发展的最重要因素之一。家庭农场通过土地承包经营权的流转，进行适度规模经营，可以提高土地利用效率和劳动力边际效益，达到规模经济效应，从而使家庭农场获取更高的预期收益。由于家庭农场的生产经营规模较大，所以土地承包经营权有序流转是家庭农场的发展基础，同时由于农业生产的特殊性，适度规模经营的家庭农场需要额度更大、期限更长、时效更强的资金支持，但家庭农场却缺乏必要的抵押物。长期以来，抵押物匮乏一直是困扰"三农"领域资金投入不足的重要原因，而在现有农村信贷体系中的小额贷款仍然难以满足"三农"领域日益增长的融资需求，尤其家庭农场适度规模经营的融资需求更难满足。农村金融改革使土地承包经营权成为家庭农场的有效抵押物，土地承包经营权抵押融资逐渐被认可。因此，允许土地承包经营权抵押融资为家庭农场的健康发展提供了更大的利润空间和广阔的发展前景，从而形成家庭农场土地承包经营权抵押融资的激励性制度安排。

7.4.4 配套措施的合力扶持是促进家庭农场土地承包经营权抵押融资的支撑性制度安排

培育和发展家庭农场等新型农业经营主体是一项系统工程，除了关系到土地承包经营权抵押融资的资金供求双方外，还涉及其他诸多方面，是一项非常全面、复杂的系统性工作。从土地承包经营权抵押融资的整个流程来看，它关系到农村土地承包经营权的确权登记颁证，土地承包经营权的抵押、流转和评估，土地承包经营权的交易信息和平台构建，土地承包经营权的中介服务机构建设和专业人员配备，土地承包经营权抵押融资的相关法律支持，公平、公开、公正的交易环境的打造，以及社会保障制度的健全完善等一系列问题，因而必须对土地承包经营权抵押融资的相应配套措施进行多角度、多层次、全方位的综合考虑和科学设计，建立土地承包经营权抵押融资的长效机制，切实保障土地承包经营权抵押融资参与人的合法权益，真正形成从事土地承包经营权抵押融资的有效激励，才能保证其顺利开展和深入推进，维持其可持续发展，取得良好的政策预期效果。而土地承包经营权抵押融资的良好运行，离不开配套措施的精准施策和综合作用。因此，配套措施的合力扶持和均衡发力，是促进家庭农场土地承包经营权抵押融资的支撑性制度安排。

7.4.5 风险防范机制的健全是促进家庭农场土地承包经营权抵押融资的补偿性制度安排

由于土地承包经营权抵押融资政策尚处于试点阶段，家庭农场和银行金融机构在开展该业务时不可避免地会产生一定的风险。家庭农场在土地承包经营权抵押融资中面临的主要风险包括自然风险、市场风险、道德风险等；银行金融机构面临的主要风险包括责任风险、法律风险以及因开展土地承包经营权抵押融资业务而形成的不良资产风险。通过前面对银行开展土地承包经营权抵押融资业务的机制设计发现，政府对银行从事该项业务而产生的风险进行一定的补贴可以激励银行参与的积极性；同时，基于委托—代理理论的研究发现，对不同的银行金融机构应该制定不同的风险补偿方法。为此，要因地制宜、因事施策，不断健全土地承包经营权抵押融资的风险防范机制，以控制由此产生的农村金融风险。首先，出台和实施相关的优惠政策和激励机制，大力发展服务"三农"领域的村镇银行、农村资金互助社、小额贷款公司等新型农村金融组织，积极引导商业银行、保险公司、担保公司等金融机构参与土地承包经营权抵押贷款，提高农村金融的有效供给，满足家庭农场的融资需求。其次，政府要站在城乡统筹发展的战略高度，适当介入并提供相关政策支持（包括有关的财政政策、货币政策等）。

通过设立并落实土地承包经营权抵押融资的风险补偿专项资金，对银行金融机构因发放农村土地承包经营权抵押贷款而产生的损失进行适当补偿，从而建立起科学的风险分担机制和补偿机制，形成资金需求方和资金供给方参与其中的动力。最后，通过农村金融组织创新建立专门的农村资产经营管理机构，对农村土地承包经营权抵押贷款所产生的不良资产（抵押物）进行科学的处置、管理和运作，缓释农村土地承包经营权抵押贷款可能积累的风险，从而打开土地承包经营权抵押融资的障碍通道。因此，风险防范机制的健全是促进家庭农场土地承包经营权抵押融资的补偿性制度安排。

7.4.6 市场合作机制的建立是促进家庭农场土地承包经营权抵押融资的持久性制度安排

土地承包经营权抵押融资业务的顺利开展需要多种不同类型的金融机构相互协调、通力合作来共同完成。由于农业生产的弱质性以及抵押物的特殊性，土地承包经营权抵押融资的风险高于其他非农业务。如果相关金融机构条块分割、各自为政，银行金融机构在正常情况下开展该业务的动力不足。这就需要构建一个完整的、相互支撑的农村金融服务体系。为此，金融机构要结合实际，充分发挥各自的专业优势对土地承包经营权抵押贷款提供相关的金融支持。例如，保险公司要根据各地的农业特点设计与之相符的农业保险产品，充分发挥其风险保障作用，为家庭农场这一新型农业经营主体提供相对稳定的生产经营环境；同时，努力发展农业再保险，保险公司把土地承包经营权抵押贷款业务纳入再保险体系，在更大范围内实现风险分散，进一步防范因大灾可能产生的系统金融风险；人民银行对银行金融机构加大再贷款支持力度，银行业监督管理机构对开展土地承包经营权抵押融资业务的银行金融机构实行差异化的监管政策；给予利息补贴等政策支持以促进政策性的担保公司大力发展，充分调动其积极性，为土地承包经营权抵押融资提供切实可行的有效担保。尽管相关的金融机构共同参与土地承包经营权抵押在一定程度上增加了家庭农场融资的复杂性，但通过金融机构之间的相互协调、通力合作，可以使土地承包经营权的抵押融资风险大大降低，从而深入推进土地承包经营权抵押融资工作，有力促进家庭农场健康发展。因此，市场合作机制的建立是促进家庭农场土地承包经营权抵押融资的持久性制度安排。

8 家庭农场土地承包经营权抵押融资的市场化路径支持

土地承包经营权抵押融资是农村金融服务创新，对农民增收、农业增效和农村发展具有积极的推动作用。从实践上看，家庭农场从事适度规模的农业生产经营活动，具有投资额度大、期限长等融资特征；在利率市场化不断推进的背景下，银行金融机构具有参与潜力巨大的农村金融市场的内在需求；同时，基于"三农"问题的重要性，政府具有建设社会主义新农村和实现统筹城乡发展的强烈愿望。由此可见，对于土地承包经营权抵押融资，家庭农场、银行金融机构和政府都有参与其中的主观愿望，存在共同的交集。然而，在开展土地承包经营权抵押融资政策的试点过程中，现实障碍和制度困境使该政策并未达到预期效果，土地承包经营权抵押融资似乎"叫好不叫座"，并不被当事人"买账"。因此，对于农民有意愿，银行也有意愿，政府态度也积极的土地承包经营权抵押融资，我们应该主动探寻其动力不足的深层原因，经过积极试点、冷静思考、不断总结、形成经验、逐步推广的循序渐进过程，建立起土地承包经营权抵押融资的市场化路径支持，形成内在激励的长效机制，促进家庭农场等新型农业经营主体的健康发展。

8.1 家庭农场土地承包经营权抵押融资市场化路径的构建方向和设计思路

8.1.1 家庭农场土地承包经营权抵押融资市场化路径的构建方向

长期以来，农村缺资金、缺项目、缺技术、缺管理的现实状况难以改变，资金缺乏表现得尤为突出。近年来，国家财政向农村投入了大量资金，但有的经由"财政漏斗"和"财政资金再调配"改变了支农用途，有的经由"金融集聚"和"资

8 家庭农场土地承包经营权抵押融资的市场化路径支持

金回流通道"又流回城市;与此同时,商业资本、民间资本等社会资本由于农业风险大、投入多、周期长、见效慢、回报低而不愿意深入农村,农村难以形成"资金洼地"。多年的实践表明,只凭财政投入、民政救济等方式进行"输血式"支农,难以从根本上解决"三农"问题。只有在制度上取得有效突破,才能建立起农民脱贫、增收、致富的长效机制,实现全面建设小康社会的宏伟目标。而作为制度创新的土地承包经营权抵押融资,正是农村精准扶贫、增收致富的现实选择。

然而,土地承包经营权抵押融资是一种新型融资工具,目前处于试点探索阶段,存在着诸多的现实障碍和制度困境。为了缓解土地承包经营权抵押融资的现实障碍和制度困境,需要站在国家发展的战略高度,切实转变观念,改善农村金融生态环境,创新农村金融体制机制,完善农村金融服务体系。因此,家庭农场土地承包经营权抵押融资市场化路径的构建方向,是以增收致富为目标,以市场为导向,以资源配置为手段,以农村土地承包经营权为载体,以风险防范为核心,围绕抵押融资的土地承包经营权的处置、管理和运作,通过市场机制开启金融机构与家庭农场之间的制度通道,从而形成功能互补、协同发展的金融支持体系,引导金融市场与农村经济有效对接,促进货币市场、资本市场与农村经济互动发展,实现金融支持由"输血式"功能向"造血式"功能转变。同时,建立科学合理的风险分担和补偿机制,有效防范农村金融风险,建立顺应市场发展要求的长效机制,充分发挥土地承包经营权抵押融资的内在效力和巨大作用,构建起服务家庭农场土地承包经营权抵押融资的市场化路径支持。

8.1.2 家庭农场土地承包经营权抵押融资市场化路径的设计思路

我国农村金融的发展滞后限制了土地承包经营权金融属性的充分发挥,家庭农场和银行金融机构都缺乏应有的热情,难以激发资金供求双方参与其中的内在动力。

在经济发展步入新常态之际,我国农村经济形态将发生巨大变化,农村金融需求也将发生深刻变化。农业经营主体将由单一的农户、家庭向种养殖大户、家庭农场、专业合作社、股份合作社、合伙创业组织等新型农业经营主体转变,同时将由传统的当地人向外地人、关联人转变,农产品将随着市场需求、自然禀赋的变化而变化,农业将由单一的产业升级不断向农业产业链上下游延伸,生产要素也将由人力、土地向技术、资本、智慧转变,最终实现由"个体、分散、传统、单一"向"集中、规模、现代、多元"转变;与此同时,金融需求也将发生对应的深刻变化,金融机构需要顺应时势、创新机制、创新产品、改善服务、提高质量,让更多的被忽略对象能接受服务,让接受到服务的对象能接受更好的服务,让接受到更好服务的对象能接受更加多元的服务。由此可见,农村金融要实现农民脱贫致富的新突破，最大限度地满足客户的个性化需求，对作为农村金融服务创新的土地承包经营权抵押融资提出了更高要求。

开展土地承包经营权抵押融资业务的关键，在于如何降低或规避家庭农场和银行金融机构因开展土地承包经营权抵押融资业务可能产生的各种潜在风险。因此，家庭农场土地承包经营权抵押融资市场化路径的设计思路为：结合我国"三农"的实际情况，借鉴国外成功经验和好的做法，以风险生成（如家庭农场生成的自然风险、市场风险等，银行金融机构生成的经营风险、法律风险等）为切入点，以风险管理为突破口（如分别从家庭农场、银行金融机构和政府的层面进行制度安排和机制设计），创新农村金融组织，成立政府适当介入的政策性农村资产经营管理公司，形成银行金融机构、保险公司、农村资产经营管理公司等金融机构共同参与的、功能互补的、协同发展的金融支持体系。与此同时，通过设立土地承包经营权抵押融资的风险补偿专项基金，形成有效的风险分担和补偿机制，真正建立起家庭农场、银行金融机构、农村资产经营管理公司和政府"四位一体"的市场化路径支持。这种对土地承包经营权抵押融资所形成的风险生成→风险防范的循环系统，可以对风险进行有效回馈，使风险防范环节能够回馈到风险生成环节并参与风险再控制，从而形成家庭农场土地承包经营权抵押融资的闭环风险控制系统。其设计思路如图8-1所示。

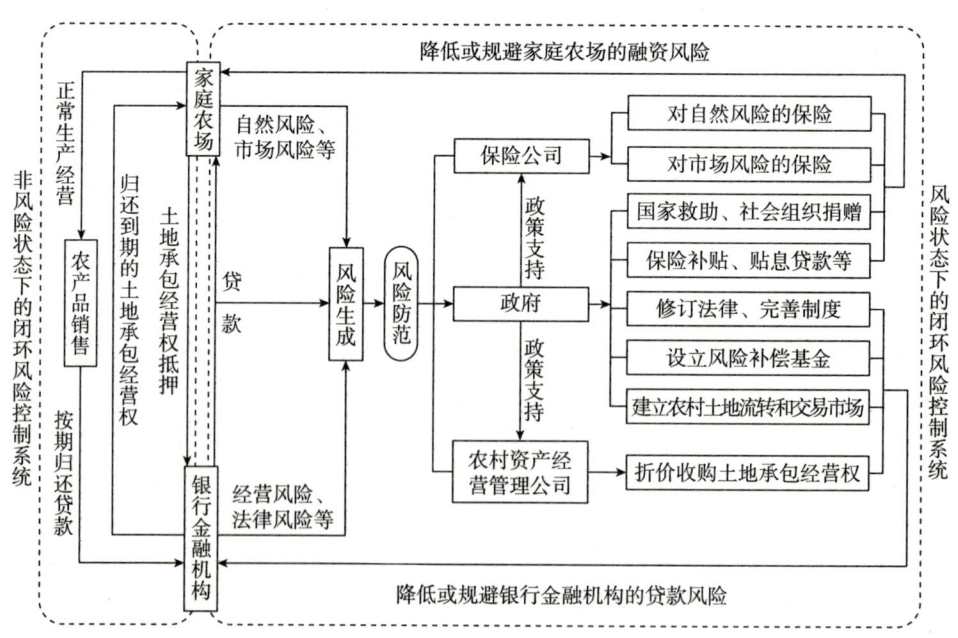

图8-1 家庭农场土地承包经营权抵押融资的闭环风险控制系统

8.2 家庭农场土地承包经营权抵押融资的市场化路径

随着促进农民增收、农业增效、农村发展的支农惠农政策的不断推出,为了鼓励适度规模的家庭农场等新型农业经营主体发展,国家出台了《关于开展农村承包土地的经营权和农民住房财产权抵押贷款试点的指导意见》等文件,为建立家庭农场土地承包经营权抵押融资的市场化路径提供了政策保障。

上面以增收致富为目标,以市场为导向,以土地承包经营权为载体,以风险生成为切入点,以风险管理为突破口,通过创新农村金融组织和设立风险补偿专项基金等途径,构建了家庭农场土地承包经营权抵押融资的闭环风险控制系统,形成了家庭农场、银行金融机构、农村资产经营管理公司和政府"四位一体"的市场化路径支持。基于此,我们通过以下生猪规模化养殖案例来说明家庭农场土地承包经营权抵押融资市场化的具体路径:

假设家庭农场通过流转的土地承包经营权抵押融资来发展生猪规模化养殖。家庭农场规模养殖生猪1000头,由于资金不足需要通过流转的100亩5年有效期的土地承包经营权向银行金融机构融资30万元(600元/亩·年×100亩×5年)。由于自然灾害、养殖成本、生病瘟疫、价格波动及土地承包经营权"再流转"困难等不确定性因素的综合影响,银行金融机构因为风险而顾虑重重,不愿意贷款给家庭农场。为了激励银行金融机构放款,促进家庭农场适度规模经营和发展农业现代化,家庭农场需要对养殖的1000头生猪进行投保,以降低银行金融机构的信贷风险。怎样才能激励家庭农场对生猪进行投保呢?如果一头生猪需要缴纳保费240元,国家和地方财政各自补贴100元,则家庭农场只需缴纳40元,就可以对1头生猪进行保险,保险补贴政策在一定程度上提高了家庭农场的投保积极性。但是,基于缺乏风险意识和降低生产成本的原因,家庭农场也不一定会投保,这就需要进行合理的机制设计,其方法如下:

因为家庭农场资金不足,要以流转的土地承包经营权作为抵押物向银行金融机构融资30万元。为了防止家庭农场的道德风险和逆向选择,银行金融机构起初只付给家庭农场授信额度60%的贷款(18万元=30万元×60%),其中的12万元(按200元/只×1000只×60%计算)先用于支付1000只猪仔的购买费用,当猪仔购买到位后由家庭农场出具正式的书面付款凭证(如发票等)并通过实地查验后再支付剩余的6万元,用于家庭农场的其他开支。该分期付款的政策依据及其机理如下：保证家庭农场把借入的资金真正投入到预定的农业生产项目上（本例是生猪养殖），防止改变贷款用途挪为他用，以保证实现土地承包经营权抵押融资用于农业生产的政策目标效果。2015年10月24日实行的一年期最新贷款基准利率为4.35%，如果银行金融机构上浮30%，则家庭农场贷款的年利率为5.66%，远远低于同期的民间借贷利率，对家庭农场具有较大的吸引力，从而形成土地承包经营权抵押融资的内在动力；对于授信额度剩余的40%贷款（12万元=30万元×40%），为了降低银行金融机构的信贷风险，需要借贷双方进行合同约定，家庭农场使用其中的4万元（40元/头×1000头）缴纳其生猪养殖的免息保险，该投保具有一定的硬性要求，相当于家庭农场向银行金融机构融资的附带条款，同时此处1000头生猪保险的购买数量必须是真实准确的，以防虚报或瞒报。剩余的8万元（12万元-4万元）贷款，家庭农场则可用于购买生产资料（如购买饲料、兽药和养殖设备等）以及其他服务。为了保证生产资料质量和降低生产成本，家庭农场可以利用后面创新的农村资产经营管理公司与知名度高的、有质量保证的、信誉良好的、技术力量强的农业生产资料供应商之间的紧密关系，以低于市价的优惠价格购入安全可靠、效果俱佳的农业生产资料，这也需要进行合理的机制设计，其方法如下：

农村土地流转和交易市场的不健全使土地承包经营权难以成功"再流转"，导致银行金融机构对违约的抵押物变现困难。为了激励银行金融机构积极开展土地承包经营权抵押融资业务，我们需要进行农村金融组织创新——建立专门从事土地承包经营权处置、管理和运作的政策性农村资产经营管理公司。其操作流程如下：银行金融机构把从事土地承包经营权抵押融资业务所形成的不良资产——难变现的抵押物（土地承包经营权）折价出售给农村资产经营管理公司，以减轻自身损失。而成功出售难以变现的土地承包经营权的关键在于，通过科学设计利益关联方的风险分担机制，形成一个风险防范的制度通道。此时，银行金融机构与农村资产经营管理公司之间可以达成一纸协议，首先，由实力雄厚的政策性农村资产经营管理公司向供应商按市场价格的八折优惠批量购进家庭农场所需要的农业生产资料（应该注意的是，银行金融机构购买农业生产资料是不允许的，只能通过农村资产经营管理公司购买）。由于存在批量规模效应，农业生产资料供应商是有参与动力的。其次，由农村资产经营管理公司按市场价格的九折优惠再卖给家庭农场，由此农村资产经营管理公司能够获得10%的中间收益，同时家庭农场也以低于市场10%的优惠价格购买到物美价廉的农业生产资料。最后，由银行金融机构通过家庭农场开设的土地承包经营权融资账户付款给农业生产资料供应商。通过这个过程，银行金融机构得到的利益在于与农村资产经营管理公司协商，把难以变现的抵押物（土地承包经营权）以更有利的价格出售给农村资产经营管理公司,从而形成一条缓解风险的"供应链金融",使参与土地承包经营权抵押融资业务的三方都有利可图,因而具有良好的利益互补和合作空间。如此一来,假设家庭农场需要购买7万元的生产资料,通过农村资产经营管理公司的批量购买可以减少支付0.7万元(7万元×10%)货款,而农村资产经营管理公司也因此获得了0.7万元(7万元×10%)的价差收益,双方都有利可图。进一步地,如果银行金融机构与农村资产经营管理公司达成合作协议,若家庭农场无法按期归还银行金融机构的贷款本息且土地承包经营权也无法成功实现"再流转",此时农村资产经营管理公司则以其获得价差收益的50%(0.35万元=0.7万元×50%)提高银行金融机构无法成功流转的土地承包经营权的收购价格。这种操作之所以可行,是因为农村资产经营管理公司在银行金融机构的帮助下前期获得了10%的农业生产资料价差收益,并分享了一半给银行金融机构;最后剩余的1万元(8万元-7万元),农村资产经营管理公司可以利用自身优势与正规的屠宰场开展合作,为家庭农场提供批量的屠宰、运输和加工等专业化优质服务,且价格低于市场实际价格,它既有利于屠宰场,又有利于家庭农场。

为了更好地防范市场风险和道德风险,开展土地承包经营权抵押融资业务的资金供给方——银行金融机构可以发挥自身优势,为家庭农场拓展农产品(此处是猪肉)的销售渠道提供便利,同时也降低了家庭农场的违约风险。银行金融机构可以和与其有资金往来的农产品销售商(如大型超市、大批发商、大客户等)协商,让家庭农场为他们提供质优价廉的农产品,实现双方互赢,但家庭农场销售农产品的回笼资金首先要优先偿还银行金融机构的贷款本息。从实践操作看,一头200多斤重的生猪平均销售收入在2500元左右,1000头生猪的销售收入约为250万元。家庭农场首先偿还4万元的无息保险贷款的比例是很低的(仅占销售总收入的1.6%,且是无息的);对于其他有息贷款26万元,加上利息约1.47万元(26万元×5.66%),本息约为27.47万元,这对在正常生产经营情况下销售收入达到250万元的家庭农场而言,是具有很强偿还能力的,也是愿意偿还的。这是因为,如果家庭农场出现违约,首先损失了供应商提供农业生产资料的价格优惠0.7万元,同时损失了2264元保险免息,直接损失达到9264元;其次将面临失去作为抵押物的100亩5年有效期的土地承包经营权,以及无法在银行金融机构再融资的信用损失,甚至还可能承担法律责任,损失惨重,得不偿失。另外,即使遭受了重大自然灾害,家庭农场还可以得到国家救助和社会捐赠,也在一定程度上能够降低部分损失。

对于银行金融机构而言,如果家庭农场的土地承包经营权抵押贷款按期偿还,以生猪半年出栏为一个生产经营周期,那么银行金融机构可以获得的收益包括:贷出26万元的利息收入0.74万元(26×5.66%×1/2)、代理保险业务获得的佣金收入0.4万元（4万元×10%），两项收入合计1.14万元，则银行金融机构的年化收益率为7.6%（1.14/30×2，一年按2个生产经营周期计算），该收益率已经远远高于2015年我国主要涉农金融机构的平均资产利润率1.27%，可见银行金融机构是愿意接受的。加之，为了保障生猪养殖场（或散养户）利益，2015年国家对养猪的良种、圈舍改造、粪污处理、疫病疫苗、强制扑杀损失、防疫工作劳务、无害化处理费用以及保险保费、贷款利息等都给予了较高补贴。因此，家庭农场通过土地承包经营权抵押融资进行规模化生猪养殖，除非万不得已，是不愿意违约的，从而降低了金融机构的信贷风险。

相反，如果家庭农场土地承包经营权抵押融资由于各种原因不能按期偿还，从总体上看银行金融机构也不会遭受巨大损失，其获得的收入能够弥补因发放土地承包经营权抵押贷款而产生的损失，甚至还能产生较少的利润（具体分析详见"6.3　土地承包经营权抵押融资的风险衡量"的相关内容）。这里，我们以家庭农场通过土地承包经营权抵押融资进行规模化生猪养殖出现违约的个体案例进行深入分析：

假设某个生猪规模化养殖家庭农场出现违约，不能按期偿还土地承包经营权抵押贷款，则银行金融机构可能发生的损益包括：①保险公司的赔付款12万元。在实际操作中，保险公司的理赔一般只能补偿部分损失，这里假定家庭农场4万元的生猪保险能够获得12万元的保险理赔，根据双方合同约定家庭农场会优先赔付给银行金融机构。②银行金融机构代理保险业务可获得佣金收入0.4万元。③银行金融机构把抵押物——土地承包经营权折价出售给农村资产经营管理公司，如果按60%的比例折价计算，银行金融机构则可获得18万元收入。④土地承包经营权抵押融资的风险补偿收入为0元。此处依据重庆市《关于开展农村土地承包经营权居民房屋和林权抵押贷款及农户小额信用贷款工作的实施意见（试行）》，如果银行金融机构因发放农村土地承包经营权抵押贷款而产生损失，会获得35%的损失补偿，其中市级承担20%、区县（自治县）承担15%。这里因未产生损失，故该项收入为0元。因此，即使该家庭农场出现违约情况，则银行金融机构开展该项土地承包经营权抵押融资业务而产生的净收益为0.4万元，略有盈余。虽然银行金融机构可能因以上四项收入数据的不同而产生不同的损益，但有农业保险赔付、抵押物折价出售和风险基金补偿等收入，银行金融机构即使出现亏损也是很小的。与此同时，单个家庭农场的土地承包经营权抵押融资虽然有可能出现违约，但从总体上看违约情况只是少数，属于小概率事件。

由此可见，推进家庭农场土地承包经营权抵押融资业务的关键在于，家庭农场参加农业保险、建立风险补偿专项基金形成风险分担和补偿机制，以及进行农村金融组织创新——组建把农村资产经营管理公司。目前，由于我国农村土地流转和交易市场尚不成熟，土地信息平台尚不完善，相关配套措施也不健全，使银行金融机构承贷的土地承包经营权难以实现"再流转"，可能导致较大的经济损失而"惜贷"。基于"三农"问题的重要性，同时避免政府为土地承包经营权抵押融资政策造成的损失无休止埋单而使财政难堪重负，组建由政府适当介入、按市场化模式运行的专门从事土地承包经营权处置、运作和管理的政策性新型农村金融组织——农村资产经营管理公司，是一种可行的市场化路径选择。

8.3 家庭农场土地承包经营权抵押融资市场化路径的金融组织创新——组建政策性农村资产经营管理公司

8.3.1 政策性农村资产经营管理公司的概况

为贯彻落实《中国银监会办公厅关于做好2013年农村金融服务工作的通知》（银监办发〔2013〕51号）、《农业部关于促进家庭农场发展的指导意见》（农经发〔2014〕1号）、《中共中央、国务院关于全面深化农村改革 加快推进农业现代化的若干意见》（中发〔2014〕1号）、《中国人民银行关于做好家庭农场等新型农业经营主体金融服务的指导意见》（银发〔2014〕42号）、《关于引导农村土地经营权有序流转 发展农业适度规模经营的意见》（中办发〔2014〕61号）、《关于加大改革创新力度 加快农业现代化建设的若干意见》（中发〔2015〕1号）、《国务院关于开展农村承包土地的经营权和农民住房财产权抵押贷款试点的指导意见》（国发〔2015〕45号）、《中共中央、国务院关于落实发展新理念 加快农业现代化 实现全面小康目标的若干意见》（中发〔2016〕1号）、《中共中央办公厅、国务院办公厅关于完善农村土地所有权 承包权 经营权分置办法的意见》等文件精神，加快农村金融服务改革创新，建立农村金融风险分担和补偿机制，促进适度规模的家庭农场等新型农业经营主体的健康发展，为农村经济社会发展提供多层次的金融支持，有必要组建政策性农村资产经营管理公司。

8.3.1.1 农村资产经营管理公司的目标

该公司以《中国人民银行关于做好家庭农场等新型农业经营主体金融服务的指导意见》《国务院关于开展农村承包土地的经营权和农民住房财产权抵押贷款试点的指导意见》等文件精神为组建原则，以"创新农村金融服务，促进农业农村发展和农民增收"为经营理念，以"金融机构因开展土地承包经营权等农村资产抵押融资而产生的不良资产"为基本对象，围绕农村资产抵押融资产生的不良资产进行处置、管理和运作以及"三农"领域的相关业务,最终实现"资产保值增值和防范农村金融风险"的公司目标。

8.3.1.2 农村资产经营管理公司的股权性质

该公司负责妥善处置银行金融机构因开展农村资产抵押融资而产生的不良资产,具有很强的政策性和特殊性,兼具社会效益和经济效益的双重要求,因此,把农村资产经营管理公司的股权性质定为国有独资,其控股股东为农业主管部门(最终控制人是作为出资人的政府财政主管部门)。

8.3.1.3 农村资产经营管理公司的行业属性

该公司的行业属性定为"资产管理公司",参照国资委下属的资产管理公司。其经营范围主要包括四个部分:①农村资产(包括农村土地承包经营权、农民住房财产权和林权等农村资产,后同)抵押融资所形成的不良资产的收购处置;②农村资产所形成的不良资产的储备、整治和经营;③农村资产投融资平台的构建;④与农村资产相关的其他业务。

8.3.1.4 农村资产经营管理公司的属性

该公司属性定为"有限责任公司",在公司发展壮大和条件成熟后可以考虑转型为"股份有限公司"。

8.3.1.5 农村资产经营管理公司的职能定位

根据行业属性和经营范围可以确定该公司具有五个主要职能:

(1)农村资产抵押融资风险补偿专项资金的委托代管职能。协助政府对该项资金进行委托代管,加强使用监管,保障资金安全,提高使用效率。

(2)农村资产抵押融资所形成的不良资产的收购处置。对农村资产抵押融资所形成的不良资产进行收购处置,协助政府对银行金融机构和担保公司的不良资产实施折价收购,整合后通过国资主管部门、林业主管部门、国土主管部门、国有企业集团等机构进行回购处置,实现不良资产的盘活并形成适当收益。

(3)农村资产的储备、整治与经营管理职能。对农村资产实施经营管理,用资产经营收益弥补农村资产抵押融资风险补偿专项资金的不足,实现资产保值增值。尤其是进行土地承包经营权资产的整治、储备与经营。

(4)投融资职能。充分利用农村资产经营管理公司的国有资产搭建投融资平台,对农村资产抵押融资所形成的不良资产进行打包处置融资。整合农口资源,对政策扶持型国有农业项目以股权、债权等方式进行投资,增强公司的造血机能,提高公司的可持续发展能力。

(5)国有资产经营职能。通过对农村资产所形成的不良资产的收购处置,以及划转的优质国有资产的经营管理,提高国有资本和资产的经营效率,实现国有资产和资本的优化配置。

8.3.2 政策性农村资产经营管理公司的作用

8.3.2.1 促进农业供给侧改革的顺利推进

随着土地承包经营权的有序流转及其抵押融资的深入推进，家庭农场等适度规模经营主体将逐步改变我国传统农业"小生产"与"大市场"的现实弊端。通过组建农村资产经营管理公司，可以缓解发展家庭农场等新型农业经营主体的资金障碍，实现农业生产要素的高效配置，引导更多资本进入农业领域。2016年起，我国已经取消了玉米临储政策，拉开了粮食市场化改革序幕。顺应市场要求、适度规模的家庭农场等新型农业经营主体更加关注市场需求，生产更为理性，从而为农业供给侧改革奠定了坚实基础。

8.3.2.2 助推农村"精准扶贫"和农村经营环境转型

改革开放以来，我国扶贫开发工作已经取得了举世瞩目的成就，但仍然面临着十分艰巨而繁重的任务。建立具有内生动力、能够让贫困人口自己脱贫致富的长效机制，需要充分挖掘农村资产的金融效能，对农业生产经营投入大量的、持续的资金。组建农村资产经营管理公司，能够激励银行金融机构对"三农"领域的资金供给，促进农民增收、农业增效和农村发展。与此同时，由于解决了适度规模经营的资金瓶颈，可以促使单一化、分散化的传统农业生产经营环境向规模化、产业化的现代生产经营环境转型。

8.3.2.3 是扶持"三农"的新尝试

近年来，在利润驱动下的金融机构"离农脱农"，导致金融支农能力弱化，已经成为制约农民增收致富的重要因素。组建农村资产经营管理公司，通过建立农村资产抵押融资的风险分担和补偿机制来促使社会资金回流农村，强化金融机构由"被动支农"向"主动支农"的市场驱动，实现支农资金由"输血式"功能向"造血式"功能的成功转换，是扶持"三农"的新尝试。

8.3.2.4 实现"三农"资源的优化配置

组建农村资产经营管理公司，一方面可以有效促使资金回流"三农"领域，填补农村资产抵押融资所形成的不良资产的经营、管理和运作的空白；另一方面可以整合、优化土地承包经营权、农民住房财产权、林权等现有资源，并实现农村资源的优化配置。

8.3.2.5 有助于农村资产流转和交易市场的活跃与繁荣

作为妥善处置农村资产抵押融资所产生的不良资产的农村资产经营管理公司，通过进一步健全市场激励机制，打造银行金融机构与家庭农场等新型农业经营主体之间资金供求的融资通道，有助于农村资产的流转和交易，从而助推农村资产市场的活跃与繁荣。

8.3.2.6 多层次完善我国农村金融体系

近年来，党中央、国务院高度重视农村金融改革，努力改善农村金融服务。组建农村资产经营管理公司是农村金融组织的改革创新，不仅涉及健全的金融组织体系（如银行、保险、担保等金融机构），同时需要完善的金融服务体系（如交易、评估等服务机构），还需要科学的经营管理体系（如农村资产经营管理公司），从而有利于构建多层次、广覆盖、可持续发展的农村金融体系，助力农村经济社会发展。

8.3.2.7 激发银行金融机构从事农村资产抵押融资业务的积极性

对农村资产抵押融资所产生的贷款损失，银行金融机构不仅可以获得一定的风险补偿金，农村资产经营管理公司还可以折价收购银行金融机构因开展农村资产抵押融资业务而产生的不良资产，从而降低银行金融机构的信贷风险及其可能遭受的经济损失，提高其参与农村资产抵押融资业务的积极性。因此，组建农村资产经营管理公司可以激发银行金融机构开展农村资产抵押融资业务的内在动力，加大银行金融机构对"三农"领域的金融支持。

8.3.2.8 防止骗取农村资产融资的补偿金，防范农村金融风险

农村资产抵押融资是一项富有探索性和开拓性的金融创新。在该政策的试点过程中，由于政策不完善和机制不健全，可能导致参与方骗取农村资产融资损失补偿金的道德风险。因此，组建农村资产经营管理公司，通过对补偿专项资金的科学规划、严格管理和有效使用，能够从制度和操作层面对补偿金进行规范管理，从而防止骗取农村资产融资补偿金的道德风险，提高农村资产补偿专项资金的公信力，进而防范农村金融风险。

8.3.2.9 发挥杠杆作用，保障财政资金平稳运行

组建农村资产经营管理公司，可以通过低比例的补偿专项资金，成倍放大金融机构对农村资产抵押融资的杠杆效应，有效发挥政府财政资金的基础作用，促使财政资金持续平稳运行。

8.3.3 政策性农村资产经营管理公司的主要业务

8.3.3.1 农村资产抵押融资的风险补偿资金业务

（1）业务内容。①负责财政主管部门对银行金融机构因农村资产抵押融资所形成损失的风险补偿金发放；②履行相应的监管职能，做到全方位、全过程监管，防止骗取农村资产抵押融资损失补偿金的道德风险；③完成专项补偿资金要求的其他职能。

（2）业务性质。农村资产抵押融资损失补偿金的发放可以参照事业单位的模式进行管理，具体由公司下设的农村资产评估中心来完成。由于农村资产比较

分散，在开始阶段可以依托农业担保公司等相关机构来开展。

（3）业务收入。补偿金发放是否收取手续费由农业主管部门会同有关职能部门协商决定。建议采用收取手续费的方式，有利于调动公司的积极性和保证其可持续发展。

8.3.3.2 农村资产抵押融资所形成的不良资产的处置业务

（1）不良资产的界定。农村资产抵押融资的主要对象是家庭农场等适度规模的农业经营主体。贷款资金主要用于发展种植业、养殖业、林业、渔业、农副产品加工、流通等农业产业化项目，以及满足农业产前、产中、产后服务的资金需求。因此，公司的服务对象是银行金融机构因开展农村资产抵押贷款而产生的不良资产，包括逾期贷款（贷款到期限未及时偿还的贷款）、呆滞贷款（逾期两年以上的贷款）和呆账贷款（需要核销的收不回的贷款）三种资产，以及其他形式的不良资产。

（2）农村资产抵押融资所形成的不良资产的特征。其一，农村资产抵押融资所形成的不良资产不一定是"不良"的，可能是贷款周期过短与生产周期过长矛盾所产生的，因此公司可以对其进行市场化操作，从而盘活不良资产，实现保值增值。其二，对于土地承包经营权抵押融资而言，普通农户平均有 3~5 亩的承包地，如果按照市价 600 元/亩取得贷款，从而获得 3000 元左右的贷款，它完全可以由农村小额信贷业务解决。因此，土地承包经营权抵押融资的主要对象是家庭农场、合作社经济组织、农业龙头企业和专业养殖大户等适度规模经营主体。其三，对于农民住房财产权抵押融资而言，由于承载着农民的居住功能，农民一般不会轻易将其抵押融资，形成呆坏账的比例很低。其四，对于农村林权抵押融资而言，面临的主要风险包括林权属性的确定，即是否可以将其进行市场化运作。如果可以进行市场化运作，那么林权的价值是多少；即使确定了林权的价值，是否具备龙头企业加工的条件。以上问题使林权抵押融资存在一定难度，一旦能够形成抵押，必有一定的市场价值和龙头加工条件，其不良贷款的形成主要来自管理中存在的漏洞（如看护、消防、病虫害等）和回收周期过长而导致的现金流缺口问题。

（3）农村资产抵押融资所形成的不良资产的处置方式。基于农村资产抵押物的政策性和特殊性，银行金融机构愿意与农村资产经营管理公司进行谈判，折价出售抵押物。这是因为：①农村资产抵押融资所形成的不良资产难以实现"再流转"，变现能力弱；②银行金融机构可以获得一定数量的农村资产抵押融资风险补偿金，还可以通过折价出售来获取一定的收益，以弥补部分贷款损失；③农村资产经营管理公司在处置不良资产时居于特殊地位并具有经营管理优势，通过谈判收购获得了其经营获利的物质基础（农村资产的经营权）；④谈判收购方法简单易行,降低了评估或协调等交易成本,操作性也较强。在必要时,谈判价格的确定也可以借助评估机构对不良资产进行价值评估,然后按照评估价格进行收购。

8.3.3.3 农村资产抵押融资所形成的不良资产处置后的盘活

农村资产经营管理公司从银行金融机构收购了农村资产抵押权的不良资产后,如何经营这些不良资产,实现资产保值增值,主要做法有以下几种:

(1) 权转股。农村资产登记并未涉足租赁收益与股权收益,因此租赁和股权收益可以看成农村资产的派生权益,农村资产经营管理公司可以通过权转股的形式获取家庭农场、合作社经济组织、农业龙头企业和专业养殖大户的股权收益。

(2) 农村资产抵押权的出租经营。农村资产经营管理公司收购的不良资产(如果成规模、联成片)可以直接出租给家庭农场等农业生产主体从事生产经营,由农村资产经营管理公司与承租方约定出租时间和价格,签订出租合同;对于零星、分散的农村资产,则可以出租给城镇居民个人,来体验农村的休闲生活方式。

(3) 农村资产中的土地整治、储备与经营。农村资产经营管理公司将收购的具有一定期限的农村土地使用权,按照国家土地用途管制和规划,通过土地市场对土地进行储备、整治,再出让给土地使用者。当农村土地使用权期限届满后(如50年),由农村资产经营管理公司从土地使用者手中收回土地使用权,向农民交回土地。

(4) 农村资产抵押权的招商引资。农村资产经营管理公司对位置优越、规模成片的农村资产抵押物进行统一规划,配套完善相关的基础设施,通过招商引资建立现代农业产业园区(农业示范园、农业生态园等),引导家庭农场、农业龙头企业或专业种植大户等新型农业经营主体进入园区开展规模经营。

8.3.3.4 投融资业务

(1) 农村资产经营管理的特征。通过上述农村资产抵押融资所形成的不良资产的处置方法,可以将农村资产经营管理公司收购的不良资产进行处置盘活,但农村资产经营管理具有如下特征:①公益性特征明显;②农业生产的长周期性决定了农村资产经营管理收益具有较长的周期;③农村资产经营管理业务受政策制约性较强,尤其是农村土地的整治、储备和经营容易受到政府政策、规划调整和城市布局等相关政策的影响;④相对于第二、第三产业而言,农业较低的平均利润率使公司虽然具有一定的发展空间,但不可能获得超额利润。因此,农村资产经营管理公司必须在主营业务的基础上,努力发展其他业务,尤其是拓展投融资业务,从而保证其稳定的现金流,实现可持续发展。

（2）投融资业务模式。①构建投融资平台。农村资产经营管理公司除了可以进行核心业务——农村资产抵押融资所形成的不良资产经营外，还可以依托农业主管部门平台，针对实际的大型项目（尤其是政府扶持的农业项目）开展投融资服务。②农村资产抵押权的证券化。通过资产证券化，农村资产经营管理公司与中介机构凭借各自的专业优势，以系统化、规范化、标准化的方式将复杂的不良资产转化成标准化证券产品，通过丰富金融市场的产品种类来增加市场对不良资产的投资需求，从而扩大不良资产的投资者基础，促进不良资产市场的培育和发展。③深推保险业务。家庭农场等新型农业经营主体涉农保险投保作为银行授信的必备要素，农村资产经营管理公司可以与银行金融机构和保险公司之间开展合作，激励农村资产抵押人对贷款项目进行投保，以提升农业保险的渗透度。

（3）投融资业务的介入模式。投融资业务的介入模式主要包括：①全面直接管理模式。农村资产经营管理公司对投融资项目由自己派员管理。该模式虽然可以减少管理环节、提高管理效率，但成本较高。基于农业项目地处偏远、分布范围广且对管理人员要求高的现实，该模式难以实施。②全面委托管理模式。农村资产经营管理公司将投融资项目全部委托给外部机构管理，尤其是项目所在地的其他相关金融机构。该模式可能存在代管机构只代不管或代管机构与债务人串通一气的弊端，从而增加了道德风险。③混合管理模式，是将上述两种管理模式综合运用。农村资产经营管理公司根据实际情况，对数额大而集中的资产由公司派员进行管理，对数额小而分散的资产则委托相关机构人员进行管理。混合管理模式比较适合我国的实际情况，具有较强的可行性和可操作性。

8.3.3.5 其他业务

其他业务主要包括：①向农村资产抵押融资的事前延伸。财政主管部门出台的农村资产抵押融资所形成的不良资产的政策性补贴办法，从深层次上解决了银行放贷的积极性问题，但也可能产生道德风险——为了获取一定比例的损失补贴而伪造贷款违约记录。要解决此问题，就必须保证贷款的真实性，因此，农村资产经营管理公司必须对农村资产抵押融资进行全程监管，尤其是事前介入。同时，事前介入融资项目也可以为投融资业务发现和培育优质项目。②充分发挥资产管理公司的准金融功能。由于农村资产经营管理公司的业务主要集中在"三农"领域的农村资产，利润率较低，需要适当发挥资产管理公司的准金融功能，才能保证农村资产经营管理公司的合理利润。③农村资产经营管理公司可以从具有实力的供应商低价批量购入安全可靠的农业生产资料，然后再以低于市价的优惠价格卖给农村资产抵押人，构建"供应链金融"模式，实现多方共赢，具体情况参见"8.2 家庭农场土地承包经营权抵押融资的市场化路径"的相关内容。

现在可以开展的其他业务主要包括：①价值评估服务。为了顺利推进农村资产抵押融资业务，需要对抵押物进行价值评估。农村资产经营管理公司可委托有资质的专业评估机构，也可依托其专业评估人员对农村资产抵押物进行价值评估，依法依规收取合理的评估费，确保其稳定的现金流。②开展金融中介服务。充分发挥农村资产经营管理公司在农业信息化和专业化等方面的优势，与银行金融机构合作开展专门针对农民的理财和消费类信贷等金融服务，同时进行风险控制，尤其是做好理财产品的后续服务，也可以针对县域和农村区域客户分别开发合适的理财产品。③创新融资抵押方式。农村资产经营管理公司可以在风险可控的基础上进一步盘活农民手里的金融资源，增强农村经济活力。由于《担保法》等法律法规的相关限制，可以尝试开展四种抵押创新：动产抵押创新、应收账款融资创新、股权质押融资创新、保证方式创新。

未来可以拓展的其他业务。作为政策性的农村资产经营管理公司，可以借鉴我国四大金融资产管理公司的发展模式，国家给予政策支持，未来逐步发展成为拥有证券公司、金融租赁公司、村镇银行、信托公司、期货公司、资产管理公司、置业公司、消费金融公司等多家公司，进行多元经营、业务互补、协同发展的综合性金融组织，实现公司的可持续发展。

8.3.4 政策性农村资产经营管理公司的组织结构

公司的组织结构总体上属于事业部制，其特色在于：首先，需要设置重大资产处置委员会、风险管控委员会、重大项目审批委员会等专门的决策委员会，负责公司在大额资产处置、重大项目投资、定期风险提示和检查等业务，保证公司对重点、重大项目的民主科学决策，以降低风险；其次，需要成立风险管理部，体现全面风险管理的理念；最后，需要成立专门的农村资产评估中心，解决公司主营业务对象的价值评估问题。同时，公司要根据未来业务的发展，进一步优化组织结构，为公司业务的整合、管理效率的提升和长远的可持续发展奠定组织保障。

8.4 家庭农场土地承包经营权抵押融资市场化路径的政策支持

家庭农场土地承包经营权抵押融资的市场化路径需要勇于探索，大胆创新，它离不开政府的大力支持和政策的可靠保障，具体详见"9.2.5 对构建土地承包经营权抵押融资市场化路径的建议"中的相应内容。

9 主要研究结论与对策建议

9.1 主要研究结论

本课题在现有研究成果的基础上,根据预期研究任务开展深入研究,得出了以下主要研究结论:

9.1.1 家庭农场土地承包经营权抵押融资的现状调查结果及其存在的主要问题

调查表明,家庭农场的主要现实特征如下:家庭农场主的年龄集中在31~50岁,受教育程度以中学为主,大多数具有外出务工经历;大多数家庭农场的生产经营规模偏小,产品比较单一,销售状况需要进一步改善。家庭农场土地承包经营权抵押融资的主要现实特征如下:家庭农场普遍存在着资金困难,对土地承包经营权抵押融资政策知之甚少;大多数家庭农场主愿意申请土地承包经营权抵押融资,但认为其存在着很大风险,仅有16%的家庭农场申请过土地承包经营权抵押贷款。调查同时表明,银行金融机构开展土地承包经营权抵押融资业务动力不足的主要原因在于:家庭农场的收益不稳定,法律法规不完善,需要付出更高的操作成本,存在信息不对称和道德风险,土地承包经营权作为抵押物违约后变现难,缺乏合理的风险分担和补偿机制。土地承包经营权抵押融资存在的主要问题有以下几方面:对于家庭农场而言,缺乏足够的懂技术、会经营、善管理的家庭农场主;家庭农场生产规模偏小,难以达到适度规模经营效果;家庭农场生产和销售的稳定性较差,融资满足度低;土地流转不畅,土地承包经营权抵押融资的风险大,家庭农场主顾虑多。对于银行金融机构而言,诸多因素诱使金融机构"离农脱农",存在"逆向选择"与"道德风险",土地承包经营权作为贷款抵押物违约后的变现能力差,容易产生流动性风险。对于融资环境而言,土地承包经营权抵押融资政策的宣传力度不够;农村金融服务体系不健全,需要完善社会化服务体系,扩大优惠政策的惠及面;土地承包经营权抵押融资的配套制度不完善,中介市场发展缓慢;土地承包经营权抵押融资缺乏科学的风险分担和补偿机制。

9.1.2 家庭农场与土地承包经营权抵押融资之间的适宜性

研究表明,土地承包经营权抵押融资具有增加有效抵押物、融资额度大、融资期限长、融资利率低、融资程序简单等比较优势;家庭农场适度规模经营、土地有序流转规模不断扩大和家庭农场的生产特征等现实情况需要土地承包经营权抵押融资;因地制宜创新业务和全方位控制风险的土地承包经营权抵押融资可以助推家庭农场发展;政策破冰和制度配套为家庭农场土地承包经营权抵押融资提供了基本保障。因此,家庭农场与土地承包经营权抵押融资之间是匹配的、适宜的。

9.1.3 家庭农场土地承包经营权抵押融资意愿的影响因素

研究表明,融资困难对家庭农场土地承包经营权抵押融资意愿具有显著的正向激励作用,说明家庭农场融资越困难,土地承包经营权抵押融资的意愿越强烈;融资难激发了融资的内在需求,而对融资政策的一知半解又会降低家庭农场的土地承包经营权抵押融资意愿;通过"合作"与"拍卖"方式获得经营土地的家庭农场进行土地承包经营权抵押融资的意愿较低;经营土地面积对家庭农场土地承包经营权抵押融资意愿具有正向影响,但不显著。进一步说明,家庭农场因生产经营规模扩大而进行土地承包经营权抵押融资的意愿是有的,但并不十分强烈。

9.1.4 家庭农场土地承包经营权抵押融资风险生成及其形成原因

研究表明,家庭农场土地承包经营权抵押融资的风险生成及其形成原因主要包括:自然风险的生成,是由自然因素、人为因素等原因造成的;市场风险的生成,其是由农业生产特殊性、信息不对称、风险分担和补偿机制缺乏、国际农产品市场风险传递、农产品投机、保护政策退出和调整等原因造成的;失地风险的生成,其是由生产经营失败造成的;流转风险的生成,其是由土地流转不规范造成的。研究同时表明,银行金融机构开展土地承包经营权抵押融资的风险生成及其形成原因主要包括:经营风险的生成,其是由家庭农场资金需求的阶段性、连续性以及农业弱质性造成的;流动性风险的生成,其是由抵押物变现难度大造成的;责任风险的生成,其是由银行金融机构人手有限、少数工作人员缺乏责任心

9 主要研究结论与对策建议

等造成的;道德风险的生成,其是由少数家庭农场主的信用观念淡薄和道德品质问题造成的;法律及政策风险的生成,其是由政策的不完善和法律修订的滞后造成的。土地承包经营权抵押融资存在的潜在风险,需要通过科学的制度安排和机制设计来进行有效防范。

9.1.5 家庭农场土地承包经营权抵押融资的机制设计及其制度安排

研究表明,为了更好地促进土地承包经营权抵押融资业务的顺利开展,需要进行科学的机制设计,主要包括:家庭农场参与土地承包经营权抵押融资途径的选择机制设计,家庭农场参与土地承包经营权抵押融资的动力机制设计,银行金融机构开展土地承包经营权抵押融资的激励机制设计。与此同时,还要进行良好的制度安排,主要包括:农村农业环境改善的战略性制度安排,法律法规障碍突破的基础性制度安排,经济利益强力驱动的激励性制度安排,配套制度合力扶持的支撑性制度安排,风险防范机制健全的补偿性制度安排,市场合作机制建立的持久性制度安排。

9.1.6 家庭农场土地承包经营权抵押融资市场化路径支持

研究表明,家庭农场土地承包经营权抵押融资市场化路径支持主要包括:以增收致富为目标,以市场为导向,以土地承包经营权为载体,以风险生成(如家庭农场的自然风险、市场风险等,银行金融机构的经营风险、法律风险等)为切入点,以风险防范为突破口,运用供应链金融思想,从家庭农场、金融机构、政府等层面,通过创新农村金融组织——农村资产经营管理公司,构建家庭农场土地承包经营权抵押融资的闭环风险控制系统,从而形成家庭农场、银行金融机构、农村资产经营管理公司和政府"四位一体"的市场化路径支持。

9.2 对策建议

为了发展家庭农场等新型农业经营主体,近年来国家相继出台了一系列的相关政策。同时,为了解决家庭农场等新型农业经营主体的融资难题,国家推出了土地承包经营权抵押融资的金融创新工具。然而,由于法律法规修订的滞后和配套措施的不完善,家庭农场土地承包经营权抵押融资政策的试点效果不甚理想。由此,我们提出以下对策建议:

9.2.1 对完善法律法规的建议

土地承包经营权抵押是一种新型的农村融资工具,能够满足家庭农场等新型农业经营主体适度规模经营的特殊融资需求。目前,虽然政策上已经允许土地承包经营权进行抵押融资,但现行法律法规却未同步修订,从而形成了法律障碍。《担保法》《物权法》规定,集体所有的耕地使用权不得抵押;最高人民法院《关于审理涉及农村土地承包纠纷案件适用法律问题的解释》同时规定,承包方以其土地承包经营权进行抵押或者抵偿债务的,应当认定无效;《土地管理法》《农村土地承包法》也规定,土地承包方连续两年弃耕抛荒或转为非农业户口的,土地抵押权也随之消失;如果国家征用农地,土地补偿费归属农村集体经济组织所有,安置费用专款专用,银行金融机构作为抵押权人均无法优先受偿。与此同时,随着农村土地改革的不断深入,农村土地所有权、承包权和经营权逐步形成"三权分置"格局,然而《农村土地承包法》《物权法》等现行法律对农村土地所有权、承包权和经营权的概念、内涵以及三者之间的经济关系也没作出明确界定,导致实际操作上缺乏法律支持……由于法律法规不健全,对应的司法处置也处于摸索之中,从而使土地承包经营权抵押融资存在法律隐患。随着试点范围不断扩大和试点工作深入推进,土地承包经营权抵押融资的一些内在矛盾和法律纠纷也开始显现,从而制约了该业务的顺利开展。因此,应该在土地承包经营权抵押融资政策的试点基础上,循序渐进、总结经验、逐步推广,加大立法力度和完善司法保障,及时修订与土地承包经营权抵押融资不相适应的现行法律法规条款,切实保障相关主体的合法权益,促进土地承包经营权抵押融资政策顺利推进。

9.2.2 对发展家庭农场的建议

第一,严格制定家庭农场的认定标准和注册登记办法。家庭农场是大力发展的新型农业经营主体,是农户家庭承包经营的转型升级,已经成为引领适度规模经营、发展现代农业的重要力量,对于解决农业兼业化、农村空心化、农民老龄化问题以及提高农业集约化经营水平具有积极作用。关于家庭农场,农业部只是给出了解释说明,对家庭农场迄今为止尚没形成统一的认定标准。为了更好地培育和发展家庭农场,国家需要制定和实施专门的财政、税收、用地、金融、保险等方面的扶持政策,由此也可能因为骗取相关支持而产生一定的道德风险。因此,各地要因地制宜,严格制定适合当地农村经济发展的家庭农场认定标准和注册登记办法(不同地区的家庭农场在资金投入、生产经营经验、土地经营规模、农业经营项目等方面应该不尽相同),并对申请资料的真实性和合法性进行严格审核和查验,以维护家庭农场正当权利并履行相关义务,从而促进家庭农场的健康发展。

第二,加强家庭农场规范管理,提高金融机构的认可度。目前,我国家庭农场刚处于起步阶段,需要稳步培育和不断发展。与传统的普通农户相比,家庭农场在农产品生产、加工、流通、销售等各个环节都有更大的金融需求,并由过去的"小而散"逐渐向"规模化、特色化、多元化"的金融需求转变。在培育和发展过程中,家庭农场存在着人员素质不高、制度不健全、管理水平不高、信息不透明、财务不规范、内控建设落后等问题,信息不对称使银行金融机构难以正确评估其风险,从而影响了银行金融机构对家庭农场的认可度和支持度;与此同时,部分家庭农场成功申请贷款后,随意改变资金用途,所贷资金未按预定计划投入到农业项目中去,而转投其他收益更高、风险更大的领域,从而增大了偿还的潜在风险。因此,家庭农场要建立健全相关的规章制度,加强教育培训,规范运行管理,提高认可度和信誉度,增强其融资能力。

9.2.3 对土地承包经营权流转和抵押的建议

第一,加快完成农村土地的确权登记颁证工作,建立归属清晰、权能完整、流转顺畅、保护严格的农村土地产权制度。归属明晰是实现土地承包经营权流转或抵押的基本前提,所以要尽快完成农村土地的确权登记颁证及纠错查漏工作,明确其相关权利人、土地面积和地理位置,让土地承包经营权的流转或抵押吃上定心丸。在农村土地确权登记工作完成后,应该尽快颁发全国统一的土地承包经营权证,赋予清晰完整的土地经营权利,为其流转和抵押提供合法有效的权益凭证,提高流转和抵押效率,激活农村土地的经济属性。在坚持集体所有权、稳定农户承包权和放活经营权的基础上,提高农村土地流转效率,加快农村要素集聚,发展农业适度规模经营,让土地由资产转变为资本,从而化解"三农"融资难题。因此,应该加快农村土地确权登记颁证进程,进一步明确农村土地权属,为家庭农场土地承包经营权的流转或抵押奠定坚实基础。

第二,规范土地承包经营权流转或抵押,切实保障参与者的合法权益。土地承包经营权的流转或抵押直接关系到相关主体的切身利益,因而应该从法律和政策上加以完善,使其步入规范化、制度化和法制化的良性发展轨道。首先,在国家出台《关于引导农村土地经营权有序流转发展农业适度规模经营的意见》《关于开展农村承包土地的经营权和农民住房财产权抵押贷款试点的指导意见》的基础上,进一步研究制定《土地承包经营权流转管理办法》和《土地承包经营权抵押融资管理办法》及其实施细则,为土地承包经营权流转或抵押提供可行的具体办法和操作流程;其次,明确土地承包经营权流转和抵押的监管主体和实施机构，从农村土地的确权颁证、抵押登记、价值评估（含评估机构和专业人员）、抵押物处置、市场建设、权益维护和监管职责等方面进一步规范土地承包经营权的流转或抵押工作；最后，完善信息平台，实现资源共享，提供优质服务。对于以转包、转让、出租、入股、互换等方式取得的土地承包经营权，因为权利主体发生变更也应该及时进行变更登记。当然，在抵押权存续期间，未经银行金融机构等抵押权人同意，不得为已抵押的土地承包经营权办理变更登记手续，以保障权利主体的经济利益。与此同时，对于相关信息及其变更，应该加强部门联动，参与其中的农业主管部门、流转或抵押中心、工商行政管理部门、涉农金融机构等部门都要做好信息变更录入和联网互通，实现信息资源的畅通与共享，为土地承包经营权的高效流转或抵押提供方便快捷的信息服务。

第三，建立健全农村征信系统，化解信息不对称问题。土地承包经营权抵押融资政策难以推进的一个重要原因，是资金供求双方的信息不对称。因此，应该以村委会为依托单元，通过财政专项补贴来调动村委会成员的积极性，使其全面、客观、准确地采集农业经营主体的基本信息及其动态变化（包括家庭情况、种养水平、经营状态、信用记录和社会评价等），以此作为信用评级依据，并根据不同的信用评级给予不同的贷款授信等级，从而解决信息不对称问题。与此同时，要提高信息透明度，保证农民知情权。如果出现抵押风险，土地承包经营权被划至银行金融机构或者被银行金融机构再流转，要让农民知晓并做好细致深入的政策解释工作，以维护社会的安全稳定。

第四，培育农村土地的流转和抵押市场，建立规范有序的流转和抵押机制。土地流转是家庭农场等新型农业经营主体进行适度规模经营的前提，而土地承包经营权抵押则是家庭农场等新型农业经营主体的融资保障。土地承包经营权的流转和抵押能够让农民获得流转收益、经营者获得经营收益、银行金融机构获得资金收益，从而释放土地承包经营权的潜在价值和改革红利，提高农村土地的利用效率，但土地承包经营权抵押融资政策的试点效果并不如人意。因此，应该进行制度创新，通过市场机制建立起比较成熟的土地流转和抵押市场，科学处置、管理和运营土地承包经营权抵押融资所形成的不良资产，形成土地流转和抵押的价格协调机制、利益联结机制和纠纷调解机制，协调参与主体之间的合作关系，为适度规模的家庭农场等新型农业经营主体提供更加广阔的发展空间。

9.2.4 对土地承包经营权抵押融资风险防范的建议

对土地承包经营权抵押融资，家庭农场和银行金融机构都有参与的意愿，但由于风险均顾虑重重、举棋不定。因此，如何构建科学合理的风险分担和补偿机制，激励双方互动参与，形成合作共赢的利益均衡和风险防范机制，就显得至关重要。

第一，对家庭农场风险防范的建议。土地承包经营权承载着一定的农村社会保障功能，难以完全放开。随着城镇化进程提速，大量农民进城务工，对土地的依赖已经大为减弱。因此，可以通过逐步完善农村社会保障制度，来防范土地承包经营权抵押融资违约而造成的失地风险；可以通过加大对重大自然灾害救助和社会捐赠力度、参加商业性农业保险和提高政策性农业保险覆盖率，积极探索按照合作制原则建立的农民自愿参保、自主经营、民主管理的农业互助保险，建立巨灾农业保险和再保险的风险分散机制等措施来防范自然风险；可以通过加快试点和逐步推行农产品目标价格指数保险，综合运用期货等现代风险管理技术来防范农产品价格波动的市场风险；可以通过教育培训、技术指导等方式加大人力资本投入，培养一批有文化、懂技术、善经营、会管理的适应市场发展的新型职业农民，为家庭农场等新型农业经营主体提供人才和技术支持，通过提升生产经营能力来防范经营风险；与此同时，通过加强土地承包经营权抵押融资政策的宣传教育，增强法制观念，进一步明确土地的流转和抵押依法享受的权利和承担的义务，来防范在土地承包经营权抵押融资过程中可能出现的流转风险。

第二，对银行金融机构风险防范的建议。因为适度规模经营的特殊要求，家庭农场面临由短期向中长期、由小额向较大额度、由间断性向连续性的融资需求转变，更容易引起违约，从而加大了银行金融机构的经营风险。为此，要在政策的大力支持下，通过构建功能互补、协同发展的金融支持体系来防范银行金融机构的经营风险。鼓励保险（或担保）机构对家庭农场从事的农业经营项目进行投保（或担保），从而降低土地承包经营权抵押融资所产生的违约损失。当抵押人无法按时偿还贷款时，保险赔付金要优先偿还银行金融机构贷款；对银行金融机构因开展土地承包经营权抵押融资业务而产生的大量不良资产，土地流转市场不成熟而导致的变现难，可以将其折价出售给政策性农村资产经营管理公司，来防范银行金融机构的流动性风险；对银行金融机构因人手不足、业务水平低、职业素养差等原因造成的责任风险，可以通过加强法律法规、管理制度和职业道德的教育和学习，增强员工的事业心、责任感以及提高业务技能等途径来防范主观上的责任风险；对少数家庭农场主由于信用观念淡薄、道德品质低劣来骗取贷款、挪用贷款甚至逃废贷款等道德风险，可以通过建立征信系统、加强信用管理、降低信息不对称，同时大幅度提高恶意违约成本来防范银行金融机构的道德风险；对由融资需求的现实驱动和政策推动的土地承包经营权抵押融资，由于法律修订的滞后性和政策的不完善而产生的法律政策风险，可以在试点过程中不断探索和总结，为土地承包经营权抵押融资开绿灯，逐步扩大可以暂停执行有冲突的法律条款的试点时间和试点地区，来防范银行金融机构的法律政策风险；与此同时，为了降低各种原因造成的土地承包经营权抵押融资损失，政府要加大财政支持力度，设立风险补偿专项基金，弥补银行金融机构的信贷损失。因此，政府、银行、保险（担保）机构、农村资产经营管理公司通过精诚合作、互利共赢形成的风险分担和补偿机制，可以帮助土地承包经营权抵押融资政策实现预期目标。

第三，对农村资产经营管理公司风险防范的建议。农村资产经营管理公司对发展适度规模的家庭农场等新型农业经营主体尤为重要，需要得到政府的大力支持。农村资产经营管理公司是政府适当介入、以市场为导向的制度创新，是一种政策性农村金融组织。作为市场主体，农村资产经营管理公司必须适应市场经济的发展规律，与农村资产抵押融资进行有效对接，并围绕农村资产抵押融资所形成的不良资产来开展工作。为此，农村资产经营管理公司可以通过科学设计经营目标、合理规划职能定位、积极拓展经营业务、实现资产保值增值、塑造可持续发展的核心竞争力，为深化农村金融体制改革发挥重要作用。首先，农村资产经营管理公司的主要职能定位为：对农村资产（包括农村土地承包经营权、农民住房财产权和林权等农村资产）抵押融资风险补偿专项资金的管理职能，对农村资产抵押融资所形成的不良资产进行收购、处置和运营的职能，对农村资产的储备、整治与经营管理的职能（尤其是土地承包经营权的整治、储备与经营），对农村资产相关领域的投融资和其他业务（如抵押物的价值评估、金融中介服务和融资抵押创新等业务），以实现公司资产的保值增值。其次，给予农村资产经营管理公司足够的政策倾斜。农村资产经营管理公司是农村金融组织创新，肩负着农村资产抵押融资、盘活农村资源和助力农村脱贫致富的重任，因此要给予足够的政策倾斜，主要包括：制定农村资产抵押融资风险补偿专项基金的配套政策，保证风险补偿专项资金的科学使用和高效利用。农村资产经营管理公司是负责妥善处置金融机构因开展农村资产抵押融资而产生不良资产的政策性农村金融组织，具有很强的政策性和特殊性，体现了很强的社会责任。同时，它是新生事物，具有很强的探索性，要允许农村资产经营管理公司进行创新尝试并实行减（免）税的政策倾斜。最后，要赋予农村资产经营管理公司"先行先试"的政策支持。农村资产抵押融资是农村金融创新，是缓解"三农"资金瓶颈的重要突破，对打通家庭农场与银行金融机构之间的制度障碍发挥着纽带和桥梁作用。因此，对土地承包经营权抵押融资过程中出现的新情况和新问题，在国家政策允许的情况下，要赋予农村资产经营管理公司"先行先试"的政策支持，以形成可供推广的成功模式和经验借鉴。

9.2.5　对构建土地承包经营权抵押融资市场化路径的建议

根据供应链金融的设计理念，以市场为导向，以风险生成→风险防范为主

9 主要研究结论与对策建议

线，以资金供求主体（家庭农场和银行金融机构）为对象，以土地承包经营权抵押融资为载体，形成家庭农场、金融机构、农村资产经营管理公司和政府"四位一体"的各司其职、功能互补、合作共赢、协同发展的市场化路径。据此提出以下政策建议：

第一，充分发挥政府的基础推动作用和杠杆作用。政府作为政策的制定者和推动者，通过设立风险补偿专项基金，提供财政补贴、减（免）税费等优惠政策，来引导银行、保险（担保）公司、农村资产经营管理公司等金融机构大力支持土地承包经营权抵押融资，实现相关金融机构各尽其能、主动作为、深度合作、互利共赢的政策目标。

第二，基于"三农"问题的重要性，政府要积极建立政策性的新型农村金融组织和提供政策性金融产品，作为追求利润的商业性金融机构和金融产品的必要补充。为了解决银行金融机构接收的土地承包经营权抵押物的"再流转"困难，要建立专门的政策性农村金融组织——农村资产经营管理公司，为土地承包经营权抵押融资形成的不良资产寻找"再流转"出路。同时，对土地承包经营权抵押融资过程中出现的新问题和新情况，要允许农村资产经营管理公司结合实际情况，创新金融产品，并赋予"先行先试"的政策支持。

第三，要充分发挥市场导向作用，构建家庭农场土地承包经营权抵押融资的闭环风险控制系统。其一，应该使农业龙头企业（核心企业）、家庭农场、农业生产资料供应商、农产品销售商、农业服务机构等相关单位形成一条连横合纵、紧密合作的供应链系统，把单个家庭农场的不可控风险转变为供应链整体的可控风险。为此，政府要站在农业供给侧改革和农村精准扶贫的战略高度，系统分析、科学规划，创新体制机制激励相关主体积极参与土地承包经营权抵押融资业务，以风险防范为核心，构建土地承包经营权抵押融资的闭环风险控制系统。其二，应该允许银行金融机构以家庭农场土地承包经营权抵押贷款中的一部分资金用于支付农业项目保险，以降低自身贷款风险。其三，为了保障家庭农场购买的生产资料质量和降低生产成本，应该允许农村资产经营管理公司为家庭农场等新型农业经营主体批量购买生产资料，并由银行金融机构在家庭农场等新型农业经营主体的土地承包经营权抵押贷款账户上转账结算货款。其四，为了维护家庭农场的合法权益，实力雄厚的生产资料供应商必须按照公平、公正、公开的原则，在全国范围内统一标准、统一质量、统一价格、统一供货。而农村资产经营管理公司为土地承包经营权抵押人的大批量订购，才能享受一定比例的价格优惠。其五，为了支持农业现代化和降低信贷风险，银行金融机构应该努力与有资金往来的大型农产品销售商（如大型超市、大批发商、大客户等）协商，让家庭农场等新型农业经营主体为其提供质优价廉的农产品，从而有效缓解其销售难题。

9.2.6 对其他配套措施的建议

第一，要扎实做好土地承包经营权流转和抵押政策的宣传工作，进一步优化家庭农场的发展环境。土地承包经营权的流转和抵押是农村金融服务创新，大多数家庭农场主知之甚少或者完全不知晓。基于土地的重要性和农业的弱质性，家庭农场主对土地承包经营权的流转和抵押心存顾虑甚至畏惧，从而影响了该政策的实施效果。因此，要大力开展土地承包经营权流转和抵押政策的宣传工作，让家庭农场主知道和理解农村土地所有权、承包权、经营权的"三权分置"情况，让他们明白流转或抵押的只是土地经营权，流转或抵押后的所有权和承包权的归属并不发生改变，让土地承包经营权的流转和抵押政策深入人心；通过制作简单易懂的宣传手册，全面、客观、准确地介绍土地承包经营权流转或抵押的重要作用、对象用途、操作流程、风险防范以及承担的权利和履行的义务，从而打消抵押人的心中顾虑；与此同时，银行金融机构要结合土地承包经营权抵押融资的特殊性，针对人多面广、工作烦琐、程序严谨、政策性强等现实情况，简化服务流程，建立科学合理的风险管理制度和责任追究制度，充分调动银行工作人员的主动性和积极性，优质高效地满足家庭农场多层次、多元化的融资需求，不断优化家庭农场的发展环境。

第二，进一步打造土地承包经营权流转和抵押的服务平台。土地承包经营权流转和抵押是一项复杂的系统工程，涉及参与主体方方面面的切身利益，由于农民知识面和理解力有限，更需要耐心、细致、周到的优质服务。为此，根据土地承包经营权流转和抵押的工作内容和流程顺序，需要打造"七大平台"，即土地流转或抵押的政策咨询平台、土地流转或抵押的申请平台、土地流转或抵押的价值评估平台、土地流转或抵押的合同审核及签订平台、土地流转或抵押的登记服务平台、土地流转或抵押的纠纷受理平台和土地流转或抵押的市场信息平台。通过"七大平台"的打造，为土地承包经营权的有序流转或抵押、参与者合法权益的维护、农村土地流转或抵押纠纷的妥善解决，以及加快家庭农场适度规模经营和发展现代农业起到积极的推动作用。

第三，充分发挥政府引领作用，构建家庭农场金融支持体系。土地承包经营权抵押融资的过程复杂、工作烦琐、时间长、任务重、要求高，需要花费大量的人力、物力和财力。因此，政府要充分发挥财政资金的引领作用，通过财政补贴（如工作经费补贴、涉农保险补贴等）、减（免）税费（如降低涉农金融机构的税率，减免咨询费、申请登记费、价值评估费、权证工本费等）和扩大政策性保险（或担保）等措施来降低家庭农场的融资成本。与此同时，通过优惠政策来引导金融机构加大对家庭农场的支持，激发金融机构开展土地承包经营权抵押融资业务的内在动力。银行金融机构要降低土地承包经营权抵押贷款利率，并根据家庭农场多元化的融资需求，提供联保贷款、担保贷款等金融产品，同时对家庭农场在贷款额度、贷款期限、偿还方式等方面提供差异化服务。保险（担保）机构要主动创新适合家庭农场需要的保险（担保）品种，扩大保险（担保）覆盖面，简化保险（担保）手续，提高保险（担保）服务质量和效率，努力为家庭农场的健康发展保驾护航。要大力培育农村资产经营管理公司等新型农村金融组织，专门收购和科学处置土地承包经营权抵押融资所形成的不良资产……以上各类金融机构应该充分发挥自身优势，取长补短，互动合作，努力为家庭农场提供量身定做、内容丰富、形式多样的金融服务，从而构建多层次、多功能、广覆盖的家庭农场金融支持体系。

第四，积极拓展抵押范围，进一步释放农村资产权能。目前，国家出台的《关于开展农村承包土地的经营权和农民住房财产权抵押贷款试点的指导意见》为农村承包土地的经营权和农民住房财产权抵押融资提供了政策依据。在积极试点和经验总结的基础上，应该积极探索和拓展其他农村资产（如林权、草场权、水域权、订单、应收账款、存货、农产品商标权等权利）抵押融资试点。这是因为，抵押范围拓展可以增强家庭农场规模经营的资本实力，赋予农民更多的财产权，也能够分散单一土地承包经营权抵押的风险；与此同时，抵押范围拓展可以满足更多的投资需求，如碎片化的零散土地承包经营权加上农民住房权、林权和水域权等，使家庭农场不仅可以获得更多的银行贷款授信额度，而且可以开发出更具特色的投资产品，更好地满足多元化的投资需求（如返璞归真的休闲体验、养鸡养鱼、放羊养牛等），还可以发展立体农业和庭院经济，提高农村资源的综合利用效率，更好地实现规模经营和发展现代农业。

参考文献

[1] Alchian, Demsetz H. The property rights raradigm [J]. Journal of Economic History, 1973 (33): 16 –27.

[2] Allen D W, Lueck D. The nature of the farm [J]. Journal of Law and Economics, 1998, 41 (2): 343 –386.

[3] Angelsen, Arild. Agricultural expansion and deforestation: Modeling the impact of population, market forces, and property rights [J]. Journal of Development Economics, 1999, 58 (1): 185 –218.

[4] Balezentis T, Krisciukaitiene I. Family farm efficiency across farming types in Lithuania and its managerial implications-data envelopment analysis [J]. Management Theory and Studies for Rural Business and Infrastructure Development, 2013, 30 (1): 22 –30.

[5] Benjamin W, James. Expanding the gap: How the rural property system exacerbates China's urban-rural gap [J]. Columbia Journal of Asian Law, 2007 (4): 451 –498.

[6] Brem Mkim J M. A status of agricultural producer cooperatives in East European Countries [J]. Korean Journal of International Agriculture, 2000, 12 (3): 238 –256.

[7] Carter M R, Olinto P. Getting institutions "right" for whom? credit constraints and the impact of property rights on the quantity and composition of investment [J]. American Journal of Agricultural Economics, 2003, 85 (1): 173 –186.

[8] Chaffin M R. Stealing the family farm: Tortious interference with inheritance [J]. San Joaquin Agricultural Law Review, 2004, 14 (1): 73 –96.

[9] Conning, Udry. Credit constrains and the impact of property rights on the quantity and composition of investment [J]. American Journal of Agricultural Economics, 2005 (5): 173 –186.

[10] Djurfeldt G. Defining and operationalizing family farm from sociological perspective [J]. Sociologia Ruralis, 1996, 36 (3): 340 – 355.

[11] Friedman D. On economic applications of evolutionary eame theory [J]. Journal of Volutionary Economics, 1998 (8): 15 – 43.

[12] Gasson R, Errington A. The farm family business [M]. Wallingford: CAB International, 1993.

[13] Hallam D, Machado F. Efficiency analysis with pannel data: A study of Portuguese dairy farms [J]. European Review of Agricultural Economics, 1996, 23 (1): 79 – 93.

[14] Herdt R W, Mandac A M. Modern technology and economic efficiency of Philippine rice farmers [J]. Economic Development and Cultural Change, 1981, 29 (2): 375 – 399.

[15] Hillb. The "myth" of the family farm: Defining the family farm and assessing its importance in the European community [J]. Journal of Rural Studied, 1993, 9 (4): 359 – 370.

[16] Laporta et al. Lawn and finance [J]. Journal of Political Economy, 1998 (5): 53 – 55.

[17] Lin Y J. Collectivization and China's agricultural crisis in 1959 – 1960 [J]. Journal of Political Economy, 1990, 98 (6): 1228 – 1252.

[18] Margo R S. Peasant land tenure security in China's transitional economy [J]. Boston University International Law Journal, 2008 (4): 98 – 137.

[19] McCord M J, Osinde S. Reducing vulnerability: The supply of health microinsurance in East Africa [J]. Journal of International Development, 2005 (17): 327 – 381.

[20] Munroed. Economic efficiency in Polish peasant farming: An international perspective [J]. Regional Series, 2001, 35 (4): 461 – 471.

[21] Raup P M. Family farming: Rhetoric and reality [R]. Minneapolis: Department of Agricultural Economics and Applied Economics, University of Minnesota, 1986.

[22] Reid D J. Living the dream: Exploring governance in exemplary farm businesses [M]. Palmerton North: Massey University, 2004.

[23] Robin D, Tobias D L. A current review of Chinese land-use law and policy: A breakthrough in rural reform? [J]. Pacific Rim Law & Policy Journal, 2010 (1): 121 – 139.

[24] Roumasset J. The nature of the agricultural firm [J]. Journal of Economic

Behavior and Organization, 1995, 26 (2): 161 –177.

[25] Roy P. Implementation of 30-year land use rights for farmers under China's 1998 land management law: An analysis and recommendations based on a 17 province survey [J]. Pacific Rim Law & Policy Journal, 2000 (9): 507 –567.

[26] Samson. Hernando de soto: Citadels of dead capital study guide [J]. Review of Politics, 2001 (4): 41 –47.

[27] Schmitt G. Why is the agriculture of advanced western economics still organized by family farms? Will this continue to be so in the future? [J]. European Review of a Cultural Economics, 1991, 18 (3): 443 –458.

[28] Secklerd, Youngra. Economic and policy implications of the 16 – acre limitation in federal reclamation law [J]. American Journal of Agricultural Economics, 1978, 60 (4): 575 –588.

[29] Siamwalla. The rural credit system: Public subsidies, private information [J]. The World Bank Economic Reviews, 1990 (4): 271 –295.

[30] Snyder A E. Saving the family farm through federal tax policy: Easier said than done alex [J]. Wash & Lee L Rev, 2005, 62 (2): 729 –777.

[31] Thirtle C, Holding J. Productivity of UK agriculture: Causes and constraints [R]. Kent: Department Agricultural Science, Imperial College, 2003.

[32] Torero. Do property titles increase credit access among the urban poor? evidence from a nationwide titling program [M]. Department of Economics, Harvard University, 2006.

[33] Townsend, Robert M, Jacob, Yaron. The credit risk-contingency system of an Asian Development Bank [M]. Federal Reserve Bank of Chicago, Economic Perspectives, 2001.

[34] Wilson P, Hadley D, Asby C. The influence of management characteristics on the technical efficiency of wheat farmers in eastern England [J]. Agricultural Economics, 2001, 24 (3): 329 –338.

[35] 安海燕, 洪名勇. 农户和农业主体对土地承包经营权抵押贷款政策的态度 [J]. 西北农林科技大学学报 (社会科学版), 2016 (2): 21 –28.

[36] 白昌前. 农村土地承包经营权抵押实现路径研究 [J]. 现代经济探讨, 2015 (2): 63 –67.

[37] 蔡键. 我国家庭农场形成机制与运行效率考察 [J]. 商业研究, 2014 (5): 88 –93.

[38] 曹东勃. 适度规模: 趋向一种稳态成长的农业模式 [J]. 中国农村观

察, 2013 (2): 29-36, 94.

[39] 陈纪平. 家庭农场抑或企业化——中国农业生产组织的理论与实证分析 [J]. 经济学家, 2008 (3): 43-48.

[40] 陈纪平. 农场的性质、规模与效率 [J]. 重庆工商大学学报, 2009 (3): 49-52.

[41] 陈沙沙, 李妍妍. 农村土地承包经营权质押风险及范防研究 [J]. 时代金融, 2013 (6): 179-180.

[42] 陈锡文. 当前农业和农村经济形势与三农面临的挑战 [J]. 中国农村经济, 2010 (1): 4-9.

[43] 陈锡文. 构建新型农业经营体系, 加快发展现代农业步伐 [J]. 经济研究, 2013 (2): 4-6.

[44] 陈锡文. 构建新型农业经营体系刻不容缓 [J]. 中国合作经济, 2014 (1): 6-9.

[45] 陈永富, 孙美美, 韩苏, 王玲娜. 论家庭农场与其他经营主体之间的关系 [J]. 农村经济, 2013 (10): 33-35.

[46] 陈永富, 曾静, 王玲娜. 家庭农场发展的影响因素分析——基于浙江省 13 个县、区家庭农场发展现状的调查 [J]. 农业经济, 2014 (1): 5-8.

[47] 楚国良. 新形势下中国家庭农场发展的现状、问题与对策研究 [J]. 粮食科技与经济, 2013 (6): 22-26.

[48] 丁涛. 新型农村金融机构的 SWOT 分析及可持续性战略研究 [J]. 金融理论与实践, 2011, 383 (6): 61-64.

[49] 董胜林. 家庭农场概念浅议 [J]. 农垦经济研究, 1987 (8): 27.

[50] 董亚珍, 鲍海军. 家庭农场将成为中国农业微观组织的重要形式[J]. 社会科学战线, 2009 (10): 95-98.

[51] 杜文. 衡阳市家庭农场金融创新案例分析与启示 [J]. 武汉金融, 2014 (3): 40-42.

[52] 范彦楠, 孙玉娟. 我国家庭农场发展中的问题与对策 [J]. 河北联合大学学报 (社会科学版), 2014 (3): 49-52.

[53] 符遐龄. 土地融资模式研究 [D]. 华南农业大学博士学位论文, 2005.

[54] 高帆, 张文景. 中国语境中的"家庭农场" [J]. 探索与争鸣, 2013 (6): 57-61.

[55] 高伟. 积极构建农地金融制度 [J]. 江苏农村经济, 2007 (9): 34-35.

[56] 高彦彬. 家庭农场外源融资效率排序及其模式优选 [J]. 科学·经

济·社会, 2013, 133 (4): 110 - 115.

[57] 顾建洲. 农业的出路: 发展中国特色的家庭农场 [J]. 改革与开放, 1993, 83 (12): 25 - 27.

[58] 郭亚萍, 罗勇. 对家庭农场中新型雇佣制度的思考 [J]. 中国人口·资源与环境, 2009 (1): 37 - 40.

[59] 郭伊楠. 家庭农场融资问题研究 [J]. 南方金融, 2013 (3): 61 - 63.

[60] 郭振宗. 小规模农户与家庭农场: 两种家庭经营类型的比较 [J]. 今日科苑, 2009 (16): 285.

[61] 郭正模. 家庭农场经营模式的土地集中与流转机制构建 [J]. 中共四川省委省级机关党校学报, 2013 (6): 106 - 109.

[62] 韩俊. 中国"三农"问题的症结与政策展望 [J]. 中国农村经济, 2013 (1): 4 - 7.

[63] 韩俊. 中国农业现代化六大路径 [J]. 上海农村经济, 2012 (11): 4 - 8.

[64] 韩俊. 准确把握土地流转需要坚持的基本原则 [J]. 山西农经, 2014 (3): 16 - 18.

[65] 韩俊等. 中国农村金融调查 [M]. 上海: 上海远东出版社, 2009.

[66] 何子阳, 石磊, 单绪南, 梅东海. 不同农业经营主体的经营方式比较研究 [N]. 东方早报, 2015 - 01 - 06 (10).

[67] 贺雪峰. 小农立场 [M]. 北京: 中国政法大学出版社, 2013.

[68] 胡瑞光, 秦孝峰. 金融支持家庭农场存在的制约因素分析 [J]. 华北金融, 2014 (6): 99 - 104.

[69] 胡书东. 家庭农场: 经济发展较成熟地区农业的出路 [J]. 经济研究, 1996 (5): 65 - 70.

[70] 胡帅, 周淑芳, 张韶秋等. 土地承包经营权抵押贷款的风险防范新论 [J]. 财政监督, 2015 (14): 62 - 65.

[71] 胡拥军. 家庭农场融资产品供需的比较分析及现实制约——以湖北省咸宁市为例 [J]. 武汉金融, 2013 (10): 61.

[72] 胡玉姣. 吉林省延吉市家庭农场发展中的融资问题研究 [J]. 北京农业, 2015 (3): 233 - 234.

[73] 黄慧春等. 农户土地承包经营权抵押贷款与农户信贷可得性——基于组群配对的实验分析 [J]. 经济评论, 2015 (3): 72 - 83.

[74] 黄向庆. 农村土地使用权流转及金融支持: 几个案例比较 [J]. 金融发展研究, 2009 (7): 3 - 6.

[75] 黄新建,姜睿清. 以家庭农场为主体的土地适度规模经营研究 [J]. 求实,2013 (6):94-96.

[76] 黄宗智,彭玉生. 三大历史性变迁的交汇与中国小规模农业的前景 [J]. 中国社会科学,2007 (4):74-88.

[77] 黄祖辉,俞宁. 新型农业经营主体:现状、约束与发展思路——以浙江省为例的分析 [J]. 中国农村经济,2010 (10):16-26,56.

[78] 惠献波. 农村土地证券化:国际经验借鉴与中国机制设计 [J]. 南方金融,2014 (12):63-66.

[79] 贾大明. 家庭农场的现状与前瞻 [J]. 中国农垦经济,1999 (5):13-15.

[80] 江维国. 家庭农场贷款融资担保机制探究 [J]. 财会通讯,2015 (8):15-17.

[81] 兰德平,刘洪银. 农地承包经营权抵押贷款风险形成与控制 [J]. 征信,2014,32 (4):84-86.

[82] 兰庆高. 农村土地承包经营权抵押贷款意愿及其影响因素研究 [J]. 农业经济问题,2013 (7):7-84.

[83] 黎东升,曾令香,查金祥. 农户家庭经营组织创新的基本模式——家庭农场发展研究 [J]. 江西农业经济,2000 (2):7-8.

[84] 李秉龙. 农业经济学 [M]. 北京:农业大学出版社,2009.

[85] 李宏伟. 我国农村金融类型选择研究 [J]. 金融发展评论,2010 (12):87-99.

[86] 李柳颖. 普惠金融视角下家庭农场融资文献综述 [J]. 河北金融,2016 (1):54-57.

[87] 李树杰,牛国艳. 美国农业金融体制的演变 [J]. 金融教学与研究,2002 (1):23-26.

[88] 李同山. 适度规模经营是职工家庭农场发展的必然趋势 [J]. 中国农村经济,1990 (4):16-18.

[89] 李相范. 农村土地承包经营权抵押初探 [J]. 法制与社会,2010 (4):214-216.

[90] 梁丽. 我国农场生产经营组织形式的创新 [J]. 中国特色社会主义研究,2004 (1):33-35.

[91] 林乐芬,王军. 农村金融机构开展农村土地金融的意愿及影响因素分析 [J]. 农业经题,2011 (12):60-65.

[92] 林毅夫. 制度、技术与中国农业发展 [M]. 上海:上海人民出版

社，2008.

[93] 刘敏志. 依托农村信用体系建设对破解家庭农场融资困境的探索[J]. 吉林金融研究，2013（10）：55-57.

[94] 刘婉. 湖南省家庭农场发展中的金融支持问题研究［D］. 中南林业科技大学硕士学位论文，2014.

[95] 刘一军，吴庆福. 国有农场转换内部经济机制的关键——谈谈家庭农场实行自费经营问题［J］. 中国农垦经济，1993（11）：26-28.

[96] 吕春生，王道龙等. 国外农业保险发展及对我国的启示［J］. 农业经济问题，2009（2）：99-102.

[97] 罗剑朝. 中国农地抵押贷款制度研究［M］. 北京：中国农业出版社，2005.

[98] 罗艳. 基于小农户制现状探索家庭农场制及其规模［J］. 湖北农业科学，2012（6）：1281-1284.

[99] 牛宝德. 试论解决"三农"问题的根本出路［J］. 经济评论，2004（6）：47-50.

[100] 潘淑娟，王刚贞. 农民专业合作社资金互助的现状及运行机制——基于调查案例视角［J］. 中国农村金融，2012（14）：58-61.

[101] 彭彤丽. 构建商业银行风险管理文化［J］. 商业时代，2006（13）：95-96.

[102] 恰亚诺夫. 农民经济组织［M］. 北京：中央编译出版社，1996.

[103] 舒尔茨. 改造传统农业［M］. 梁小民译. 北京：商务印书馆，1999.

[104] 宋丽萍. 土地承包经营权抵押贷款问题初探［J］. 农村经济，2010（8）：69-70.

[105] 苏昕，王可山，张淑敏. 我国家庭农场发展及其规模探讨——基于资源禀赋视角［J］. 农业经济问题，2014（5）：8-13.

[106] 索婷，程亮. 对农场土地承包经营权抵押的法律思考［J］. 农村金融研究，2014（1）：65-69.

[107] 汤文华，段艳丰，梁志民. 一种新型农业经营主体：家庭农场——基于新制度经济学的分析视角［J］. 江西农业大学学报（社会科学版），2013（2）：186-190.

[108] 汤文华，段艳丰. 促进我国家庭农场发展的对策研究［J］. 求实，2013（11）：45-46.

[109] 唐德祥，黄文芳. 西部地区农民工流动路径变迁的内在机理研究［J］. 福建论坛（人文社会科学版），2012（11）：12-18.

[110] 唐德祥,孙权,岳俊. 家庭农场融资困境的形成机理及其破解路径——基于土地承包经营权抵押融资的研究视角 [J]. 重庆理工大学学报(社会科学), 2016 (4): 41-46.

[111] 唐德祥,孙权. 家庭农场土地承包经营权抵押融资的决策行为分析——基于系统动力学的研究方法 [J]. 新疆农垦经济, 2016 (8): 57-66.

[112] 唐德祥,岳俊. 农村土地承包经营权抵押贷款风险分担的金融组织创新研究 [J]. 江苏农业科学, 2015 (6): 430-433.

[113] 唐德祥,周雪晴. 农业保险影响农民增收的内在机理分析——基于中国1982-2012年的经验数据 [J]. 江苏农业科学, 2016 (3): 470-474.

[114] 唐凯旋. 小额信贷保证保险助力家庭农场融资的对策 [J]. 安顺学院学报, 2015 (3): 119-120.

[115] 万芹. 家庭农场融资问题研究 [J]. 财政监督, 2013 (17): 44-46.

[116] 汪来喜,王格格,赵金霞等. 河南省家庭农场融资难的递进透视及破解研究 [J]. 金融理论与实践, 2015 (11): 58-63.

[117] 汪来喜. 新型农业经营主体融资难的成因与对策 [J]. 经济纵横, 2016 (7): 70-73.

[118] 汪上,刘慧娟. 要素聚合:家庭农场成长路径 [J]. 安徽广播电视大学学报, 2013 (3): 31-36.

[119] 王其藩. 系统动力学 [M]. 上海: 上海财经大学出版社, 2009.

[120] 王燕燕. 农地金融制度:国别比较与借鉴 [J]. 山西农业大学学报(社会科学版), 2014 (11): 1108-1113.

[121] 王贻术,林子华. 土地集体所有制下的家庭农场生产经营方式研究 [J]. 福建论坛(人文社会科学版), 2013 (7): 29-33.

[122] 吴敬琏. 小农户如何适应大市场 [J]. 中国改革(农村版), 2004 (2): 43, 45.

[123] 吴文杰. 论农村土地金融制度的建立与发展 [J]. 农业经济问题, 1997 (3): 35-37.

[124] 伍开群. 家庭农场的理论分析 [J]. 经济纵横, 2013 (6): 65-69.

[125] 肖诗顺,高锋. 农村金融机构农户贷款模式研究——基于农村土地产权的视角 [J]. 农业经济问题, 2010 (4): 14-18, 110.

[126] 谢林钰. 土地承包经营权抵押贷款风险防范机制探讨 [J]. 法制与社会, 2014 (16): 35-36.

[127] 谢梅芳. 家庭农场的推广难题及实施建议 [J]. 湖北第二师范学院学报, 2013 (6): 49-52.

[128] 辛良杰，李秀彬等．农户土地规模与生产率的关系及其解释的印证——以吉林省为例 [J]．地理研究，2009 (5)：1276-1284．

[129] 徐辉．荆州市家庭农场融资难的原因与对策建议 [J]．农村经济与科技，2014 (7)：151-152．

[130] 徐会苹．加快粮食主产区家庭农场发展的政府行为取向 [J]．中州学刊，2013 (6)：41-45．

[131] 许人俊，吴家骅．家庭农场、专业化、经济实体、生产队 [J]．农垦经济研究，1987 (12)：7-10．

[132] 严琪，苏亚民．我国家庭农场融资机制研究 [J]．科技创业月刊，2014 (2)：38-40．

[133] 杨成林，屈书恒．中国式家庭农场的动力渐成与运行机理 [J]．改革，2013，235 (9)：82-89．

[134] 杨蕾，杨伟坤，张博．家庭农场融资困境与破解之道 [J]．银行家，2014 (9)：113-115．

[135] 杨奇才，谢璐，韩文龙．农地经营权抵押贷款的实现与风险：实践与案例评析 [J]．农业经济问题，2015 (10)：4-11，110．

[136] 杨子强．金融支持现代农业的突破口 [J]．中国金融，2014 (2)：78-80．

[137] 于丽红，陈晋丽．农户农村土地承包经营权抵押融资需求意愿分析 [J]．农业经济问题，2012 (3)：25-31．

[138] 俞中．合肥市家庭农场经营发展的融资现状研究 [J]．湖北经济学院学报（人文社会科学版），2015 (1)：34-35．

[139] 袁绕．金融机构土地承包经营权抵押贷款的供给意愿 [J]．浙江农业科学，2015，56 (12)：2085-2087．

[140] 袁赛男．家庭农场：我国农业现代化建设的路径选择——基于家庭农场与传统小农户、雇工农场的比较 [J]．南方农场，2013 (4)：4-15．

[141] 曾路遥．我国农民合作经济组织发展的类型、问题与对策——以四川省内江市为例 [J]．经济体制改革，2012 (4)：84-87．

[142] 曾庆芬．村民视角审视农村土地银行的运行基础——以成都"试验区"为个案 [J]．中国土地科学，2011 (7)：50-55．

[143] 张德元，潘纬．农民专业合作社内部资金互助行为的社会资本逻辑——以安徽J县惠民专业合作社为例 [J]．农村经济，2016 (1)：119-125．

[144] 张维迎．博弈论与信息经济学 [M]．上海：上海三联书店，2012．

[145] 张照新．推动龙头企业与农民合作社、家庭农场融合发展，加快新型

农业经营体系构建[J]. 中国农民合作社, 2014 (3): 36-37.

[146] 赵佳, 姜长云. 兼业小农抑或家庭农场——中国农业家庭经营组织变迁的路径选择[J]. 农业经济问题, 2015 (3): 11-18, 110.

[147] 赵健. 驻马店市家庭农场经营发展的融资现状调查[J]. 湖北经济学院学报（人文社会科学版）, 2014 (1): 44-45.

[148] 赵维清. 浙江省慈溪、瑞安、建德三市家庭农场发展状况分析[J]. 生态经济（学术版）, 2010 (2): 171-174.

[149] 赵一哲, 王青. 农地承包经营权抵押贷款风险的研究——基于涉农金融机构视角[J]. 安徽农业大学学报（社会科学版）, 2015 (2): 12-16.

[150] 中国人民银行成都分行营业管理部课题组. 从交易费用视角看农村产权抵押融资改革——基于成都案例的分析[J]. 西南金融, 2011 (2): 69-72.

[151] 周意珍, 王丽兵. 新型农业经营主体发展特点与现实约束——以江西上饶为例[J]. 金融经济, 2013 (24): 31-33.

[152] 朱春江, Surendra P S, 马文斌, Sammy L C. 中国家庭农场发展面临的机遇及路径选择[J]. 贵州农业科学, 2014 (1): 233-237.

[153] 朱明. 我国家庭农场融资风险浅析——以浙江省为例[J]. 中小企业管理与科技（上旬刊）, 2015 (4): 106-107.

[154] 朱启臻, 胡鹏辉, 许汉泽. 论家庭农场: 优势、条件与规模[J]. 农业经济问题, 2014 (7): 11-18.

[155] 朱启臻. 谈谈家庭农场[J]. 前线, 2014 (2): 47-49.

[156] 朱毓松. 福州支持农业龙头企业, 不用抵押物可贷款2000万[J/OL]. http://www.chinadaily.com.cn/hq cj/xfly/2015-06-11/content_13830259.html.

[157] 邹昶. 浅析我国家庭农场现阶段发展存在困难与解决方案[J]. 科技创新导报, 2013 (14): 253.

[158] 邹新阳, 张国栋. 农地金融制度的借鉴与启示[J]. 商业经济, 2011 (4): 3-4.

附 录

家庭农场参与土地承包经营权抵押融资情况的调查问卷

亲爱的农民朋友：

　　家庭农场是一种新型农业经营主体，2013年中央一号文件首次提出了"家庭农场"概念，鼓励和支持承包土地向专业大户、家庭农场、农民合作社流转。2014年中央一号文件明确提出了"允许承包土地的经营权向金融机构抵押融资"。然而，目前我国农村金融仍然存在着金融需求满足程度低、信贷政策不合理、金融服务体系不健全、农村金融发展滞后等问题，"融资难、融资贵"成为培育和发展家庭农场的主要障碍。因此，深入研究家庭农场土地承包经营权抵押融资的动力机制及其路径支持，对于农村金融服务创新、农业农村发展和农民增收、城乡统筹发展等方面具有重要的现实意义。为此，重庆理工大学国家社会科学基金项目《家庭农场土地承包经营权抵押融资的动力机制及其路径支持研究》课题组精心设计了"家庭农场参与土地承包经营权抵押融资情况"的专题调查问卷，以对家庭农场融资进行更深入、更全面的调查研究，从而提出缓解家庭农场融资难题的对策建议。

　　本问卷分为三个部分：第一部分是对家庭农场的经营类型、销售状况、年均收入等基本情况进行调查；第二部分是对家庭农场的土地流转情况进行调查；第三部分是对家庭农场土地承包经营权的抵押融资情况进行调查。

　　本问卷不记录姓名，对于您的回答，我们将严格保密。请根据实际情况如实填写，将您选择的答案序号填入"（　　）"，或在"＿＿＿＿＿"填写相关内容，衷心感谢您的支持与合作！

一、家庭农场基本情况调查

1. 您的家庭农场所在位置是：
   _____省（区、市），_____县（区），_____乡（镇）。
2. 家庭农场主的年龄段是（   ）。
   A. 20 岁以下   B. 20～30 岁   C. 30～40 岁
   D. 40～50 岁   E. 50～60 岁   F. 60 岁以上
3. 家庭农场主的政治面貌是（   ）。
   A. 共青团员   B. 中共党员   C. 其他
4. 家庭农场主受过的最高教育程度是（   ）。
   A. 未上过学（或上过扫盲班）   B. 小学
   C. 初中   D. 高中（中专）
   E. 大专及以上
5. 家庭农场主是否具有外出务工的经历（   ）。
   A. 是   B. 否
6. 您的家庭农场是否在工商部门登记注册（   ）。若注册，注册资本为_____万元。
   A. 是   B. 否
7. 您的家庭农场的经营形式是（   ）。
   A. 个体工商户（非法人）   B. 个人独资企业
   C. 合伙制（无限责任）   D. 公司制（有限责任）
8. 您的家庭农场所从事的主要类型是（   ）。
   A. 粮食类
   B. 养殖类（含牲畜、家禽、渔业等）
   C. 蔬菜、瓜果类
   D. 棉花、油料、甜菜、烟叶、药材等其他经济作物类
   E. 林业类
   F. 其他
9. 您的家庭农场年均收入是（   ）。
   A. 10 万元以下   B. 10 万～20 万元
   C. 20 万～50 万元   D. 50 万～100 万元
   E. 100 万～200 万元   F. 200 万元以上
10. 您的家庭农场务农人员总数（含常年雇工）为（   ），其中常年雇工人数为（   ）。

A. 0 人 B. 3 人以下（不含 3 人）
C. 3~5 人 D. 6~10 人 E. 11~20 人
F. 21~30 人 G. 31~50 人 H. 51 人以上

11. 您认为家庭农场的雇工成本（　　）。

    A. 很高 B. 高 C. 一般
    D. 低 E. 很低

12. 您的家庭农场是否聘用了现代化农业生产技术人员（　　）。

    A. 是 B. 否

13. 您的家庭农场产品销售渠道是（可多选）（　　）。

    A. 网上电子（或电话销售）平台　　B. 卖给销售公司或销售大户
    C. 集贸市场　　D. 直接销售（卖给消费者）
    E. 企业收购　　F. 合作组织收购
    G. 其他_____（请自填）

14. 您的家庭农场产品销售状况（　　）。

    A. 畅销 B. 一般
    C. 比较困难 D. 严重滞销

15. 您的家庭农场是否投保了相关农业保险（　　）。

    A. 是 B. 否

16. 您的家庭农场目前享受的政府补贴包括（可多选）（　　）。

    A. 土地流转补贴　　B. 家庭农场补贴
    C. 良种补贴　　D. 农业机械补贴
    E. 其他补贴（如保险补贴、项目补贴等）

17. 您认为制约家庭农场发展的主要因素包括（可多选）（　　）。

    A. 缺少资金　　B. 土地太少
    C. 不懂技术　　D. 销售渠道缺少
    E. 生产资料价格偏高　　F. 社会服务组织缺乏
    G. 农产品价格偏低　　H. 农业金融发展滞后
    I. 交通不便、信息闭塞　　J. 产品品质低、质量差
    K. 其他_____（请自填）

18. 您认为发展家庭农场最需要的政策支持是（可多选）（　　）。

    A. 增加补贴（如农机、贷款、农场等补贴）
    B. 基础设施建设
    C. 加大资金支持
    D. 土地合理流转

E. 拓展销售渠道

F. 加强农业生产技术等相关培训

二、土地流转情况调查

19. 您的家庭农场经营土地面积为（　　），其中流转土地面积为（　　）。

　　A. 30 亩以下　　　B. 30~50 亩　　　C. 50~100 亩

　　D. 100~200 亩　　E. 200~500 亩　　F. 500 亩以上

20. 您的家庭农场经营土地的来源是（可多选）（　　）。

　　A. 自有土地　　　B. 土地流转市场　　C. 村合作组织

　　D. 其他＿＿＿＿＿＿＿＿＿＿＿＿＿＿＿＿＿＿＿（请自填）

21. 您的家庭农场经营土地的取得方式是（可多选）（　　）。

　　A. 租赁　　　　　B. 转让　　　　　C. 合作

　　D. 互换　　　　　E. 转包　　　　　F. 入股

　　G. 拍卖

22. 您认为家庭农场经营土地的流转价格（　　）。

　　A. 太高　　　　　B. 高　　　　　　C. 合适

　　D. 低　　　　　　E. 太低

23. 您认为家庭农场在经营土地流转过程中遇到的最大障碍是（　　）。

　　A. 土地承包权没有确权

　　B. 流转土地分散或太少

　　C. 农民后顾之忧难以解决

　　D. 流转土地的稳定性和持续性难以保证

　　E. 土地流转成本高

　　F. 土地流转服务机构缺乏

　　G. 土地流转双方的权益难以维护

　　H. 其他＿＿＿＿＿＿＿＿＿＿＿＿＿＿＿＿＿＿＿（请自填）

三、家庭农场土地承包经营权抵押融资情况调查

24. 您的家庭农场在经营过程中是否存在资金困难（　　）。

　　A. 是　　　　　　B. 否

25. 您的家庭农场经营资金的来源是（可多选）（　　）。

　　A. 自有资金　　　B. 银行贷款　　　C. 亲戚朋友借款

　　D. 民间借贷　　　E. 政府资助　　　F. 外部投入资金

　　G. 土地承包经营权抵押

H. 其他_____（请自填）

26. 您认为目前家庭农场的融资需求满足度是（　　）。

　　A. 远未满足　　　　　　　　　　B. 较难满足
　　C. 基本满足　　　　　　　　　　D. 很好满足

27. 您认为家庭农场融资需求难以满足的主要原因是（可多选）（　　）。

　　A. 融资渠道缺乏　　　　　　　　B. 没有抵押物
　　C. 融资手续复杂　　　　　　　　D. 没有人情关系

28. 您是否知道土地承包经营权可以向金融机构进行抵押融资（　　）。

　　A. 完全清楚　　　　　　　　　　B. 了解一些，但不完全清楚
　　C. 听说过，但不了解　　　　　　D. 完全不知道

29. 您是否愿意通过"土地承包经营权抵押融资"来发展家庭农场（　　）。

　　A. 愿意　　　　　　　　　　　　B. 不愿意

30. 您认为"土地承包经营权抵押融资"对发展家庭农场的最大好处在于（可多选）（　　）。

　　A. 增加了融资抵押物　　　　　　B. 可得到大额融资
　　C. 可满足中长期融资需求　　　　D. 可降低融资成本

31. 您认为"土地承包经营权抵押融资"的主要风险来源于（　　）。

　　A. 失地后生活难以保障　　　　　B. 经营风险难以控制
　　C. 法律关系复杂　　　　　　　　D. 抵押物难以变现

32. 您对"土地承包经营权抵押融资"的最大顾虑是（　　）。

　　A. 投资失败　　　　　　　　　　B. 利率太高
　　C. 手续烦琐　　　　　　　　　　D. 担心土地经营权评估价值不公平

33. 您是否申请过"土地承包经营权抵押贷款"（　　）。

　　A. 是　　　　　　　　　　　　　B. 否

34. 您不愿意申请"土地承包经营权抵押贷款"，是因为其（可多选）（　　）。

　　A. 融资条件苛刻
　　B. 融资用途限定严格
　　C. 融资抵押物价值难以合理评估
　　D. 融资流程复杂

35. 您愿意申请"土地承包经营权抵押贷款"，是因为您具有（可多选）（　　）。

　　A. 创业愿望　　　B. 资金实力　　　C. 一技之长
　　D. 管理经验　　　E. 开阔视野　　　F. 社会关系

36. 如果您采取"土地承包经营权抵押贷款",其资金主要用于(可多选)(　　)。

　　A. 扩大家庭农场规模

　　B. 拓展家庭农场经营范围

　　C. 购买生产资料(如农用机械、种苗、化肥、饲料等)

　　D. 引进生产技术

37. 如果您有过"土地承包经营权抵押贷款"经历,您得到的收获(　　)。

　　A. 很大　　　　　　　　　　B. 一般

　　C. 较小　　　　　　　　　　D. 比申请前更差

38. 您认为"土地承包经营权抵押贷款"与其他贷款相比,其优势在于(可多选)(　　)。

　　A. 增加了贷款抵押物　　　　B. 贷款利率较低

　　C. 贷款期限较长　　　　　　D. 贷款额度较大

　　E. 其他_____(请自填)

39. 您认为"土地承包经营权抵押融资"政策还需要进一步完善的地方是(可多选)(　　)。

　　A. 加大政策宣传力度　　　　B. 增加抵押融资补贴

　　C. 建立风险分担机制　　　　D. 健全社会保障制度

　　E. 完善土地流转市场　　　　F. 相关部门协调配合

40. 如果您对"家庭农场的土地承包经营权抵押融资"还有其他宝贵意见和建议,请在下方留言:

后 记

"家庭农场土地承包经营权抵押融资的动力机制及其路径支持研究"是2014年6月由全国哲学社会科学规划办公室下达给重庆理工大学的2014年度国家社会科学基金项目（14BJY130），目的是通过调查研究来探寻家庭农场土地承包经营权抵押融资的现实特征及其存在的主要问题、风险生成及其形成原因、融资意愿影响因素，从而对家庭农场土地承包经营权抵押融资进行科学的机制设计和制度安排，并形成有效的市场化路径支持，为科学决策提供政策参考和咨询建议。本书正是这一研究项目的成果结晶。

怀着强烈的责任感和可贵的事业心，按照发现问题、分析问题和解决问题的研究逻辑，通过问卷调查、现场访谈等形式对家庭农场参与土地承包经营权抵押融资情况和银行金融机构开展土地承包经营权抵押融资业务情况进行了比较全面的调查研究，掌握了翔实资料，开拓了研究视野，明晰了研究思路，确定了研究方法，丰富了研究内容。本书首先在经典理论和经验考察的基础上，对家庭农场融资存在的主要问题进行问卷调查；其次通过融资工具的对比分析，考察了家庭农场与土地承包经营权抵押融资之间的适宜性；再次针对家庭农场土地承包经营权抵押的融资风险，运用实证分析和规范分析方法对家庭农场土地承包经营权抵押融资进行了机制设计并构建了市场化路径支持；最后得出研究结论和对策建议。

本书中的研究得到了全国哲学社会科学规划办公室、重庆市社会科学界联合会、重庆市农业委员会、重庆市金融工作办公室、重庆市人力资源和社会保障局、重庆市发展和改革委员会、重庆市统计局、重庆市中小企业局和重庆理工大学科研处等许多单位以及家庭农场主的热情帮助和大力支持，为我们提供了大量的珍贵资料和研究信息，并提出了许多宝贵意见，使研究得以顺利完成。重庆理工大学经济金融学院的硕士研究生孙权、周雪晴、岳俊等同学也做了大量工作，金融部门的马忠伟等朋友也提供了宝贵支持，同时课题结项评审专家也付出了艰辛劳动，在此一并表示衷心的感谢！

后 记

虽然本书开展了一些有价值的研究工作，形成了比较丰富的研究成果，但是"家庭农场土地承包经营权抵押融资问题"是一个崭新的研究课题，目前尚处于试点探索阶段，相关配套措施也不完善。与此同时，土地承包经营权抵押融资关系到参与方的切身利益，影响范围大，涉及面广，是一项复杂的系统工程。鉴于该问题的重要性、复杂性以及研究人员的能力所限，本书研究还可能存在一些不足或欠缺之处，甚至错漏和未尽问题也在所难免。我们将在研究内容、研究方法和研究深度上（尤其是在对策建议的针对性、操作性和有效性上）对家庭农场土地承包经营权抵押融资的相关问题进行后续研究，以期取得更为丰富的研究成果，为我国农村金融改革做出更大贡献。

笔　者

2019 年 6 月